특허 존중 사회

일러두기

1. 이미지 중 설명이 필요한 곳에만 [그림 1-1] [도면 1-1] 등으로 번호를 붙였고, 나머지는 번호를 붙이지 않았다.
2. 각주, 본문에 나오는 참고문헌 중 '도서' 및 '논문' 등은 〈　〉로 구분했다.

Toward a Patent-respecting Society

특허 존중 사회

백만기 • 전기억 지음

타커스

프롤로그

특허에 관한 글을 쓸 때마다 가장 먼저 떠오르는 것이 '이해하기 힘들다'는 하소연이다. 실제 어렵기도 하다. 쉽게 써보려고 하지만 여전히 어렵다고 느낄 때가 많다. 이 책을 쓰면서 특허를 주제로 쉽고도 재미있는 글 쓰기에 도전해보았다. 아마도 일반인이 이해하기 가장 힘든 것은 특허에 관한 전문용어일 것이다. 이 책에서는 뜻만 전달된다면 쉬운 말로 과감하게 바꿨다. 예를 들면, 특허출원은 '특허신청'으로, 특허등록은 '특허받은 것'으로, 진보성은 '쉽게 발명할 수 있는지' 등으로 표현했다. 또한 '특허의 무효'도 쉬운 말은 아니다. 이는 특허를 받았더라도 무효가 되면 그 특허가 처음부터 없었던 것이 된다는 의미다.

옛말에 '백 번 듣는 것보다 한번 보는 것이 낫고(百聞不如一見), 백 번 보는 것보다 한번 행하는 것이 낫다(百見不如一行)'고 했다. 특허 관련 설명은 법학과 공학이 접목되고, 전에 볼 수 없던 신기술이 개입되어 있어서 이해하기 쉽지 않다. 다만 소송 이야기와 함께 도면을 활용하면 이해하기가 다소 쉬울 수 있다. 그래서 법과 공학 이론보다 우리에

4

게 알려진 특허소송을 중심으로 발명 아이디어와 소송의 쟁점을 설명하려 했다. 이 책에는 국내외에 알려진 유명 사건을 다수 포함하였다. 발명의 주요 내용과 법적 쟁점을 정리하는 과정에서 그 사건의 역사적 의미를 다시 한번 생각해볼 기회가 되었다. 특허에 관심이 있는 분들이라면 이전에 미처 인지하지 못한 점들도 이 책을 통해 정리해볼 수 있을 것 같다.

이 책의 바탕에 흐르는 특허에 대한 기본 생각은 다음 5가지로 요약할 수 있다. 첫째, 특허는 기업활동을 통해서 수익을 낸다. 누구나 막연하게나마 특허로 큰돈을 버는 일을 꿈꾸어 본다. 언론에서 특허 로열티로 얼마를 받았다느니, 특허를 팔아 얼마를 벌었다느니, 특허권을 담보로 얼마를 투자받았고, 손해배상금이 얼마 나왔다느니 하는 이야기를 들을 수 있다. 그런 이야기를 들으면 마치 특허로 로또 맞은 듯이 한 번에 큰돈을 번 것으로 보일 수 있다. 그러나 그 돈은 모두 기업활동을 통해 나온다. 기업가가 특허로 수익을 낼 수 있을 것으로 판단한 경우에만 로열티를 내거나 특허를 매입하는 것이고, 특허를 담보로 자금을 빌려준다. 만약 다른 기업의 특허를 침해한 제품을 팔면 손해배상금을 물게 된다. 결국 특허는 기업활동을 통해 매출과 수익을 올리고 그의 일부를 특허료로 내는 것이다.

둘째, 특허보호의 궁극적 목적은 투자자 보호이다. 법은 기본적으로 발명자를 보호해야 한다고 규정하고 있다. 과거에는 특허제도로 발명자를 보호함으로써 발명에 대한 동기와 열정을 불어 넣고자 했다면, 현재는 발명과 기술개발에 대한 투자 자금의 규모가 막대해짐에 따라

5

투자자와 투자기관을 보호할 필요성이 더 커졌다. 물론 투자자를 보호하면 발명자도 자연스럽게 보호된다. 심지어 오랫동안 특허보호의 대상이 아니었던 기술조차도 새롭게 부상하는 산업에 대한 투자를 촉진하기 위해 특허법과 판례를 바꿔 보호하기도 한다.

셋째, 특허보호는 사법부가 키를 갖고 있다. 그동안 우리나라에서는 특허 생태계 조성에 특허청이 앞장서 왔다. 특허와 지식재산에 대한 출원 장려와 기업들의 투자 확대, 특허금융 증가와 특허기술의 사업 촉진 등 그 성과도 놀라울 정도로 대단했다. 특허 생태계를 창출, 활용, 보호로 구분하자면 앞으로는 특허의 보호가 더 중요해질 것으로 보인다. 그리고 특허소송에서 특허를 존중하는 판단이 어느 때보다 중요해졌다. 특허가 보호되지 않고서는 특허에 대한 투자가 외면받을 것이므로 덩달아 특허의 창출과 활용도 성장할 수 없을 것이다.

넷째, 기술이 있는 곳에는 반드시 특허가 있다. 현재 개량된 제품을 생산하고 있어서 특허를 받기 어렵다며 특허 활동을 단념하기 쉽다. 그러나 새로운 제품을 개발하여 시장에 내놓았다면 모방품으로부터 그 제품을 지킬 수 있어야 한다. 특허는 굳이 첨단기술이나 원천기술일 필요는 없다. 특허보호는 신제품을 출시해 시장에서 소비자의 관심을 받는 기업이 짝퉁 제품으로부터 시장을 지킬 수 있게 돕는 법적 장치다.

다섯째, 특허의 가치는 기술의 우수성으로만 결정되는 것이 아니다. 보통 기술이 우수해야만 특허의 가치도 높다고 생각한다. 물론 기술이 우수하면 그 가치도 높을 수 있다. 그러나 시장에 얼마나 많이 팔 수 있는지, 특허침해로부터 얼마나 철저하게 보호될 수 있는지 등에 따라 그 가치는 크게 달라진다. 말하자면, 시장의 규모와 특허의 보호 수준도 반영되는 것이다. 따라서 특허의 가치를 높이는 것은 발명자의 노력만으로 되는 것이 아니다.

역사적인 발명조차 특허의 주된 아이디어가 무엇인지 알지 못하고 지나치기 쉽다. 특허를 이해하려면 기본적으로 발명 아이디어를 이해하는 데서 출발해야 한다고 생각한다. 이 책을 읽으면 어떤 과제 (problem)를 어떤 아이디어로 해결하고 있는지(solution) 알아보는 재미가 있을 것이다. 이 책에서는 특허 정보를 중심으로 관련 분쟁 사건을 살펴보고 법적 다툼의 쟁점과 시대적 의미까지 찾아보려 했다.

책의 내용은 4개의 장으로 이루어져 있다. 제1장에서는 특허법의 태동과 그 이후의 발달 과정을 정리했다. 특허제도는 이탈리아의 베니스에서 유능한 기술자를 유치하려는 목적으로 시작되었다. 이후 영국에서 일어난 산업혁명의 든든한 배경이 되었고, 미국의 위대한 발명가 에디슨과 실리콘 밸리의 탄생에 큰 역할을 했다. 그 과정에서 특허를 중시하는 시기가 있었다면 독점법으로 제한하는 시절도 거쳐 오늘에 이르렀다. 우리나라는 대한제국 시절에 특허제도가 시작되었지만 해방되고 나서야 본격적으로 특허 활동이 성장하면서 경제발전을 뒷받침하다가 점차 경제성장을 주도하게 되었다.

제2장에서는 값나가는 특허 만들기에 대해 설명한다. 특허의 가치는 기술성으로만 결정되는 것이 아니고, 시장의 크기와 그 사회의 특

허보호 수준이 반영되어 결정된다. 또한 지금 우리는 특허에 대한 무용론과 만능주의, 친특허주의와 반특허주의가 공존하는 혼란한 사회에 살고 있다. 이제는 선진국의 일원으로 신기술 투자를 적절히 보호할 수 있는 특허 존중 문화가 필요하다. 이 책에서는 언론을 통해 잘 알려진 특허소송을 들여다보면서 제값 하는 특허를 어떻게 만들 수 있는지 살펴보고자 했다. 또한 신제품으로 주목받는 의류관리기 사례를 통해 시간의 흐름 속에서 특허가 어떻게 발전하고 있는지 살펴보았다.

제3장에서는 다양한 특허전략을 소개한다. 최근 돌풍을 일으키고 있는 표준특허에 대한 전략을 와이파이와 커넥티드 카를 중심으로 소개한다. 또한 우리 사회에서 접할 수 있는 특허전략의 실패 사례를 통해 각 특허전략의 문제점을 찾아보고 그 해결 방안도 제시해보려 한다. 특히 우리가 간과하기 쉬운 특허소송이 가지는 긍정적 의미를 짚어보고, 기업의 미래 가치를 높인 사례도 제시한다.

마지막으로 제4장은 발명기업가 이야기다. 최근 미국에서 120만 명의 발명가를 추적하여 연구한 결과가 발표되어 큰 반향을 일으켰다. 그 결론을 한 줄로 정리하면, "성장기 청소년들을 혁신 환경에 노출시켜라!"이다. 이 장에서는 에디슨이 숱한 실패를 거쳐 역사적 발명을 한 이야기, 영국의 다이슨과 대한민국 서울반도체의 성공 스토리, 미국 특허청에서 소개한 발명가 사무엘 앨런, 스티브 카사로스와 우리나라 발명기업가 한경희 대표와 홍길몽 대표의 특허와 인생 이야기를 담았다. 이 책에서 소개한 여러 발명기업가의 이야기를 통해 청소년들이 혁신 환경에 노출될 수 있기를 기대한다.

우리나라에서 특허는 다수의 사람들에게 여전히 생소한 분야이다. 자연과학과 공학을 공부하고 그 분야에 종사하는 사람들조차 특허를 충분히 이해하고 활용하지 못하는 것 같다. 시중에 있는 많은 자료는 발명 아이디어를 지나치게 단순화하거나 법적 사항에 치우쳐 설명하는 경향이 있다. 이 책에서 소개하는 내용을 통해 좀 더 많은 이들이 발명을 이해하고 특허제도의 본질에 충실하며 특허제도를 생산적으로 활용할 수 있게 되기를 간절히 바란다.

오래전 학위논문 심사를 받을 때 들은 질문이 떠오른다. "논문에서 학생의 오리지낼리티(독창성)가 무엇인가?" 그 질문을 듣고 한참을 당황했던 기억이 난다. 그때는 딱히 할 말이 떠오르지 않았다. 이후, 특허를 접할 때마다 발명과 아이디어의 독창성을 떠올리며 살아온 것 같다. 만약 어떤 발명이 역사적인 사건의 발단이 될 수 있었다면, 발명가는 보통 사람이 생각할 수 없는 독창적이고 놀라운 발상을 했을 것이다. 이 책을 계기로 특허에 관한 글을 읽을 때, 가장 먼저 그 발명가의 아이디어는 무엇인지 생각하는 기회가 되었으면 한다.

공동저자 전기억

차 례

제2장 특허의 가치

제3장 표준특허의 가치와 전략

제4장 누가 발명가가 되는가

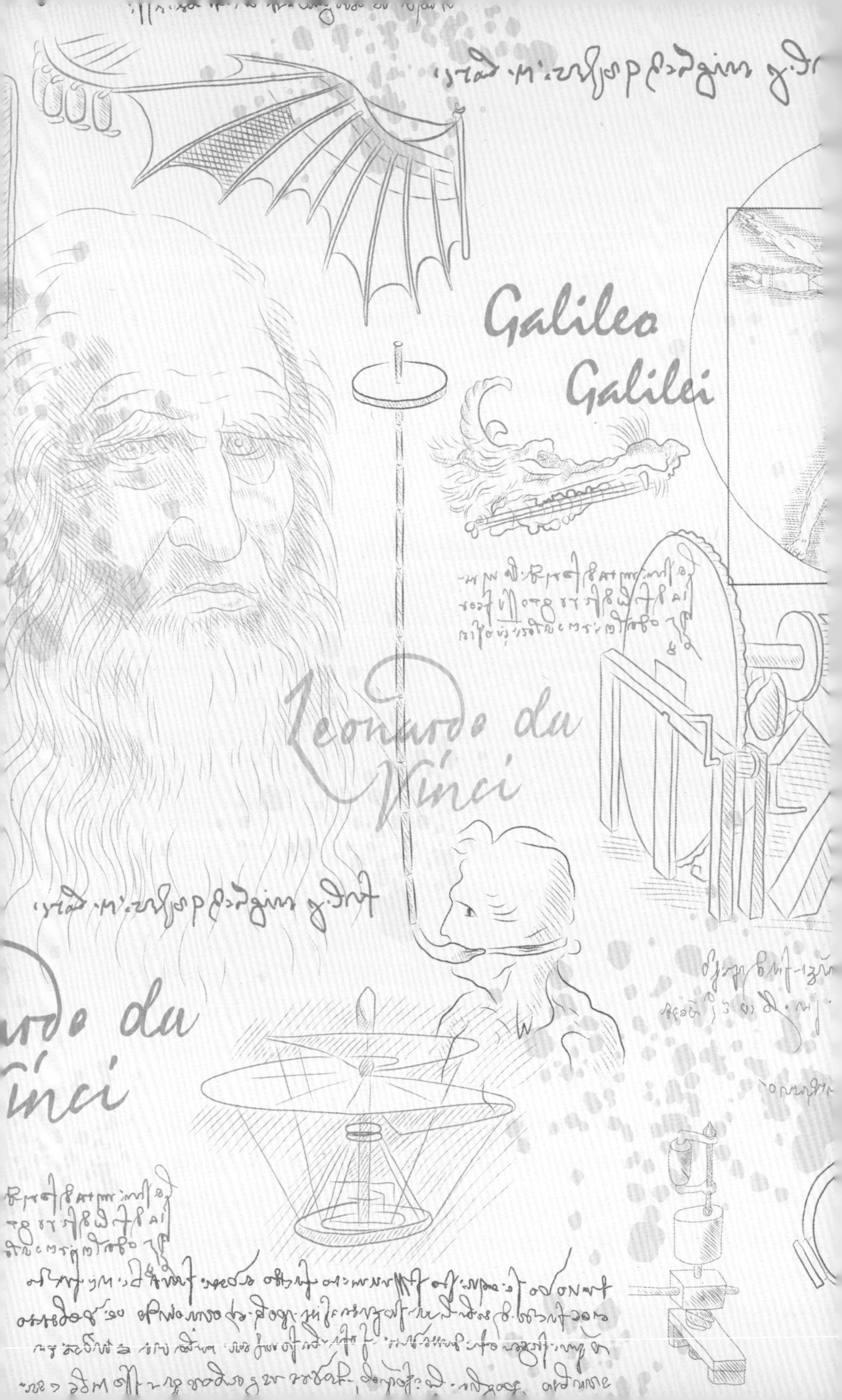
Galileo
Galilei
Leonardo da
Vinci

제1장

특허제도의 유래와
발전과정

1. 특허제도의 유래와 발전과정

특허법의 시초

특허를 늘 가까이하면서도 특허제도가 어떻게 시작되었는지 잘 몰랐다. 과거를 알아야 미래를 내다볼 수 있다고 한다. 요즘같이 급변하는 국제정세 속에서 특허제도가 어느 방향으로 흘러갈지 궁금하다. 여기서는 특허제도의 미래를 제대로 이해하기 위해 그 유래와 발전과정을 알아보고자 한다. 특허제도는 최초에 누가, 언제, 어디서, 왜, 어떻게 시작했을까? 또한 현대 사회에서도 특허제도가 그 역할을 다하고 있는 걸까? 앞으로 특허제도는 어디로 갈까? 이러한 질문은 발명과 특허에 관심 있는 사람이라면 누구나 한 번은 가져볼 만한 흥미로운 주제다.

30여 년 전만 하더라도 특허법의 모태는 1624년 영국에서 제정된 전매조례(The Statute of Monopolies)라고 생각했었다. 당시에는 지금처럼 참고할 만한 자료가 많지 않았고, 특허를 공부하며 찾아보던 몇 권

의 책이 전부였다.[1)]

　지금까지도 몇몇 책들은 영국의 전매조례가 특허법의 시초라고 소개하고 있다.

　근래 들어 국내외에서 특허제도의 유래에 관한 연구가 활발하게 진행되는 것 같다. 그동안 많은 자료를 연구하여, 최초의 특허법은 영국보다 150년이나 앞선 1474년에 이탈리아 베네치아 공화국에서 시작되었다는 논문들이 발표되었다. 국내에서도 이에 관한 글이 있어 그 내용을 소개하려 한다.[2)]

　베니스(베네치아 공화국) 특허법 이전, 이탈리아의 다른 도시국가에서도 발명자에게 한시적으로 독점권을 부여한 사례를 찾아볼 수 있다.

---

1) 吉藤幸朔, 〈特許法槪說〉, 유미특허법률사무소 역, 대광서림, 1999.
2) 윤권순 외, 〈특허법의 논리〉, 한국지식재산연구원, 2013.12.24.

1400년대의 이탈리아 지도

브루넬레스키의 '일 바달로나' 선박

출처: https://ko.wikipedia.org/wiki/%EC%9D%B4%ED%
83%88%EB%A6%AC%EC%95%84%EC%9D%98_%
EC%A4%91%EC%84%B8%EC%82%AC

르네상스 시대에 동업자 조합인 길드(guild)가 상업과 공업을 주름잡고 있었는데, 그들은 자체적으로 특허를 부여하는 규정을 두기도 했었다. 예를 들어, 플로렌스(피렌체 공화국)는 1421년에 필리포 부르넬레스키(Flippo Brunelleschi)에게 두오모 성당을 짓기 위해 대리석을 수송하는 바지선을 발명한 대가로 일정 기간 독점적 실시권을 보장하는 특허를 주었다고 한다.[3]

그러다가 1474년에 이르러서 베니스 의회가 '116 대 10'이라는 압도적 찬성으로 특허법을 제정했다. 올해로 딱 550년이 된다. 이후 1788년까지 14년 동안 약 2,000건의 특허권을 부여했다. 왜 많은 도시

---

3) 문서화된 최초의 특허 중 하나는 1421년에 피렌체 시가 필리포 브루넬레스키에게 부여한 것이다. 그는 두오모 성당을 짓는 과정에서 무거운 건축 자재, 특히 대형 대리석 석판을 쉽고 저렴하게 운반할 수 있는 '일 바달로나(Il Badalone)'라고 불리는 선박을 만들었다. 이를 이용해 언제든지 쉽게 아르노 강과 다른 강이나 물에 상품과 짐을 평소보다 적은 비용으로 가져올 수 있었다고 하며, 이 특허 장치를 어떤 문제에서든 소유, 보유 또는 사용하는 것을 금지했다. 또한 그의 권리는 단 3년이라는 기간의 제한이 있었다.
(https://www.mondaq.com/patent/1159928/ the-first-patent-now-celebrating-600-years-of-age)

베니스 특허법의 영어 번역본

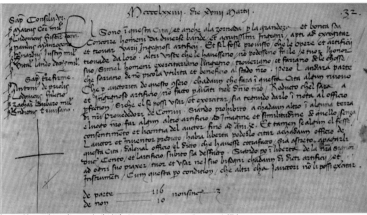

https://en.wikipedia.org/wiki/File:Venetian_Patent_Statute_1474.png

There are in this city, and also there come temporarily by reason of its greatness and goodness, men from different places and most clever minds, capable of devising and inventing all manner of ingenious contrivances. And should it be provided, that the works and contrivances invented by them, others having seen them could not make them and take their honor, men of such kind would exert their minds, invent and make things which would be of no small utility and benefit to our State. Therefore, decision will be passed that, by authority of this Council, each person who will make in this city any new ingenious contrivance, not made heretofore in our dominion, as soon as it is reduced to perfection, so that it can be used and exercised, shall give notice of the same to the office of our Provisioners of Common. It being forbidden to any other in any territory and place of ours to make any other contrivance in the form and resemblance thereof, without the consent and license of the author up to ten years. And, however, should anybody make it, the aforesaid author and inventor will have the liberty to cite him before any office of this city, by which office the aforesaid who shall infringe be forced to pay him the sum of one hundred ducates and the contrivance immediately destroyed. Being then in liberty of our Government at his will to take and use in his need any of the said contrivances and instruments, with this condition, however, that no others than the authors shall exercise them.

https://en.wikipedia.org/wiki/Venetian_Patent_Statute 참조

국가 중에서 베니스가 처음으로 특허법을 제정했는지 그 이유는 명확하지 않다. 다만 당시 베니스에서 활동하는 길드는 다른 도시들의 길드와는 달리, 특정 기술에 독점권을 부여하는 권한을 가지고 있지 못했다고 한다. 그러나 베니스 공화국의 정부와 의회는 특허법을 도입하여 발명자에게 독점적 권리를 부여하면 공업을 발전시킬 수 있으리라 생각했던 것 같다.

베니스 특허법은 현재와 유사한 요소를 많이 포함하고 있다. 우선 왕실이 특허권을 부여하는 것이 아니라 의회가 특허법을 제정하고 정부가 특허권을 부여했다는 점이다. 그리고 특허권을 인정받기 위해 신규성과 유용성 등 소정의 요건을 만족해야 했다. 당시 특허를 받기 위해 필요한 요건은 '종래 기술과 다르고 새로울 것(신규성)'과 '발명으로서 유용할 것(유용성)' 등이 규정되어 있었다. 특허 요건으로 가장 많이 언급되는 비자명성(진보성)은 오랜 세월이 흐른 뒤 미국에서 1952년이 되어서 도입된다.

또한 이 특허법은 권리 기간도 10년으로 명시하였다. 이후 오랜 세월이 지나면서 미국을 비롯한 많은 국가에서 권리 기간이 20년으로 늘어났다. 특히 흥미로운 점은 특허를 침해했을 때, 손해배상액으로 100두카트(ducat, 베니스 금화)를 지급할 것을 명시하고 침해품도 폐기할 것을 구체적으로 규정하고 있다는 것이다.

그들은 특허법을 제정하는 목적도 밝히고 있다. 바로 다른 지역의 유능한 기술자들을 베니스로 유치하여 공업 발전을 도모한다는 것이다. 지금의 특허법과는 그 목적에서 다소 차이가 있다. 가령 우리 특허법의 목적은 "발명을 보호 장려하고 그 이용을 도모함으로써 기술 발전을 촉진하여 산업발전에 이바지하는 것"이다(제1조). 재능 있는 인재를 유인하는 내용을 직접 언급하고 있지는 않으나, 산업의 발전을 도모한다는 취지는 완전히 일치한다.

당시 베니스는 인접국과 활발하게 교류하며 상업이 발달하던 시기였고, 유럽과 동방의 기술자들이 더 좋은 근로조건을 찾아 여러 나라로 이동하는 일도 잦았다. 특허법 도입 이후에 베니스 경제가 크게 번영하였는데, 이는 특허권을 받기 위해 해외 기술자가 유입된 것도 큰 몫을 했을 것으로 추측된다.

그 이후 영국에서 제정된 전매조례(Statue of Monopolies)도 비슷한 역할을 했다. 전매조례의 목적도 유럽의 기술자들을 끌어들이는 것이었다. 나중에 살펴보겠지만, 대륙에 비해 공업이 낙후되었던 영국이 특허제도를 도입한 후 100여 년 만에 산업혁명의 중심지로 우뚝 설 수 있었던 것은 특허법이 큰 역할을 한 것으로 볼 수 있다.

특허제도가 유능한 인재를 유인하는 사례는 현대 사회에서도 어렵지 않게 찾아볼 수 있다. 예를 들면, 최근 일본에서 벌어진 사건을 통해 확인할 수 있다. 나카무라 슈지는 청색 엘이디를 발명하여 노벨 물리학상을 받은 기술자다. 그는 자신이 다니던 회사가 청색 엘이디로 인해 큰 이익을 보았으나 턱없이 적은 보상을 받게 되자 소송을 제기했다. 그리고 일본 재판부의 판결에 불만을 표하며 한 인터뷰에서 "기술자들이여, 일본을 떠나라!"라고 말했다. 실제로 그는 바로 일본을 떠

나 미국의 샌타바버라 대학의 교수로 자리를 옮겼다.[4]

우리나라에서도 일본에서 일어난 이 사건을 계기로 직무발명에 대한 보상을 둘러싸고 관심이 커졌다.[5] 우리나라의 상황도 이와 다르지 않기 때문이다. 최근 언론의 보도에 따르면, 우리나라도 인공지능과 반도체 인재들을 해외로 빼앗기고 있다고 한다. 미국의 한 연구소에 따르면, 한국에서 인공지능을 공부한 대학원생 중 40%는 해외로 떠난다고 한다.[6] 또한 반도체 인력은 마이크론과 인텔로 줄줄이 이탈한다고 한다.[7] 우리 기술자들도 더 좋은 처우를 찾아 언제든지 국가를 등질 수 있게 되었다.

우리나라도 산업의 발전을 위해 기술자들에게 직무발명에 대한 열정을 불어넣고 나아가 유능한 인재들의 해외 유출을 막을 필요가 있다. 물론 우리 법에도 기업이 직무발명으로 이익을 본 경우, 종업원은 기업으로부터 정당한 보상을 받을 권리를 법으로 부여하고 있다.[8]

당시 베니스는 지중해 연안의 국가들과 활발하게 물품을 거래하며 부를 축적하고 있었다. 동시에 그들은 자국의 공업을 발전시키는 전략도 적극적으로 추구한 것 같다. 새로운 기술을 발명한 자에게 일정한

---

4) 이코노미조선, 박성필의 IP 톡: "노벨상 수상자가 일본을 떠난 이유, 부실했던 직무발명 보상", 2022.1.24.

5) 발명진흥법 제2조(정의) "직무발명"이란 종업원 등이 그 직무에 관하여 발명한 것이 성질상 사용자 등의 업무 범위에 속하고 그 발명을 하게 된 행위가 종업원 등의 현재 또는 과거의 직무에 속하는 발명을 말한다.

6) 조선일보, "세계의 AI 반도체 전쟁인데 부족한 우리 인재는 그나마 해외로", 2024.6.19.

7) 연합뉴스, "인재 키워놓으면 마이크론·인텔로"…반도체 인력 확보 비상, 2023.2.19.

8) 발명진흥법 제14조(직무발명에 대한 보상) ① 종업원 등은 직무발명에 대하여 특허 등을 받을 수 있는 권리나 특허권 등을 계약이나 근무규정에 따라 사용자 등에게 승계하게 하거나 전용실시권을 설정한 경우에는 정당한 보상을 받을 권리를 가진다.

기간 동안 특허권을 부여하여 유능한 인재들을 끌어들일 수만 있다면, 공업의 발달로 좋은 제품을 직접 생산하여 인접 국가에 판매함으로써 부가가치를 더욱 높일 수 있기 때문이다.

콘스탄티노플 함락의 영향

동로마 제국의 몰락에 흥미로운 특허 이야기가 숨겨져 있다. 당시 베니스 특허법의 태동에 동로마 수도 콘스탄티노플에서의 전쟁이 영향을 미쳤다. 베니스가 특허법을 도입하기 20여 년 전인 1453년, 동로마 제국이 오스만 튀르크 제국의 침략을 받아 난공불락의 성 콘스탄티노플이 함락되었다. 그리고 전쟁이 끝난 후, 동로마 제국에 머물던 유럽과 동방의 많은 기술자들이 베니스를 포함해 유럽의 여러 도시로 이주하게 되었다.

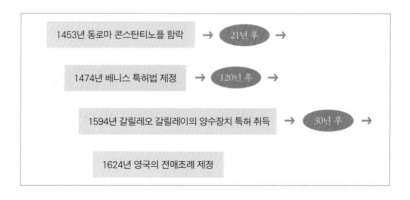

우르반의 대포

　당시 베니스는 콘스탄티노플에서 발발한 이슬람 제국과의 전쟁에서 동로마 제국을 물심양면으로 지원하고 있었다. 그런데 동로마 제국이 자랑하던 난공불락의 요새를 무너뜨리는 데 우르반(Urban)의 대포가 결정적인 역할을 했다는 소문이 나라 전체로 퍼져갔다. 그들은 아마도 유능한 기술자와 그들이 개발한 신무기가 전쟁에서 어떻게 위력을 발휘하는지 이 전쟁을 통해 뼈아프게 느꼈을 것이다.

　우르반은 헝가리 출신의 대포 기술자다. 또한 그의 대포는 오스만 튀르크의 술탄인 메메트 2세가 난공불락의 성 콘스탄티노플을 공략하기 위해 준비한 신무기다. 이 대포는 크기가 어마어마해서 이동하기 위해 사륜차 30대와 소 60마리, 사람 20명이 필요했고, 이와 별도로 250명의 병사가 앞에서 도로나 다리를 보수해야만 움직일 수 있었다고 한다. 또한 하루에 움직일 수 있는 거리도 겨우 $4km$이고, 하루에 발포할 수 있는 포탄도 겨우 일곱 발이었다.

그런데 왜 유럽인인 우르반이 이슬람 제국을 위해 대포를 만들었는지 궁금하다. 요즘 말로 바꾸면 가톨릭 국가의 안보에 중요한 전략기술을 적국인 이슬람 세계로 유출한 것이나 다름없다. 처음에 우르반은 동로마 교황에게 대포 제작을 제안했다고 한다. 그러나 충분한 급료와 대포 제작에 필요한 비용을 제때 제공받지 못했고 이에 실망한 우르반은 막대한 지원을 약속한 이슬람 제국으로 넘어가게 된 것이다.

이 전쟁을 지켜본 베니스 국민과 의회는 우르반 같은 유능한 기술자를 자기 편으로 끌어들이는 방안이 안보에 매우 중요하다고 생각했다. 결국 콘스탄티노플 함락이 베니스 특허법의 태동에 큰 영향을 미치게 된 것이다.

베니스 특허법이 제정되고 120년 지난 1594년, 지동설로 유명한 갈릴레오 갈릴레이가 등장한다. 그는 정수압 천칭, 온도계, 망원경 등을 발명했다는 사실로도 잘 알려져 있다. 그가 만원경을 개량하여 우주를 관측하였는데, 이를 계기로 코페르니쿠스의 지동설이 맞는다는 것을 깨닫게 되었고, 그로 인해 그가 가톨릭 교계와 대립하게 된 이야기로 특히 유명하다.

그러나 플로렌스 출신이었던 그가 베니스로 와서 양수장치(water pump)를 발명하여 특허를 받았다는 사실을 아는 사람은 많지 않을 것 같다. 갈릴레이는 아마도 망원경 같은 이전의 자신의 발명은 별다른 보호를 받지 못했으나, 베니스에서는 양수장치로 적절한 보상을 받을 수 있으리라고 기대했을 것이다.

그의 양수장치는 실물이 남아 있지 않지만, 기록에 따라 복원하면

갈릴레이 갈릴레오의 양수장치 설명도

갈릴레오 갈릴레이(1564~1642)

위의 그림과 같다. 말 한 마리가 치차와 바퀴를 돌려서 20개의 물통으로 물을 끌어 올리고, 수로를 따라 계속 쏟아내는 방식이다. 우리의 전통적인 물레방아를 거꾸로 돌리는 것과 유사한 방식으로 작동한다.

그는 이 장치에 대한 특허를 청구하면서 다음과 같은 글을 남겼다고 한다. "내가 엄청난 노력과 큰 비용을 들여 발견한 이 발명품이 다른 사람들의 공동 재산이 되는 것은 적절하지 못하다."

갈릴레이가 발명에 대한 대가로 특허권을 요구하면서 남긴 이 말은 오늘날까지도 특허법의 취지와 일맥이 상통한다.

산업혁명과 특허제도의 역할

베니스에서 시작된 특허법은 영국에 이어 미국, 프랑스, 독일 등으로 빠르게 퍼져나갔다. 영국이 가장 빠른 1624년에 전매조례를 제정하고 왕실에서 특허장(letters patent)을 부여했다. 영국보다 167년이나

제임스 와트(1736~1819)　매튜 볼턴(1728~1809)

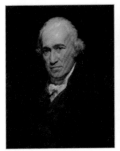

지난 1791년이 되어서야 프랑스도 시민의 인권선언을 채택한 직후 바로 특허법을 제정하고 발명자의 권리를 인간의 기본권으로 보호해야 한다고 선언했다.

영국이 전매조례를 제정한 후 160년이 지난 1784년, 특허제도는 제임스 와트(James Watt)가 증기기관을 발명하는 데 큰 역할을 한다. 그가 증기기관 연구에 어려움을 겪고 있을 때, 특허권의 지분을 넘기는 조건으로 자본가에게 연구에 필요한 자금을 투자받을 수 있었기 때문이다. 결과적으로 특허제도가 없었다면, 와트가 증기기관을 발명할 수 없었을 것이다. 당시 와트가 아닌 누군가가 증기기관을 발명했더라도 시간이 더 흘러야 가능했을 것이다.

당시 와트가 증기기관을 발명할 수 있도록 자금을 지원했던 첫 번째 자본가는 존 로벅이다. 오랫 동안 로벅은 와트의 증기기관에 대한 연구와 특허 획득에 비용을 투자하다가 사업이 어려워지게 되자, 사업가 매튜 볼턴에게 자신의 특허권에 대한 지분을 넘기기로 하고 1,200파운드를 받아 빚을 갚는다. 또한 와트도 볼턴의 자금으로 연구를 계

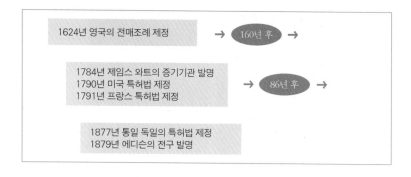

1624년 영국의 전매조례 제정 → 160년 후 →

1784년 제임스 와트의 증기기관 발명
1790년 미국 특허법 제정
1791년 프랑스 특허법 제정
→ 86년 후 →

1877년 통일 독일의 특허법 제정
1879년 에디슨의 전구 발명

속할 수 있게 된다. 당시 볼턴은 금속제품을 만드는 공장을 운영하던 기업가였다. 그는 수력을 이용하여 공장을 가동하고 있었으나, 불규칙하고 불충분한 강수량 때문에 한계를 느끼던 중 대안으로 와트의 증기기관이 떠오른 것이다.

만약 당시 와트가 자본가와 기업가로부터 막대한 자금을 투자받을 수 없었다면, 증기기관을 발명할 수 있었을까? 누군가는 증기기관은 자연과학의 산물이라고도 한다. 그렇다면 왜 증기기관이 당시 자연과학을 주도하고 있던 유럽대륙에서 발명되지 않고 상대적으로 낙후된 영국에서 발명된 것일까? 우연일까? 특허법이 발명가를 자본가와 연결하여 발명에 필요한 자금을 투자할 수 있게 '다리 역할'을 하면서 산업기술의 발달을 앞당기는 성과를 냈다고 해석해야 할 것이다.

만약 증기기관을 자연과학이 불러온 산물이라고 하면, 산업혁명의 중심지는 유럽대륙이 되었을 가능성이 크다. 그러나 변방의 섬나라였던 영국이 산업혁명을 주도하게 된 것은 아마도 유럽의 국가들과 다른 특별한 요소가 있었기 때문일 것이다. 그것이 바로 앞에서 말한 특허제도의 도입이다. 이후 와트의 증기기관은 영국의 제철과 견직 산업을 비약적으로 발전시키며 영국을 산업혁명의 중심지로 우뚝 설 수 있게 하였다.

사실 증기기관을 최초로 발명한 사람은 제임스 와트가 아니다. 그 이전에도 증기를 이용한 동력기관들은 있었다. 와트가 일하고 있는 대학이 소유한 뉴커먼(Newcomen)이라는 증기기관도 당시에 사용되고 있었다. 그런데 와트에게 기존의 증기기관을 수리할 기회가 우연히 찾아왔고, 그때 와트는 그 기관에 열효율이 크게 떨어지는 문제가 있다는 것을 알게 되었다.

기존 증기기관은 석탄의 낭비가 심했다. 기존의 뉴커먼 기관은 실린더에 수증기와 찬물을 번갈아 보내는 시스템으로, 하나의 실린더에서 교대로 가열된 후 냉각을 반복하게 된다. 즉 압축과 팽창할 때마다 하나의 실린더에서 가열과 냉각을 반복하면 열 손실이 크게 발생하고 석탄의 낭비도 컸을 것이다.

그러나 와트는 종래 증기기관에 실린더와 분리하여 별도로 응축기를 두고, 응축기는 압축시키고 실린더는 팽창시키는 방식으로 개선했다. 그 결과 응축기는 냉각되고 실린더는 고온을 유지할 수 있게 되면서 기존의 증기기관에서 발생하는 열 손실을 대폭 줄일 수 있게 된 것이다. 와트의 증기기관의 석탄 소비량은 이전의 뉴커먼 기관과 비교해 4분의 1로 줄어들었다. 즉 동일한 석탄량으로 네 배의 일을 할 수 있게 된 것이다.

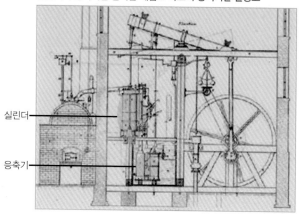

실린더와 응축기를 분리한 제임스 와트의 증기기관 설명도

실린더

응축기

　　제임스 와트도 다른 발명가와 크게 다르지 않았다. 그도 기존 증기기관의 문제점을 파악한 후, 반복된 실험을 통해 문제점을 해결한 새로운 증기기관을 발명했다. 이 과정에서 막대한 비용과 시간이 소요되고, 무수한 실패가 반복되었다. 일반적으로 발명이란 무(無)에서 유(有)를 창출하는 것으로 생각하기 쉽다. 그러나 산업혁명을 일으켰던 역사적인 발명조차 종래 기술의 문제점을 고치고 개량한 것이었다. 누군가가 증기기관을 와트가 최초로 발명한 것으로 생각했다면, 그의 발명 이후 증기기관에 대해 무수한 특허가 부여된 이유를 쉽게 이해할 수 없을 것이다.

　　만약 기존 기술과 비교해 구조의 변화가 크지 않더라도, 그 효과가 기대 이상으로 발휘되면 좋은 발명이다. 발명의 성공을 좌우하는 요소는 시장에 어떠한 영향을 끼치느냐 하는 것이다. 와트의 증기기관은 에너지 효율을 4배까지 높여서 대표적인 산업에 적용될 수 있었기 때문에 산업혁명을 일으킨 위대한 발명으로 평가되는 것이다.

프랑스는 시민혁명 이후 국민의회가 1791년에 특허법을 제정하였다. 그들은 발명자에게 인권 같은 권리를 부여해야 한다고 생각했다. 그리고 발명자에게 일정 기간 독점권을 부여하며, "모든 새로운 사상은 원래 그것을 생각해낸 자에게 속하는 것인데, 만약 공업적 발상을 그것을 생각한 자의 재산으로 인정하지 않는다면 그것은 인권의 본질을 무시하는 것이다"라고 선언했다. 또한 1878년 파리에서 만국공업소유권보호동맹조약을 맺으며, "발명자나 산업상 창작자의 작품에 대한 권리는 재산권이며, 민법은 그것을 창설하는 것이 아니라 단지 이것을 규정할 뿐이다"라고 명시하여 그 사상을 이어갔다.[9]

독일은 1871년에 통일된 후 제정된 헌법에서 특허에 관한 입법의 권한을 연방정부에 부여한다고 규정하고, 1877년 통일특허법을 제정하였다. 그들은 최초로 심사 및 출원 내용을 공개하여 일반 대중이 심사에 참여할 수 있게 하였다. 이후 독일의 특허법은 노르웨이, 스웨덴, 핀란드와 네덜란드 등 주변 국가에 영향을 주었으며, 1891년에는 소발명을 보호하기 위해 실용신안법도 제정하였다. 2차 대전 이후 1961년 서독은 연방특허법원을 설립하고 기술판사 제도를 도입하며 높은 전문성을 바탕으로 특허분쟁의 신속한 해결을 도모해왔다.[10]

미국은 독립하자마자 제헌헌법에 과학과 유용한 기술의 발전을 위해 발명자를 보호할 수 있는 권한을 의회에 부여한다는 규정을 두었

---

9) 吉藤幸朔, 〈特許法槪說〉, 유미특허법률사무소 역, 대광서림, 1999, p.29.
10) 앞의 책, p.41.

다. 그리고 1790년에 특허법을 제정하였다. 이 법은 국무장관 등 3인의 위원회에서 특허요건을 엄격히 심사하는 심사주의를 채택했다가 4년 만에 무심사주의로 바꾸었다. 그러나 1836년에 산업계의 혼란을 줄이기 위해 다시 심사주의로 복원되어 오늘에 이른다.[11)

미국 헌법 제1장(Article I) 제8절(Section 8) 제8항(Clause 8)

Section 8. The Congress shall have Power
To promote the Progress of Science and useful Arts, by securing for limited Times to Authors and Inventors the exclusive Right to their respective Writings and Discoveries;

미국에서 특허법 제정 이후 100여 년이 지나서, 발명왕 토머스 에디슨(Thomas A. Edison)이 등장한다. 그는 다중전신기(1874), 백열전구(1879)와 전력 시스템, 영사기(1891), 축음기(1900~1910) 등 무려 1,093개의 특허를 받았다. 그는 특허권을 매개로 전력산업과 음향, 영상 엔터테인먼트 등 다수의 신산업을 새롭게 열어가며 발명왕으로서 명성을 쌓았다.

에디슨의 등장은 산업혁명의 중심이 영국에서 신대륙 미국으로 이동하게 했다는 점에서 의미가 크다. 그 이후로도 미국은 친특허주의로 대표되는 강력한 특허보호 정책으로 세계의 산업혁명을 주도하고 있다. 1980년대의 강력한 특허보호는 인터넷의 등장과 정보통신의 발

---

11) 앞의 책, p.39.

미국의 특허출원 동향

전기억, 신기술 영역에서 특허보호와 관련된 한국의 기술경쟁력, 박사
학위논문 참고

달, 유전자 정보의 발견과 생명공학의 부상 등의 핵심 동력이 되었다.
위의 '미국의 특허출원 동향'에서 알 수 있듯이, 새로운 산업이 부상할
때마다 특허출원 건수가 급격히 증가하는 패턴을 보인다. 그리고 최근
인공지능이 산업혁명의 중심을 차지하고 있다.

2. 특허보호의 변천과정

산업혁명과 특허권

18세기 산업혁명은 일반적으로 제임스 와트가 발명한 증기기관이 면직과 철강산업에 주동력으로 사용되면서 시작한 것으로 본다. 당시 영국은 광활한 식민지로 수출할 면직물을 제조하기 위해 공장을 가동할 든든한 동력원이 필요했다. 영국은 석탄이 풍부했기에 석탄을 사용하는 증기기관을 이용해 동력을 안정적으로 제공받게 됨으로써 방적산업과 광산산업도 크게 발전할 수 있게 되었다.

그런데 유럽의 변방에 위치한 낙후한 농업국가였던 영국이 어떻게 산업혁명의 중심국이 될 수 있었을까? 산업혁명은 17세기 아이작 뉴턴의 등장 이후 발달한 자연과학이 만들어낸 결실이라는 견해도 있지만, 영국이 유럽 국가들보다 앞서서 실시한 전매조례가 역할을 했을 것으로 볼 수 있다. 당시 특허권을 매개로 자본가와 기업가의 투자를 유도하여 유능한 인재가 발명과 신기술의 개발에 매진할 수 있었기

18세기 영국이 산업혁명을 주도하게 된 배경

자본의 축적	17세기 이후 광활한 식민지와 해외 시장 개척
풍부한 지하자원	석탄, 철광석 등
풍부한 노동력	농촌 노동자가 도시로 이주와 시민사회 형성
자연과학과 신기술 발명	증기기관, 방적기, 제철 기술 등
산업화	수공업에서 대규모 공장제로 변경
특허제도	유럽의 다른 국가보다 앞선 전매조례 실시

때문이다.

　역사적으로 볼 때, 국가의 산업 발달에 특허제도가 큰 영향을 미쳤을 것임은 틀림없다. 다만 특허제도가 산업 발달에 어떤 방식으로, 얼마나 큰 영향을 미쳤는지 구체적으로 증명하기는 쉽지 않다. 서방의 경제학자들은 오래전부터 이에 관해 연구해왔다.

　경제학자들은 특허제도가 재능 있는 기술자와 발명가에게 열정을 불어넣어 새로운 발명품을 새로운 방식으로 생산하게 함으로써 산업을 발전시킨다고 말한다. 그러나 특허의 독점력이 시장에서 자유로운 경쟁을 저해하여 오히려 경제성장을 둔화시킨다고 주장하는 학자들도 있다. 그들의 주장은 역사적으로 친특허주의와 반독점 정책으로 드러나게 된다.

미국의 특허보호 변천사

미국이 독립하고 특허제도를 도입할 당시, 특허요건에 대한 심사를 거쳐 특허권을 부여하였다. 특허를 국무부에 제출하면, 국무부 장관 등 3인의 장관으로 구성된 특허위원회에서 심사한 후 등록과 거절을 결정하였다. 당시 국무장관인 토머스 제퍼슨(1743~1826)은 미국에서 최초로 특허를 주기로 결정한 심사관이다. 그러던 그가 대통령이 된 후, 특허권이 공정한 시장경쟁을 방해한다고 주장하며 반독점법을 적용하여 권리 행사를 엄격하게 견제했다.

에이브러햄 링컨(1809~1865)은 남북전쟁을 승리로 이끈 대통령으로 잘 알려져 있지만, 특허에도 남다른 관심을 가졌다. 그는 발명가로

토머스 제퍼슨(1743~1826)	반독점법 적용 강화

약 40년 경과

에이브러햄 링컨(1809~1865)	특허제도에 대한 옹호

＊ 에디슨의 다중전신기(1874), 백열전구(1879), 축음기(1900~1910) 등

약 80년 경과

루스벨트(1882~1945)	뉴딜정책(1930)과 반독점법 적용 강화

＊ 일본과 유럽 기업에 경쟁력 상실(1980년대)

약 40년 경과

로널드 레이건(1911~2004)	CAFC 설립(1982)과 영 보고서 등 친특허 정책 채택

＊ 빌 게이츠의 마이크로소프트 등 글로벌 IT 기업 성장
＊ 스완슨의 제넨테크(Genentech) 등 세계적 생명공학 기업 등장

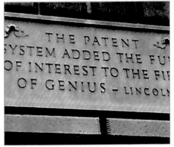
링컨 대통령의 말을 새긴 기념비

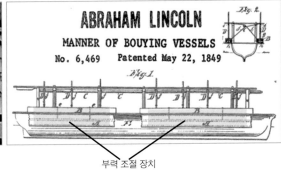
에이브러햄 링컨의 선박 특허 도면

부력 조절 장치

서 1849년에 선박이 부력을 조절하여 얕은 강에서도 밑바닥에 걸리지 않고 통과할 수 있게 하는 장치를 고안하여 특허를 받기도 했다.[12] 링컨은 특허를 받은 최초의 대통령으로, 특허상표청이 속한 상무부 본부가 있는 워싱턴 DC의 허버트 C. 후버 빌딩에 그가 남긴 말이 새겨져 있다.

"특허제도는 천재라는 불에 이익이라는 기름을 붓는 것이다(The patent system added the fuel of interest to the fire of genius)."

링컨의 특허제도에 대한 확고한 신념은 20여 년 후 발명왕 에디슨이 등장하는 데 밑거름이 되었다.

1930년대 대공황으로 미국 경제가 어려워지자 반독점법으로 특허권 행사를 엄격히 제한하는 시기가 찾아왔다. 프랭클린 루스벨트(1882~1945) 대통령은 당시 대공황에서 탈출하기 위해 뉴딜정책을 펼

---

12) US 6469A "buoying vessels over shoals", 출원일: 1849.3.10.

친 것으로 유명하기도 하지만, 특허기업의 독점행위가 대공황의 주된 원인의 하나라고 진단하면서 반독점법으로 이를 규제하기도 했었다. 그 결과 미국의 특허출원 수는 급격히 감소했고, 유럽 및 일본 등과의 기술 경쟁에서도 뒤떨어지게 되었다.

미국의 뉴딜정책(제1단계: 1933~1934, 제2단계: 1935~1941) 진행과정과 평가[13]

당시까지 시도된 적이 없는 새로운 정책으로서, 자본주의 체제 위기를 중도적인 방법으로 해결한 일종의 패러다임 전환

- 빈곤과 실업의 구제(Relief), 산업 질서와 경제의 회복(Recovery), 근본적인 제도개혁(Reform) 등 3R을 기본방향으로 설정
- 제1단계는 직접 '구제와 회복'에 중점을 두었다면, 제2단계는 널리 알려진 테네시강 유역 개발공사(TVA, Tennessee Valley Authority) 외에도 다양한 일자리 창출과 소비 진작을 도모하고 와그너법, 사회보장법 등 제도개혁에 치중

⇒ 2차 세계대전으로 전시 호황이 시작될 때까지 실업 등 대공황의 여파가 계속되었다는 점에서 뉴딜정책은 구제나 회복 측면의 성과를 낮게 평가

- 그러나 자유방임주의 종언, 독점자본주의 모순 시정, 미국 복지제도의 토대 형성 등 철학과 이념, 제도의 대전환을 가져왔다는 점에서 역사적 의미를 가짐

특허권을 가진 기업은 그 제품의 생산과 판매를 일정 기간 독점할 수 있게 된다. 얼핏 들으면 특허권에 의해 다른 기업들의 자유로운 시장 참여가 가로막혀, 그 영향으로 경쟁이 제한되고 제품 가격도 오르면서 오히려 경제에 부정적인 영향을 끼칠 것으로 생각하기 쉽다. 단기적으로는 그럴 수 있다. 그러나 장기적으로 보면 발명과 기술혁신에 대한 경쟁이 촉진되어 오히려 제품의 가격이 낮아지고 품질은 높아질

---

13) '미국 뉴딜정책의 진행 과정과 평가', 2007.4.10, 대통령 사료관 참조

수 있다.

링컨의 친특허 정책은 발명 천재 에디슨을 탄생시켰고, 전력산업, 자동차와 영화산업, 항공산업 등 다방면에서 신산업을 발굴하여 경제를 성장시키는 데 큰 역할을 했다. 그러나 루스벨트의 반독점 정책은 극심한 경제공황을 타개하는 데 큰 도움이 되지 못했을 뿐 아니라 시간이 흐를수록 기업의 혁신과 특허 활동을 줄어들게 하여, 그 결과 기업들의 경쟁력은 뒤처지게 되었다.

1980년대까지 미국은 일본이나 유럽보다도 기술경쟁력이 뒤떨어져 또다시 위기를 맞이하게 된다. 그리고 대통령으로 당선된 로널드 레이건(1911~2004) 앞에 선택의 순간이 왔다. 그 선택지 중 하나는 에이브러햄 링컨의 친특허 정책이고, 다른 하나는 프랭클린 루스벨트의 반독점 정책의 강화이다. 당시 레이건 대통령도 결단이 필요했을 것이다. 친특허 정책으로 과연 미국의 기술경쟁력을 높일 수 있을까? 그렇다면, 특허를 강하게 보호하기 위하여 어떠한 정책적 수단들이 있을까?

레이건은 다시 링컨의 친특허 정책으로 방향을 바꾸었다. 1982년 미국 전역에 흩어져서 처리되고 있던 특허소송 사건을 한곳으로 모으기 위해 연방순회항소법원(CAFC)[14]을 설립했다. 당시는 법관들 사이에 '천재적 영감'에 의한 발명만 특허로 인정할 수 있다는 시각이 만연

---

14) CAFC(Court of Appeals for Federal Circuit, 연방고등법원)는 주로 특허법, 연방정부와의 계약, 국제 무역, 퇴역군인 소송, 그리고 연방공무원 고용에 관한 소송 등의 사건에 대한 항소 사건을 심리한다.

하여 특허를 제대로 인정받기 어려웠다. 또한 재판의 결과가 법관의 주관적 판단으로 좌우되는 일도 잦았다. 그러나 CAFC가 생기자 특허 무효율이 크게 낮아졌다.

미국 내에서 벌어지는 모든 특허 사건을 하나의 법원으로 모아서 처리하면 어떤 변화가 생길까? 가장 먼저, 그 재판관의 전문성과 일관성이 높아질 것이다. 특허가 무효가 되는 것은 선행기술을 이용해 보통의 기술자[15]가 쉽게 발명할 수 있는지에 대한 판단에 따라 결정되는 것이 대부분이다. 예를 들면, 2개의 선행기술을 조합하여 쉽게 발명할 수 있다고 하면, 그 특허는 심사를 통해 등록받았더라도 무효로 판단한다. 따라서 특허소송의 쟁점은 선행기술 간의 조합이 보통의 기술자에게 쉬운지 어려운지를 판단하는 것이다.

선행기술 1과 2의 조합으로 특허가 무효인지 판단하기 위한 대비표

특허의 구성요소	선행기술 1	선행기술 2
A	A	A
B	B	B
C	C	대응 구성 없음
D	대응 구성 없음	D

---

15) 통상의 기술자(여기서는 보통의 기술자라 한다)는 특허를 보호하는 대부분 국가에서 존재하는 개념이다. 진보성, 명세서 기재불비, 확대된 선원, 특허권의 침해, 권리범위 확인, 정정심판, 명세서 보정, 청구범위 해석, 무효심결 등 특허법 전반에 걸쳐서 통상의 기술자를 기준으로 판단하고 있다. 통상의 기술자는 실존하는 인물이 아니라, 그 발명이 속하는 기술분야에 대한 지식을 알고 있거나, 문헌을 접할 수 있으며 그 문헌을 이해할 수 있는 자로서, 보통의 창작성을 가진 인물이라고 보는 것이 일반적이다.

가령, 어떤 특허가 A+B+C+D로 이루어져 있고, 선행발명 1의 구성이 A+B+C, 선행발명 2의 구성이 A+B+D라고 하자. 얼핏 보기에 선행발명 1과 2의 구성을 모두 조합하면, A+B+C+D를 발명할 수 있다고 생각할 수 있다. 그러나 특허를 무효로 판단하기 위해서는 보통의 기술자가 선행발명 1과 2를 쉽게 조합할 수 있어야 한다. 선행기술 1과 2를 단순히 찾았다고 해서 무효라고 판단해서는 안 된다. 왜냐하면 어떤 특허의 구성 요소를 선행기술들 내에서 다 찾을 수 있다 하더라도 그들을 조합하는 것이 보통의 기술자들에게 쉽지 않을 수 있기 때문이다.

CAFC는 두 선행기술을 찾더라도, 그들 간의 결합이 쉬운지에 대하여 구체적인 근거를 들 수 있는 경우에만 특허를 무효로 판단한다는 법리를 세워나갔다(STM 원칙). 예를 들어, 선행기술들에서 결합을 암시하고 있다든지(Suggestion), 결합을 방해하는 요소가 없다든지(Teaching away), 결합할 만한 동기가 있다든지(Motivation) 등의 근거가 필요하다. 만약 선행기술 1(A+B+C)의 문제점을 해결하기 위해 C를 D로 대체하여 선행기술 2(A+B+D)를 발명했다고 하면, 선행기술 1과 선행기술 2를 알고 있더라도 쉽게 결합할 수 있다고 할 수 없을 것이다.

그 밖에 상업적으로 크게 성공했다든지, 업계의 오랜 숙원과제를 해결했다든지, 실패를 거듭해 온 기술적 과제를 해결했다든지 등의 요소가 있으면 이를 고려하여 특허의 무효를 신중하게 판단할 것을 판례로 세우기도 했다. 가령 선행발명에 간단한 변경을 가한 특허라 할지라도 오랫동안 실패를 거듭해온 기술적 과제를 해결한 발명이라면 그 특허의 등록을 부정할 수 없다는 것이다.

모든 특허 사건을 CAFC의 한 기관에서 처리하도록 한 것이 대단한 정책으로 보이지 않을 수 있다. 당시에는 그 결과에 대하여 예단하기도 어려웠을 것이다. 그러나 이 조치는 특허보호를 강화하는 데 큰 역할을 했다. CAFC가 설립되고 25년 후인 2006년에 특허 사건을 분석한 통계자료에 따르면, 1심 법원의 무효율이 0.557→0.279로, 2심 법원의 무효 확인율이 0.850→0.573으로 대폭 감소한 것으로 나타났다. 즉 등록된 특허의 무효율이 크게 낮아지고, 반대로 침해를 인정한 비율이 그만큼 높아진 것을 알 수 있다.

CAFC 설립 전후 특허의 무효율에 대한 비교표*

〈미국 CAFC 이전 및 이후의 1심 사건 통계〉

구분	1심 사건 수	무효율	항소율	비침해율	항소율	유효 및 침해율	항소율
CAFC 이후	988	0.279	0.688	0.352	0.592	0.368	0.618
CAFC 이전	2,327	0.557	0.547	0.130	0.482	0.313	0.562

〈미국 CAFC 이전 및 이후의 2심 사건 통계〉

구분	무효사건	확인율 affirmed	비침해 사건	확인율 affirmed	유효 및 침해 사건	확인율 affirmed
CAFC 이후	415	0.573	460	0.685	466	0.723
CAFC 이전	1,068	0.850	232	0.694	627	0.603

출처: Matthew D. Henry&John L. Turner, The Court of Appeals For the Federal Circuit's Impact on Patent Litigation, 35 L. Legal Stud. 85, 101(2006).
* 특허청, 특허심판원 선진화 및 특허 사건 관할 집중을 위한 미국 특허심판원 및 연방순회항소법원(CAFC) 연구, 2007.9.12. 참조.

MS의 빌 게이츠

제넨테크를 설립한 보이어 교수와 스완슨(오른쪽)

또한 레이건 대통령은 기업가와 특허 전문가들이 제안한 새로운 정책을 다수 시행했다. 1985년, 레이건 행정부는 경쟁력위원회를 만들고, 경제계 인사들에게 〈글로벌 경쟁력: 새로운 현실(Global Competition: The New Reality)〉이라는 보고서를 작성하게 하였다.[16]

이 보고서에는 일본과 유럽으로 넘어간 기술 주도권을 되찾기 위해 특허보호를 강화하는 다양한 제안들이 포함되어 있다. 예를 들어, 특허보호 기간의 연장,[17] 특허청과 법원의 소송 기간 단축, 외국과의 상호주의 강화, 신흥산업국의 침해행위에 관한 법 집행 강화, 국제무역 관련 지적재산권 기구의 GATT 편입 등도 포함하였다. 특히 1994년 우루과이라운드 협정을 통해 GATT 체제를 WTO 설립으로 전환하고, 그동안 상품 교역에 한정된 협정에서 농업 협정, 무역에 관한 기술장벽 협정, 원산지 협정, 서비스 교역 협정과 함께 지적재산권에 관한 일반

---

16) 레이건 행정부의 경쟁력위원회(the Competitiveness Committee)는 HP 사장인 John Young을 의장으로 하여 30명의 경제인으로 구성되었고, 1983~1985년까지 3년간 활동하였으며, 그들이 제출한 보고서는 의장의 이름을 따서 〈영 보고서(Young Report)〉로 불렸다.

17) 1995년 6월 8일자 출원일을 기준으로 등록일로부터 17년에서 출원일로부터 20년으로 변경되었다.

협정(TRIPs)을 포함시키며 업무 범위를 확대하였다.

특히 이 보고서는 오랫동안 특허 대상에서 제외되었던 생명공학과 컴퓨터 소프트웨어의 발명과 특허에 대하여 적극적으로 보호할 필요가 있다는 내용도 담겼다. 레이건 대통령의 선택은 10여 년이 지난후 본격적인 성과가 나타나기 시작했다. 빌 게이츠의 마이크로소프트(MS) 등장과 함께 컴퓨터 소프트웨어와 정보통신 산업의 혁신을 앞세워 미국이 다시 세계의 산업을 주도할 수 있게 되었다. MS는 컴퓨터 운영체제인 윈도우(Windows)로 세계 시장을 장악했다. 또한 1970년대 초 스탠퍼드대의 코헨과 보이어 교수팀[18]이 최초로 DNA 재조합 기술을 개발했는데, 이 기술을 기반으로 벤처 자본가인 스완슨이 제넨테크(Genentech)를 설립하며 유전공학의 새로운 산업을 열어간다. 이 회사는 이후 과감한 연구개발 투자와 특허보호를 기반으로 1993년에만 로열티로 17억 달러의 매출을 올리며 기존의 글로벌 제약회사들과 함께 어깨를 나란히 하게 되었다.

특허 정책은 투자자 보호가 목적

1990년대 말, 실리콘 밸리를 중심으로 급성장한 정보통신 산업과 인터넷의 등장으로 각종 전자상거래 기업이 우후죽순처럼 생겨

---

18) Stanley Cohen-Herbert Boyer, Robert A. Swanson(1947~1999)

나기 시작했다. 바로 닷컴기업 열풍이다. 그들은 영업 방법(business methods)과 순수한 컴퓨터 프로그램도 특허로 보호해줄 것을 정부와 사법부에 강력히 요구했다. 당시 순수한 영업 방법이나 소프트웨어 프로그램 자체는 추상적인 아이디어라거나 프로그램 저작물로 간주되어 특허보호 대상에서 제외되어 있었다.

그런 오랜 관행을 깨고 1998년 SSB 사건[19]에서 비로소 영업 방법이라도 "유용하고 구체적이며 실질적인 결과(a useful, concrete and tangible result)"를 낼 수 있다면 영업 방법을 구현한 프로그램도 특허로 보호받을 수 있다고 판결했다. 이 사건은 전자상거래 업계의 환영을 받으며 영업 방법을 청구하는 특허가 대폭 증가하는 발단이 되었다. 한 조사 기관에 따르면, 1991년 소프트웨어 관련 특허는 연간 약 2만 5,000건이었던 것이 2011년 12만 5,000건으로 5배나 늘어났다고 한다.[20]

그러나 2008년 빌스키 사건[21]에서 SSB 사건의 법리는 불충분하고 부적절하므로 폐기하고, 과거 기계 변환 테스트(machine transformation test)[22] 법리로 돌아가야 한다고 판결했다. 미국은 10년 동안 법리를 바꿔가며 영업 방법과 컴퓨터 프로그램을 특허보호 대상으로 할 것인지

---

19) State Street Bank and Trust Company v. Signature Financial Group, Inc. ,149 F.3d 1368 (Fed. Cir. 1998)

20) 미국 정부책임사무소(GAO)의 분석 결과 참조. GAO는 미국 의회에 감사, 평가, 조사 서비스를 제공하는 입법부 내의 독립적이고 비당파적인 정부기관

21) Bilski v. Kappos, 561 U.S. 593(2010)

22) 기계 변형 테스트(machine transformation test)는 Gottschalk v. Benson 409 US 63(1972) 사건에서 정부(특허청)가 대법원에 알고리즘에 대한 프로세스 발명에서 "물질의 변형을 주장하거나 새로 고안된 기계로 구현하지 않는 한 어떠한 공정도 특허를 받을 수 없다고 판결해 달라"고 제출한 의견에서 유래했다.(no process could be patented, unless it claimed either a transformation of substances or was implemented with a newly devised machine.)

를 놓고 치열하게 갑론을박을 이어온 셈이다. 당시 미국은 과거 특허 대상이 아니었던 분야라도 그 혁신에 참여한 투자자를 보호할 수 있도록 특허제도를 바꿀 수 있어야 한다는 믿음이 확고했던 것 같다.

미국의 특허 정책은 간단하게 요약된다. 먼저 대통령이 특허보호 강화에 대한 확고한 신념을 표명하면, 법원은 판결로서 그의 선택을 뒷받침한다. 만약 대통령이 반독점법을 강화하기로 했다면, 법원은 청구범위를 엄격하게 해석한다. 반대로 특허제도를 적극적으로 옹호한다고 하면, 청구범위를 비교적 넓게 인정해주는 방향으로 판결한다. 결과적으로 특허보호에서 대통령과 사법부가 중요한 역할을 하고 있음을 알 수 있다.

어떤 이는 정부가 한 나라의 산업과 경제를 주도하는 것보다 민간에 자율적으로 맡기는 것이 더 좋다고 한다. 그러나 특허 정책에 있어서 미국 같은 선진국조차도 대통령의 선택에 따라 경제와 산업의 발전이 좌우되고 있다고 볼 수 있다. 정리하면, 정부가 강력한 특허보호라는 방향을 제시하면, 사법부가 호응함으로써 기업들은 기술혁신을 위해 서로 경쟁하고 특허 활동에 매진하게 된다. 자연스럽게 국가의 기술경쟁력을 키워갈 수 있게 된다.

과거 20세기 경제학자들은 기업의 특허 활동을 수익을 내는 성과 (output)가 아니라 투입되는 비용의 증가(input)로 보는 경향이 있었다. 말하자면, 한 기업이 특허출원이나 등록 건수를 늘리는 활동을 그 기업의 특허관리 비용이 증가하는 의미로 해석한 것이다. 과거에는 분명 기업의 특허 활동을 지금과 같이 성과(output)의 한 요소로 간주하지 않았던 것이다.

그러나 최근 월가의 전문가들은 기업의 특허 활동을 비용의 증가가 아니라 성과를 나타내는 지표로 보고 큰 의미를 부여한다. 그 기업에 특허관리비의 부담을 초래하더라도 기술혁신에 대한 투자의 확대로 이해하고, 머지않아 매출과 수익도 증가할 것이라고 판단한다. 나아가 한 기업의 특허 활동을 분석해보면, 그 기업의 미래 경영전략까지 들여다볼 수 있다고 말한다.

NPE에 대한 이슈

최근 언론에 NPE가 자주 등장한다. NPE(Non Practing Entity)란 기업 활동에 전혀 참여하지 않고, 주로 특허소송과 라이선스로 수익을 내는 특허관리기업을 말한다. NPE는 유망한 특허를 확보하여 기존의 생산과 판매 활동을 하는 기업들과 분쟁을 일으켜 수익을 챙긴다. 반면 NPE와 소송에 휘말렸거나 라이선스 체결로 막대한 비용을 소모한 기업들은 경영에 어려움을 겪기도 한다.

우리 언론은 NPE에 대해 지나치게 부정적인 시각을 가진 것 같다. 그들은 종종 NPE를 특허괴물(patent troll)이라 부른다. 그러나 NPE는 특허를 활용하는 데 전문성을 가진 합법적인 기업으로 보아야 한다. 그들이 제품을 생산 또는 판매하거나 서비스를 제공하는 기업활동을 하지 않는 것은 사실이다. 대신 연구개발에 투자하거나 특허를 매입하는 방법 등으로 특허를 확보한 후, 기업을 상대로 라이선스 계약을 요구하거나 소송 등을 통해 수익을 창출해낸다.

NPE에는 기업활동을 전혀 하지 않는 대학과 순수 연구기관도 포함되며, 그 형태도 다양하다. 연구기관은 군이 기업활동까지 할 필요가 없다. 연구기관은 그 재능을 살릴 수 있는 연구에 전념하면 된다. 기업도 기술을 개발하려 할 때 내부 연구 자원에만 의존할 필요는 없다. 외부의 우수한 역량을 가진 연구 자원을 활용해야 한다. 생산성을 높이는 데 이러한 개방형 혁신(open innovation)이 유리할 수 있다.

NPE는 기업들과 과도한 특허 분쟁을 초래하여 건전한 기업활동을 방해한다는 부정적 측면도 있다. 그러나 특허제도의 틀 안에서 적법하게 수익을 창출한다면, 결과적으로 특허를 통한 기술 경쟁을 촉진하는 시스템의 구성원이 될 수 있다. 현재로서는 NPE의 합법적 활동을 막을 길은 없다. 다만, NPE의 부정적인 영향을 줄이면서 특허 경쟁을 촉진하는 방향으로 나가야 할 것이다. 미국 의회는 NPE가 소송을 남발할 경우, 상대방의 변호사 비용까지 부담시키는 방안도 발의하였지만 상원을 통과하지 못한 것 같다. 또한 연방법원은 영업방법의 특허성에 대한 제한적 해석과 침해금지 명령(injunction)의 부가요건을 강화하는 판결을 내렸다.

특허법을 통해 누구라도 새로운 발명으로 성공하는 것을 꿈꿀 수 있어야 한다. 특허제도가 없다면, 신기술 개발에 드는 막대한 자금을 누가 투자할 수 있을까? 당연히 투자를 주저할 것이다. 만약 어떤 기업이 모든 투자 위험을 극복하고 큰 수익을 내기 시작했다고 하자. 소문을 듣고 경쟁자들이 너도나도 수익이 보장되는 기술을 베끼거나 모방하게 될 것이다. 짝퉁과 모방은 신기술 개발과 시장 개척이라는 투자 위험을 모두 피할 수 있게 해준다. 그 결과 시장에서 무임승차가 만연해지고 발명 기업가의 노고는 보상받을 길이 없게 된다.

반대로 신기술을 특허로 보호한다면, 갈릴레오 갈릴레이가 말했던 바와 같이, 발명가는 기술적 과제를 해결하기 위해 열정을 끌어올릴 것이고, 자본가와 기업가는 안심하고 막대한 자금을 기술혁신에 쏟아부을 것이다. 발명가의 노고에 대한 대가인 특허권으로 큰 수익을 올릴 수 있다면, 발명과 기술개발 투자에 경쟁적으로 나설 수 있을 것이다.

3. 중심한정이론과 주변한정이론

많은 사람이 특허의 보호범위를 어떻게 정하는지 궁금해한다. 우리 특허법에서는 그 보호범위가 청구범위에 기재된 사항에 의하여 정해진다고 규정하고 있다.[23] 따라서 청구범위에 기재된 대로 모든 구성요소를 빠짐없이 실시한 경우에만 그 특허의 보호범위에 속한다고 판단하는데, 이 법리를 '구성요소 완비의 법칙(all element rule)'이라 부른다.

그러나 위의 원칙에 따라 청구범위에 기재된 대로 보호범위를 한정하더라도 구성요소를 어떻게 해석하느냐에 따라 그 보호범위에 차이가 생긴다. 이를 권리자에게 더 유리한 방향으로 판단하는 '중심한정이론(central definition)'과 제3자를 더 배려한 해석을 옹호하는 '주변한정이론(peripheral definition)'으로 구분할 수 있다.

---

23) 특허법 제97조(특허발명의 보호범위) 특허발명의 보호범위는 청구범위에 적혀 있는 사항에 의하여 정하여진다.

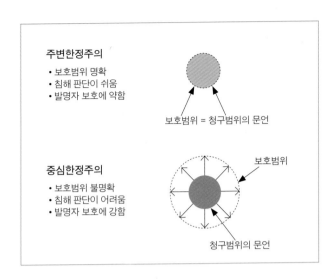

주변한정주의

- 보호범위 명확
- 침해 판단이 쉬움
- 발명자 보호에 약함

보호범위 = 청구범위의 문언

중심한정주의

- 보호범위 불명확
- 침해 판단이 어려움
- 발명자 보호에 강함

보호범위

청구범위의 문언

지금부터 의자의 발명을 예로 들어 청구범위를 해석하는 두 가지 방법에 대해 알아보자. '종래 의자'는 등을 기댈 수 있는 등받이가 없어서 장시간 앉아 있으면 허리가 아프다는 문제점이 있었다. 이와 같은 문제점을 해결하기 위해 등을 기댈 수 있는 등받이가 있는 의자를 발명하여 다음과 같은 청구범위로 특허를 등록받았다고 하자.

[청구항 1]

(a) 엉덩이를 걸치기 위한 사각형의 밑판과,
(b) 상기 밑판에 부착되어 밑판을 지면으로부터 공중에 떠받치는 다리와,
(c) 상기 밑판의 일부분에 부착되어 상기 밑판 위에 앉은 사람의 등을 지지하는 등받이를 포함하는 의자

[그림 1-1] 종래 기술

[그림 1-2] 본 발명의 실시 예

[그림 1-3] 침해품

만약 누군가가 [그림 1-3]의 '침해품'과 같이 밑판, 다리, 등받이로 구성된 의자를 생산하여 판매했다고 하자. 이때 위의 청구범위로 보호받을 수 있을까? 일단 침해품은 [청구항 1]에 기재된 구성요소인 밑판, 다리, 등받이 등을 전부 포함하고 있는 것으로 보인다(all element rule 만족). 여기서 침해품의 등받이가 2개로 구성된 것은 새로운 구성요소로서 또다른 문제를 해결하기 위한 발명으로 볼 수 있으므로 또다른 특허를 받을 수 있다.

다만 본 발명은 밑판이 사각형으로 한정되어 있으나, 침해품은 사각형을 둥글게 처리한 모양을 하고 있다는 점에 차이가 있다. 청구범위에 기재된 문언 그대로 사각형으로만 엄격히 제한하여 해석한다면 침해품은 본 발명 특허의 권리범위에 속하지 않는다고 판단된다. 그러나 본 발명은 종래의 의자에 등받이를 두어 허리의 통증을 줄이려고 한 것으로 침해품과 그 목적과 작용 효과가 동일하다. 다만 청구범위의 구성요소 중 하나인 밑판이 사각형으로 기재된 것과 관련해 다툼이 있을 수 있지만, 침해품도 본 발명의 기술적 사상을 그대로 실시하고 있다.

출원 당시 위와 같은 침해품의 등장을 예상할 수 있었다면, 청구범위를 작성할 때 밑판을 굳이 사각형으로 한정하지 않았을 것 같다. 그러나 대부분의 특허가 그렇듯이 발명하고 수년이 지난 후 분쟁이 발생하므로, 나중에 일어날 모든 상황을 정확히 예측해 청구범위를 작성하는 것은 사실상 불가능하다. 물론 침해자는 특허침해를 피할 방법을 찾았을 것이다. 따라서 침해 소송이 발생하고 난 이후 청구범위에 대한 해석을 통해 그 보호범위를 확정하는 것이 일반적이다. [24]

이 논의의 중심에 중심한정이론이 있다. 청구범위에 기재된 구성요소를 해석할 때 '발명의 기술적 사상'을 중심으로 보호범위를 확장하는 것이 중심한정이론이다. 그렇지 못할 경우, 특허로 보호하고자 하는 발명의 실체를 보호하지 못하는 결과가 되므로, 궁극적으로 특허제도가 의미 없게 된다고 본다. 그러나 해석에 의해 보호하고자 하는 범위를 확장하는 것을 인정하는 결과가 되어 본 건의 침해자와 같이 대체기술을 찾는 제3자에게 불안감을 조성한다는 비판도 있다.

위의 중심한정이론에 대응하여 청구범위에 기재된 문언 그대로 보호범위를 엄격히 제한함으로써 분쟁 가능성을 줄일 필요가 생겼다. 이것을 주변한정이론이라 한다. 주변한정이론에서는 청구범위에 기재

---

24) 미국 대법원의 Markman v. Westview Instruments, Inc. 판결(1995년)에서 비롯된 마크맨 히어링(Markman Hearing)을 통해 청구범위 해석에 대한 기준을 법원이 제시하였다. 여기서 청구범위 해석은 전문지식이 필요한 문제로 배심원보다는 법원의 고유한 권한에 해당하는 것으로 판단했다. 또한 청구범위는 문자로 표현된 것으로, 원칙적으로 명세서에 기재된 내용과 심사 과정에 제출된 서류를 포함하는 기본 자료를 토대로, 발명가와 전문가의 증언과 종래 기술을 비교하는 외적 증거자료 등을 종합적으로 검토하여 해석한다.

된 구성요소를 문언 그대로 해석하여 보호범위를 엄격하게 한정하고, 그 보호범위를 확장하여 해석하는 것은 불허한다. 또한 특허를 대체하거나 회피하려는 제3자의 불안요인을 감소시켜 주어야 경쟁을 촉진할 수 있을 것이라 주장한다.

역사적으로 청구범위의 해석은 중심한정이론으로 시작되었다가 1870년경부터 점차 주변한정이론으로 바뀌어가고 있다. 지금도 우리나라를 포함하여 다수의 국가에서 주변한정이론에 따라 청구범위를 엄격히 해석하고 있다. 그러나 중심한정이론을 포기한 것은 아니고, 그 사상이 균등론(The doctrine of equivalents), 기능식 청구항(means-plus-function claims 허용·), 발명의 상세한 설명 참작의 원칙 등으로발전되어오고 있다.

여기서 균등론이란 청구범위에 기재된 구성요소가 침해품과 차이가 있더라도 과제 해결 원리가 같고, 차이가 난 구성요소를 쉽게 발명해낼 수 있는 경우라면 침해를 인정하는 이론이다. 또한 기능식 청구항이란 구성요소를 볼트와 너트, 전류센서 등 물리적 구조로 기재하지 않고, '연결수단', '감지수단' 등과 같이 그 기능으로 작성한 청구항을 말한다. 이 경우 동일한 기능을 수행하는 구성요소로 권리범위를 확대하여 침해로 인정할 수 있다. 마지막으로 청구범위의 기재만으로 구성요소를 한정하기 어려우면, 발명의 설명을 참고하여 청구범위를 해석할 수 있게 한다.

특허의 보호범위를 해석하는 방법을 설명할 때 자주 인용되는 대표적인 사건들이 있다. 그중 하나는 1853년에 일어난 '위난스 대 덴미드

[도면 1-1] 위난스 차량의 몸체 모양

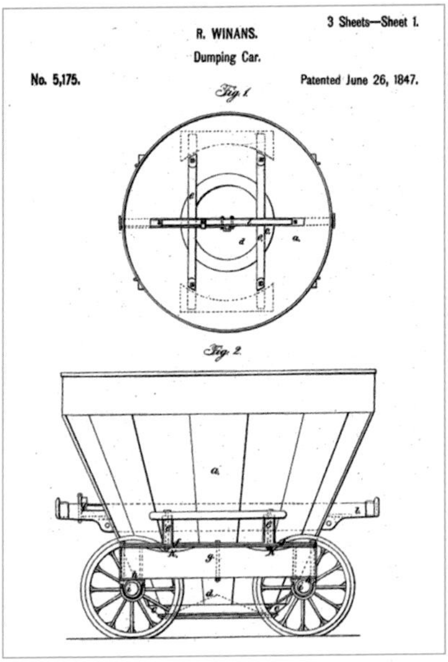

R. WINANS.
Dumping Car.
No. 5,175.
3 Sheets—Sheet 1.
Patented June 26, 1847.

Fig 1

Fig 2

[도면 1-2] 덴미드 차량의 몸체 모양

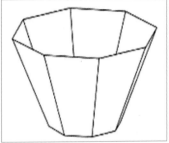

사건'이다.[25] 위난스(원고) 특허는 위의 [도면 1-1]과 같이, 철도를 달리는 화물차의 몸체에 관한 것으로, 몸체의 상부가 원통이고 하부가 원뿔 절두형으로 된 것이 특징이며, 하부 바닥은 플랜지에 고정되는 철판으로 이루어져 있다.

본 발명의 목적은 화물의 무게를 줄이지 않고서도 무게중심을 낮추어 차량의 전복을 막고, 그 몸체를 원형으로 제작하여 차량에 가해지는 압력을 균일하게 분산시킴으로써 파손을 줄이며, 차량에 실린 화물을 원활하게 배출시킬 수 있게 하는 화물차량을 제공하는 것이다.

---

25) winans v. denmead case(1853) 참조

한편 덴미드(피고)는 화물차량의 몸체를 도면 [1-2]와 같이 원형이 아닌 팔각형 및 피라미드형으로 제작하여 판매하고 있었다. 피고의 차량은 이 사건 특허와 동일한 작동 원리를 사용하면서 동일한 결과를 얻을 수 있었으나, 본 특허가 기존 철도차량에서 몸체의 형상을 변경한 것일 뿐이고, 덴미드는 차량을 원뿔형 형상으로 만들지 않았기 때문에 침해가 아니라고 항변했다. 이에 대해 위난스는 본 특허가 단순히 차량 몸체의 형상을 변경한 것이 아니라 새로운 작동 방법과 새로운 동작 원리를 도입한 것이라고 반박했다.

이 사건을 담당한 하급법원은 본 특허의 권리범위를 원형이 아닌 팔각형이나 피라미드형 등 직선형 몸체로까지 확장하여 그 범위를 인정하는 것은 적절하지 않다고 판결했다. 즉 본 발명의 청구범위는 특정 기하학적 형태에 국한되며, 피고가 동일한 형태로 차량을 제작한 것이 아니므로 침해가 될 수 없다고 해석한 것이다.

그러나 대법원은 달랐다. 특허의 보호범위를 '발명의 기술적 사상'까지로 확장하여 해석하며 하급법원의 판결을 뒤집었다. 즉 "대중이 자유롭게 그 형태나 비율을 변경하여 유사한 복제품을 만들 수 있게 허용한다면, 특허받은 물건에 대한 독점권이 보장되지 않는다. 그러므로 특허권자는 자신의 발명을 기술하고, 그 원리를 제시하고, 이를 가장 완벽하게 구현하는 형태를 청구한 후, 법을 고려하여 자신의 발명이 복제될 수 있는 모든 형태를 권리범위로 주장할 수 있는 것이다."[26]

---

26) The exclusive right to the thing patented is not secured, if the public are at liberty to make substantial copies of it, varying its form or proportions. And therefore the

표준 주기율표

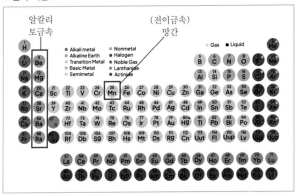

또한 이 판결에서 "침해를 인정하려면, 피고의 차량이 특허권자의 작동 방식을 실질적으로 구현하고 있고, 그에 따라 그의 발명이 도달한 것과 동일한 종류의 결과를 얻을 수 있을 만큼 실제 원형에 가까워야 한다"[27]고 설명하여 침해로 판단하기 위한 기준을 제시하였다. 이후 이 판례는 균등론(doctrine of equivalents)의 법리로 발전하게 된다.

특허의 보호범위를 이야기할 때 자주 참고되는 또 하나의 대표적 사건이 1950년에 있었던 '그래버 대 린드 사건'[28]이다. 린드(권리자)는 알칼리 토금속 칼슘과 규산염을 조합하여 용접에 사용되는 조성물을 발명하여 특허를 받았다. 본 특허에는 알칼리 토금속 규산염에 규산마그네슘이 포함되어 있었다. 그래버(침해자)는 알칼리 토금속의 규산마

patentee, having described his invention, and shown its principles, and claimed it in that form which most perfectly embodies it, is, in contemplation of law, deemed to claim every form in which his invention may be copied, unless he manifests an intention to disclaim some of those forms.

27) it must be so near to a true circle as substantially to embody the patentee's mode of operation, and thereby attain the same kind of result as was reached by his invention.

28) graver tank & mfg. co. v. linde air products co.(1950) 참조.

그네슘 대신 전이금속의 하나인 망간(Mn)으로 대체한 조성물을 제조하고 있었다.

두 조성물은 유사한 프로세스를 거쳐 만들어졌고 동일한 용도로 사용되고 있었다. 지방법원은 전문가의 증언을 통해 용접 업계에서 망간이 알칼리 토금속을 대체하는 성분으로 알려져 있음을 알아냈고, 그래버가 이 조성물을 독자적인 연구로 개발한 것이라고 볼만한 증거가 없음을 밝혀냈다. 지방법원은 이를 근거로 그래버가 린드의 특허를 침해했다고 판단했고, 대법원도 그들의 판결을 지지했다.

위의 두 판례는 중심한정이론을 뒷받침하는 대표적인 판례로 볼 수 있다. 만약 권리범위를 청구범위에 기재된 대로만 제한하여 엄격하게 해석했다면, 댄미드의 팔각형 또는 피라미드형 차량이 위난스의 특허를 침해하지 않았다고 판단했을 것이다. 또한 그래버의 망간 조성물이 린드의 규산마그네슘과 균등물이라고 판결하지도 않았을 것이다. 이와 같이 중심한정이론이 없었다면 특허침해는 상대적으로 피하기 쉽다.

그 후로도 미국에서는 오랫동안 특허의 실체를 보호하기 위해 발명의 일부 구성요소에 균등론을 적용하여 그 보호범위를 확대하는 해석을 인정해왔다. 그리고 균등론을 적용하기 위한 구체적 기준까지 제시되었다. 바로 그 기준에 따라 침해품의 기능(Function)과 방법(Way)이 특허와 동일하고, 그 결과(Result)가 같으면 특허의 보호범위 내에 속하는 것이다(FWR 테스트법).

그러나 중심한정이론에 따르면 보호범위를 해석을 통해 확대하는 것이 가능하므로 법원에서 그 범위를 확정해주어야 한다. 그 결과 특허의 권리범위를 피해 대체기술을 개발하려는 제3자는 기업 활동을 부당하게 제약받을 수 있다는 비판이 제기되어왔다. 그리고 그 대안으로서 주변한정이론이 떠오르게 된 것이다.

우리 특허법도 보호범위를 "청구범위에 기재된 사항에 의하여 정해지는 것"이라고 보지만, 그 이상의 법 규정은 없다. 판례로서 보호범위의 해석에 대해 세부 기준을 제시하고 있다. 대체로 문언적 해석을 중심으로 결정하는 주변한정이론을 토대로 하고, 특허보호의 실효성을 확보하기 위해 균등론과 기능식 청구항 허용, 발명의 상세한 설명 참작의 원칙 등을 보충적으로 적용하고 있다.

우리 법원은 판례를 통해 다음 3가지 방법으로 청구범위를 확장하거나 제한하여 해석할 수 있다. 첫째, 과제 해결 원리와 작용효과가 동일하고 구성요소를 대체하기 쉬운 경우라면, 문언적 침해가 아니더라도 균등론에 의한 침해를 인정한다. 둘째, 청구범위를 작성할 때 기능식 표현을 사용할 수 있게 허용한다. 셋째, 청구범위가 명확하게 기재

미국과 우리나라의 균등론 적용 기준 비교

미국의 FWR 테스트법	우리의 균등침해 판단 기준
기능(Function)	과제의 해결 원리
방법(Way)	구성요소 대체 용이성
결과(Result)	작용효과

되어 있지 않아서 그 보호범위를 한정하기 어려운 경우와, 구성요소의 기술적 의미를 이해할 수 있더라도 그 권리범위를 확정하기 어려운 경우 등 특별한 사정이 있을 때만 명세서의 기재를 참조하여 보호범위를 한정하여 해석할 수 있도록 한다.

4. 우리나라 특허제도의 역사

개화기에서 일제강점기까지

역사적으로 우리나라의 특허제도에 대해 처음으로 언급한 사람은 대한제국 시절 지석영 선생이다. 그는 개화기 선각자로서 천연두를 예방하기 위해 우두법 또는 종두법을 보급한 한의사이자 관료이다. 우두법은 천연두보다 독성이 약한 소(牛)의 전염병인 우두에서 나온 고름을 추출하여 사람에게 접종하는 일종의 천연 백신으로, 당시 천연두에 대한 항체를 좀 더 안전하게 형성할 수 있었다.

최초로 우두법을 소개한 사람으로 정약용 선생을 포함해 여러 실학자가 있기는 하지만 그들은 실제로 사람들에게 백신을 접종하지는 못했다. 우두법에 앞서 천연두를 앓은 사람의 상처에서 백신을 추출하는 인두법이 존재했었다. 그러나 인두법은 우두법에 비해 위험이 컸다. 또한 당시 여러 가지 이유로 우두법의 선행기술인 인두법은 널리 보급되지 못한 상황이었다.

지석영 선생(1876~1914)

한국인의 최초 특허

지석영 선생은 일본에서 종두법을 배웠지만, 백성에게 직접 접종하기에는 확신이 부족했던 듯하다. 그는 안전성을 확인하기 위해 가족 중 한 사람을 대상으로 시험해본 뒤에야 본격적으로 우두법을 전국에 보급하기로 한다.[29] 당시 특허제도가 있었다면, 그의 백신도 특허권을 매개로 투자받아 대규모로 임상실험을 할 수 있었을 텐데.

지석영 선생은 고종황제에게 장려국을 설치하여 과학기술과 발명을 장려하자고 주청하였다.[30] 그는 "유능한 젊은이들을 선발해 과학기술을 교육받게 하고(儒吏各一人, 送赴該院, 使之觀其書籍), 기계를 만들거나 발명하는 자에게 전매특허권[31]을 주시길 바랍니다(玩其器械, 又造器者, 許其專賣)"라고 상소를 올리며, 새로운 기계를 발명한 자에게 특허권을 주어 과학기술을 장려하자고 황제에게 고했다.

이후 1894년 갑오개혁 때 특허제도를 최초로 도입하고 농상아문에

---

29) 동아사이언스, "조선에 우두법을 처음 소개한 지석영", 2023.12.24.

30) 고종실록 19권, 고종 19년 8월 23일 병자 4번째 기사. 1882년 조선 개국(開國) 491년 각종 외국 서적을 수집하고 연구시킬 것에 관하여 지석영이 상소

31) 일본식 용어로, 정부가 발명의 보호와 장려를 위해 특허품의 판매 독점권을 허가하는 일

장려국이 설치되었다. 그러다가 일제강점기로 넘어가면서 우리나라는 일본 특허법의 적용을 받았다. 그 시절 한국인 제1호 특허는 1909년, 정인호 선생의 말총모자다. 이 모자는 말의 털을 사용해 제작한 것으로 전통 갓을 서양의 중절모와 절충한 형태로 짠 것이었다. 당시 말총모자의 가격이 비쌌지만, 남자들의 애장품으로 사랑받으며 잘 팔렸던 것 같다. 정인호 선생은 이 모자를 판매하고 남은 수익금을 대한민국임시정부로 보내 독립운동 자금으로 사용하게 했다고 한다.

제헌헌법과 특허청 출범

우리나라 특허제도는 해방이 되고 나서야 본격적으로 시작되었다. 놀라운 사실은 미국처럼 우리나라도 독립과 함께 제헌헌법을 제정할 때, 기본권의 하나로서 예술가의 저작권과 발명가의 특허권을 법으로 보호할 것을 규정했다는 점이다. 당시 분열로 혼란스러운 정치 상황 속에서도 발명가의 재능을 기본권의 하나로 중요하게 인식하고 있었다니 놀라울 따름이다.

제헌헌법의 규정에 따라 특허법이 제정되었고 1948년 상공부 아래에 특허국이 설립되었다. 그리고 1960~1990년대 비약적인 경제성장과 함께 산업이 고도화되면서 특허에 관한 기업과 국민의 관심도 크게 높아졌다. 동시에 특허국의 조직과 예산도 대폭 늘어났으며, 1977년에 특허청으로 승격되어 현재에 이르고 있다.

1953년 종로1가에 있었던 상공부 특허국 전경

미국은 독립전쟁에서 승리하고 최초로 헌법을 만들 때 발명자를 보호하는 규정을 두었고, 이에 따라 의회가 특허법을 통과시켰다고 한다. 미국 헌법 제1장 제8조에 "의회는 과학과 유용한 기술의 진보를 꾀하기 위해 발명자에 대해 일정 기간 독점을 부여할 수 있는 권한을 가진다"라고 명시하고, 1790년에 특허법을 제정하였다.

우리나라도 미국과 150여 년의 시차가 존재할 뿐, 입법하는 과정과 그 규정이 매우 유사하다. 물론 미국이 독립하기 전에 영국의 특허법을 적용받았다는 점도 우리와 닮았다. 우리나라도 제헌국회에서 헌법을 제정하면서 발명자의 권리를 기본권으로 보호하는 조항을 두었다. 즉 제헌헌법 제2장 제14조 제2항에 "저작자, 발명자, 예술가의 권리는 법률로서 보호한다"라고 규정하고, 국회가 특허법을 통과시켰다. 이로써 발명자가 갖게 될 권리는 헌법에서 보장한 인간의 기본권으로서 보호받을 수 있게 되었다. 또한 이를 헌법에 명시함으로써 발명자 보호로 경제와 산업을 발전시킬 것을 만방에 선포한 것이다.

1948년 특허국이 출범한 후, 우리나라는 경제성장과 함께 특허 활동이 비약적으로 성장하며 세계 4위의 특허출원 강국이 되었다. 예를 들어, 처음 특허등록 건수가 100만 호가 되는데 62년이 걸렸다면, 이후 다시 200만 호가 등록되는 데 단 9년밖에 걸리지 않았다. 이토록 급격하게 증가한 특허출원을 바탕으로 현재 우리나라는 국제사회에서 미국, 일본, 유럽과 함께 지식재산 5대 강국(IP-5)이 되었다.[32]

지난 70여 년 동안 우리나라처럼 경제가 비약적으로 성장한 나라는 세상 어디에서도 찾아볼 수 없다. 경제성장과 동시에 특허출원도 전례 없이 증가했다. 결코 우연이 아니다. 다음 그래프를 보면, 시기에 따라 특허의 증가가 경제성장을 견인했다고 할 수도 있고, 경제성장이 특허의 증가로 나타났다고 할 수도 있다. 아무튼 우리 국민의 특허에 대한 열정과 도전이 산업을 발전시켰고 경제를 성장시켰다고 볼만하다.

---

32) 지식재산(IP, intellectual property)이란 특허, 디자인, 상표, 저작권 등을 포함한 인간의 지적 활동의 산물로서 법적으로 보호할 가치가 있는 무형자산

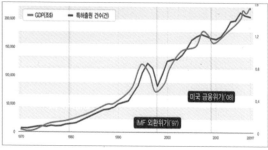

한국의 특허출원 건수와 경제성장

자료: 특허청
출처: 중기이코노미

　지난 30년간 우리 특허제도는 시대별로 역할을 달리하며 국내 산업
의 발전에 큰 역할을 담당해왔다. 1960~1970년대는 외국인의 투자를
촉진하기 위해 특허보호가 필요했다. 1980년대의 특허제도는 기술 도
입과 선진기술의 확보를 지원했으며, 1990년대에는 이후 독자적인 기
술개발과 그 성과를 보호하는 데 역점을 두어왔다. 그 결과 우리나라
는 국민총생산(GDP)의 증가와 특허출원 건수가 유사한 패턴을 보이면
서 급격히 성장하고 있다. 우리나라의 특허 증가는 결코 우연이 아니
다. 국가와 기업의 R&D 투자 증가와 성과관리를 위한 특허권 확보, 수
출 기업들의 해외 진출전략으로 특허와 신기술 확보 경쟁의 격화 등
에서 찾을 수 있다.

　그러나 특허의 급격한 증가는 기본적으로 조상으로부터 물려받은
우수한 '발명 유전자(DNA)'에서 그 원동력을 찾을 수 있다. 옛부터 우
리 민족은 사소한 불편도 그냥 지나치지 않고 더 나은 방식을 찾아 끝
없이 도전하는 기업가 정신을 가졌던 것 같다. 세계 최초로 발명한 금

15세기에 쓰인 월인석보 권두본 첫 장

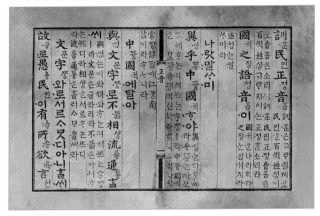

속활자, 신비로운 비취색의 고려청자, 우리말 훈민정음, 물시계와 해시계인 자격루와 앙부일구, 우리 바다를 지킨 철갑의 거북선 등 우리에게는 세계적인 발명품이 수없이 많다.

특히, 우리글 훈민정음은 발명자와 발명의 시기, 발명의 목적, 한글의 작동 원리 등이 자세히 기록되어 있는데, 그 기록들이 거의 특허 명세서 수준이다. 세계의 다른 어떤 나라에서도 찾아볼 수 없는 언어의 발명이다. 우리는 고려의 도공에서부터 세종대왕, 이순신 등과 같이 뛰어난 선조로부터 발명 유전자(DNA)를 물려받았다고 할 수 있다.

우리나라 특허출원의 증가와 함께 특허청도 발전을 거듭했다. 세계 5대 특허청의 일원으로 국제사회에서 규범과 질서를 주도하고 있다. 1999년에 PCT 국제출원의 조사기관이자 예비심사기관으로 지정되었

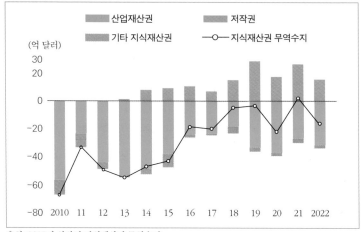

출처: 2023년 상반기 지식재산권 무역수지

고, 2009년에는 한국어가 PCT 국제출원의 공식어로 채택되었다.[33] 그 결과 우리 국민은 한국어로 작성된 문서(출원서와 명세서)로 우리 특허청에 출원하면, 우리 심사관들이 국제 조사와 국제 예비심사를 담당하여 처리할 수 있게 되었다.

2011년에 또 다른 도약이 있었다. 특허와 상표는 물론 저작권(문화체육관광부) 등을 포함하여 지식재산이 중요해짐에 따라 여러 부처로 흩어져 있는 지식재산에 관한 업무를 총괄하고 조정할 필요가 생겼다. 이에 따라 글로벌 혁신을 선도하는 국가로 앞서 나가기 위하여 지식재산기본법을 제정하였고, 국무총리와 민간전문가가 위원장을 맡아

---

33) 우리나라는 1984년 특허협력조약(PCT)에 가입한 후, 2022년 기준 PCT 출원 건수가 3년 연속 세계 4위(2만 2,012건)를 기록하고, 전년 대비 6.2% 증가하는 등 PCT 출원 제도를 잘 이용하고 있다.

운영되는 국가지식재산위원회도 출범하였다. 그렇게 10여 년이 지나며 지식재산권에 대한 무역수지는 꾸준히 개선되어가고 있는 것으로 조사되었다.

강한 특허보호의 시대

최근 특허청은 지식재산위원회와 함께 특허를 포함해 지식재산의 보호를 강화하려 한다. 우리나라가 가진 특허가 뛰어남에도 불구하고 보호하는 수준이 상대적으로 낮다고 판단하고 있기 때문이다. 비록 같은 특허라 하더라도 국가의 보호 수준이 낮으면 그만큼 그 가치도 떨어진다. 이제 우리나라도 막대한 자금을 투자해 확보한 특허의 가치를 높이는 것이 필요한 때가 왔다.

과거 우리 스스로 우리 발명과 특허의 독창성이 떨어진다고 평가하기도 했다. 또한 우리에게는 보호할 만한 가치가 높은 발명과 특허가 없다고 혹평한 사람들도 있었다. 그러나 우리나라 특허의 가치는 우리의 태도에 따라 올라가기도 하고 내려가기도 한다. 어쩌면 우리가 스스로 우리의 지식재산을 인색하게 평가한 경향이 있지는 않을까? 우리가 우리 특허의 가치를 인정해야 그 가치도 올라갈 수 있음을 인식해야 한다.

또한 시장의 크기도 특허의 가치를 결정하는 중요한 요소이다. 즉 시장이 클수록 특허권도 비싸게 거래된다. 그러나 국내 시장은 작고,

규모를 키우는 데 한계가 있는 것이 사실이다. 따라서 국내 특허권을 기반으로 여러 국가에서 특허권을 확보하면서 해외 시장으로 진출하는 것이 무엇보다 중요하다. 정부가 우리 기업의 해외 진출을 적극적으로 돕는 이유도 여기에 있다.

최근 우리 사회의 뜨거운 이슈는 '직무발명에 대한 보상'이다. 종업원의 직무발명 보상은 유능한 기술자를 끌어들이기 위한 특허법의 유래에서 그 기원을 찾아볼 수 있다. 앞에서 살펴본 바와 같이, 동로마 제국이 우르반의 대포에 대해 제대로 보상했다면, 유능한 기술자를 품고 전쟁에서도 패배하지 않았을 것이기 때문이다.

우리 법에서는 특허를 받을 수 있는 자는 발명자로 한정하고,[34] 종업원 등의 직무발명에 대하여 특허를 받을 권리를 승계할 경우, 사용자는 발명자에게 정당한 보상을 하여야 한다고 규정하고 있다.[35] 직무발명으로 본 수익의 일부를 종업원에게 보상하는 것이 기업의 혁신 성장에 밑거름이 될 수 있다. 반대로 직무발명에 대한 보상이 없다면, 기업의 성장을 위해 종업원이 천재성을 발휘할 수 없고 그의 열정도 유도하기 어려울 수 있다.

오늘날 발명의 대부분은 기업의 연구원, 즉 종업원이 한다.[36] 그러나 직무발명의 보상을 둘러싸고 사용자와 종업원 간의 입장 차이가 너무나 큰 것이 현실이다. 사용자는 고용계약에 따라 종업원에게 임금

---

34) 특허법 제33조 특허받을 수 있는 자
35) 발명진흥법 제15조 직무발명에 대한 보상
36) 국내 전체 특허출원 중 기업 등 법인의 특허출원이 약 80.2% 차지한다(특허청, 2020).

을 지급했고 연구비도 제공했으므로 그 성과인 특허는 당연히 사용자가 가져야 한다고 생각한다. 물론 종업원이 직무발명 없이 부여된 업무만 수행한 경우, 사용자는 어떤 보상도 할 필요가 없다. 그러나 직무발명으로 큰 성과를 올렸다면, 그 성과의 일부를 종업원과 나누는 것이 사용자에게 이익이 되는 '윈윈(win-win)' 게임이 될 수 있다.

법과 제도를 통해 종업원이 발명에 열정을 쏟아부을 수 있도록 적절한 인센티브를 보장하는 것이 그 기업은 물론 국가의 산업 발전에 유리할 것으로 보인다. 만약 이 문제를 노사 간의 사적 계약에만 맡기면, 직무발명에 대한 보상은 줄어들 수 있다. 유능한 종업원은 더 크게 보상해주는 일자리를 쫓아 이직하는 일이 잦아질 수 있다. 이에 우리나라 발명진흥법[37]에 직무발명을 사용자가 승계하면 종업원은 정당한 보상을 받을 권리가 있다고 규정하고 있는 것이다(동법 제15조 제1항).

대다수 직무발명 관련 분쟁은 사용자와 종업원 사이에 '정당한 보상'에 대하여 상당한 이견이 있기 때문이다. 따라서 사용자는 분쟁을 막기 위해 사전에 보상액을 정할 수 있는 기준과 지급 방법 등을 명시한 규정을 둘 필요가 생겼고, 우리 법은 사전에 사용자가 종업원과 협의하여 규정을 마련하도록 했다(동법 제15조 제2항, 제3항).

서울에서 열린 국제 지식재산 심포지엄에서 당시 미국 특허상표청장 안드레이 이안쿠(Andrei Iancu)가 다음과 같은 내용을 발표했다.[38] "인류가 크게 발전할 수 있었던 것은 특허 등 지식재산 때문이다. 수많

---

37) 발명진흥법 제2장 직무발명의 활성화: 제10조, 제19조
38) 동아일보, 에디슨 특허권이 기술경쟁 불렀듯, 지식재산이 스타트업 성장열쇠, 2019.6.11.

WIPO와 IP-5 대표들이 모여 특허제도의 발전 방안에 대해 논의(2019년 6월)

은 기업이 암 치료제, 백신 등을 포함해 인공지능, 자율주행차 등의 개발에 열정적으로 뛰어든 것은 바로 특허권을 받기 위해서이다. 국가의 대규모 연구개발 투자를 얻기 위한 것도 아니고, 세계적인 논문을 내기 위한 것도 아니다."

현대 사회에서 기업과 발명가가 기술혁신에 매진하게 할 수 있게 하는 인센티브는 무엇이 있을까? 정부지원금, 포상금, 연구자금 지원, 명성 등이 있을 것이다. 그러나 특허제도만큼 좋은 유인책도 없다. 왜냐하면 특허는 발명자에게 일정 기간 독점권을 부여하는 것 이외에 어떠한 사회적 비용도 들이지 않고 기업의 기술혁신에 강력한 동기를 부여할 수 있기 때문이다.

앞에서 살펴본 바와 같이 약 550년의 기간 동안, 특허제도는 유능한 사람에게 신기술을 발명하게 할 동기가 되어왔다. 시장에서 소비자가 특허의 가치를 자유롭게 결정하게 함으로써 기업들의 시장 쟁탈전은 곧 특허전쟁이 된 지 오래다. 결과적으로 특허제도가 발명가와 기업가의 도전과 혁신을 촉진하며 산업의 발전을 도모해왔다고 평가할 수 있는 것이다.

김세직 교수의 〈모방과 창조〉

김세직 교수가 쓴 〈모방과 창조〉라는 책이 떠오른다. 한 번 읽었던 책을 다시 읽게 되는 일은 매우 드문데 이 책은 여러 차례 반복해서 읽고 주변의 많은 분에게 소개했다. 여러 번 읽어서 그런지 오래전부터 김 교수와 가까이 지내왔던 것처럼 그의 말들이 눈앞에 선명하게 그려진다.

그는 우리나라가 1960년대부터 30년 동안 매년 8% 이상의 높은 성장률을 누린 것은 역사상 전례가 없는 일이며 이에 대해 세계적인 경제학자들도 놀라워한다고 말한다. 그러나 그 이후 우리나라의 장기성장률은 5년에 1%씩 하락해왔으며, 앞으로도 이러한 추세가 쉽게 멈추지 않으리라고 예측했다.

그 이유는 이렇다. 우리나라가 오랜 기간 고도성장을 계속할 수 있었던 것은 결코 우연이 아니었다. 경제학자들은 그 비법을 수준 높은 인적자본에서 찾았다. 고도성장기에 우리 국민은 지식을 습득하고 기술을 익히기를 게을리하지 않았는데, 바로 이 점이 고도성장의 밑거름이 되었다는 것이다. 즉 노벨상을 받은 석학들은 우리의 높은 교육열을 고도성장의 비법이라고 분석했다.

또한 우리의 경제성장에 매우 큰 영향을 미친 다른 요인은 자본주의 체제를 받아들인 것이다. 당시 한국은 자본주의 국가의 산업과 기술을 가르치고 배웠으며 그들의 조세, 재정 시스템을 갖추고 있었다. 우리 국민은 자연스럽게 선진국의 지식과 기술을 익힐 수 있었고, 우리 기업들은 우수한 기술 인력을 토대로 고부가가치의 제품을 만들어 수출할 수 있었다.

그러나 1990년대 들어 상황이 바뀌었다. 우리나라의 기술과 제품이 세계적 수준에 접근하면서 더 이상 고도성장을 해나가기 어렵게 되었다. 우리가 배워야 할 기술은 점차 사라져갔고, 선진국의 강력한 특허 보호 정책으로 인해 더 이상 베껴 쓸 수 없게 되었기 때문이다. 1990년 대까지 우리나라가 높이 성장할 수 있는 바탕이 되었던 모방형 자본주의가 그 사명을 다한 것이다.

김 교수는 앞으로 우리나라가 성장을 계속하기 위해서는 새로운 경제모형이 필요하다고 말한다. 그는 남들이 생각하지 못한 새로운 것을 만들어낼 수 있는 인적자본을 키워 창조형 자본주의로 전환할 것을 제안한다. 실제로 지난 몇몇 정부에서도 비슷한 경제정책을 시도했던 것으로 기억한다.

그러나 우리의 현실은 크게 변하지 않은 듯하다. 학생들은 아직도 인터넷과 모바일에서 클릭 한 번이면 찾을 수 있는 지식을 밤잠 설쳐 가며 암기하고 있다. 그 결과 모방형 인적자본이 창조형 인적자본으로 전환하는 속도가 더디기만 하다. 또한 아이디어와 기술이 우수해도

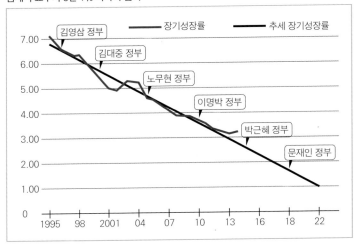

김세직 교수의 5년 1% 하락의 법칙

지식재산 시스템으로 보호받기는 쉽지 않다. 이에 따라 우리 기업들의 성장동력은 약해져 가고 있으며, 5년간 1% 하락의 법칙에 따라 앞으로 장기 경제성장률이 0%대에서 정체될 것이라 걱정한다.

김 교수는 시종일관 우리 경제의 성장률을 회복하기 위한 해법으로 모방형 자본주의에서 창조형 자본주의로 전환해야 한다고 강조한다. 우리에게 익숙한 말로 바꾸면, 패스트 팔로워(fast follower)에서 퍼스트 무버(first mover)로 전환하자는 것이다. 창조경제로 가자는 말이다. 우리 민족에게 잠재한 발명 DNA를 끌어내 줄 수만 있다면, 앞으로 우리 경제가 더 높이 성장하는 것도 가능하다는 뜻으로 해석할 수 있다.

그는 이 책에서 창조적 자본주의로 가기 위해 다음 3가지 해결 방안을 제시했다. 첫째, 창의적인 아이디어는 지식재산으로 강력하게 보호해야 한다는 것이다. 그러나 아이디어는 창작하기 어렵지만 복제하고 모방하기는 쉬운 특성을 가졌다. 아이디어가 입에서 나오는 순간부터 내 것으로 유지하기 어렵다. 특허를 공부하는 사람으로서 현실에서 무형의 아이디어를 재산권으로 보호하는 것은 거의 불가능에 가깝다고 판단된다.

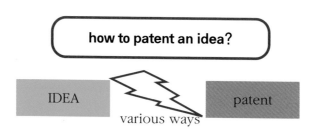

아이디어는 머리에 담고 있는 개념(conception)이고, 특허는 아이디어를 기반으로 구체적으로 만들거나 실시할 수 있을 정도로 명확하게 구현된(implement) 장치나 방법이다. 특허는 구체적인 장치나 방법을 기재하여 등록하면 법적으로 보호받을 수 있지만, 추상적인 아이디어는 노출되는 순간 누구 것으로 한정하여 보호받기 어려운 상태로 변한다. 따라서 추상적인 아이디어를 구현할 수 있는 구체적인 장치와 방법으로 바꿔서 특허로 보호하는 것이 최선으로 보인다.

미국의 링컨과 레이건 대통령이 좋은 모델이 될 수 있다. 특허보호가 그 효과를 보기 위해서는 수십 년을 기다려야 한다. 따라서 창조형 자본주의 경제로 가야만 경제도 성장할 수 있다는 믿음을 가지고 단기적으로 수많은 시행착오와 비용이 들지 모르지만, 포기하지 않고 꾸준히 밀고 나갈 필요가 있다.

둘째, 아이디어를 창출하는 분야에 조세와 재정을 통해 강력한 인센티브를 제공하자는 것이다. 창조형 근로자와 혁신형 기업들에 세금을 감면해주고, 창조형 교육 프로그램을 확대하기 위해 학교에 재정지원도 늘리자는 것이다. 이 제안은 국민의 공감과 정치적인 결단만 있으면, 큰돈 들이지 않고 충분히 실천할 수 있는 정책이다.

셋째, 창조형 인적자본을 키워낼 수 있는 교육 프로그램을 도입해야 한다는 것이다. 김 교수는 실제로 교육 현장에서 강의한 경험을 통해 그 가능성을 확신하고 있다. 실제 대학의 학과 시험에서 정답이 없는 문제를 내거나, 비현실적이지만 논리를 묻는 유형의 문제를 내는 것도 창의성을 끌어내는 데 효과가 있었다고 한다. 예를 들어, '불의 나라에서 얼음 화폐를 쓴다면 어떻게 될 것인가?'와 같은 문제를 내는 것이다.

최근 미국 〈블룸버그〉[39]에 한국 교육의 문제점을 지적한 기사가 실렸는데, 이 책과 같은 맥락이라 더욱 공감된다. 이 기사는 "쾌속 성장의 열쇠 한국 교육, 이제는 걸림돌"이라는 제목으로 우리 교육의 문제점을 지적했다. 지금이라도 암기 위주의 교육에서 벗어나 창의적 문제해결 능력을 갖춘 인재를 키우는 교육에 관심을 가져야 한다. 성장기 청소년들에게 제공되는 발명 교육도 도움이 될 것이다.

---

39) 1981년에 미국의 기업인인 마이클 블룸버그가 설립한 디지털 기반 종합 금융 기업

이 책을 읽는 내내, 평생 경제학을 연구해온 석학의 우리 경제에 대한 깊은 통찰력을 엿볼 수 있었다. 지금이라도 진지하게 우리 경제의 성장잠재력을 키울 수 있는 창조형 경제체제에 눈을 돌릴 때가 아닐까? 이제 지식재산권에 대한 강력한 보호, 창의적 경제활동 조장, 그리고, 창조형 인재 양성 방안 같은 장기 비전을 세우고 행동으로 밀고 나가야 할 때이다.

에디슨과 일론 머스크의 도전정신

얼마 전에 〈스타트업 CEO 에디슨〉과 〈일론 머스크, 미래의 설계자〉라는 책을 읽었다. 그들의 이야기도 이전에 읽었던 〈애플의 스티브 잡스〉와 〈제임스 다이슨〉 등 세계적으로 인정받는 혁신 기업가들의 성공 이야기의 연장선에 있었다. 성공한 사람들에게는 언제나 뭔가 특별한 것이 있다. 젊은 기업가로서 도전하는 시기에는 고난과 시련이 끝이 없고, 위기를 극복하고 맛보는 성공의 기쁨, 도약을 위한 긴장과 꿈을 이루는 짜릿한 감동 등 한 편의 영화를 보는 듯한 느낌을 받았다. 그들의 인생 드라마에는 마치 내가 주인공이 된 듯한 극적인 요소가 분명히 있다.

미국에서 재조명되고 있는 에디슨과 현대판 에디슨으로 일컫는 일론 머스크도 유사한 점이 참 많다. 예를 들면, 또래들과 원만하게 지내지 못한 학창 생활, 친구들보다 책을 가까이하는 책벌레, 작은 도전부터 시작해 점차 규모를 키워가며 성공해가는 과정, 인류를 구원할 만한 위대한 비전을 제시하며 신사업 분야를 발굴한 것, 언론과 원활한 소통으로 투자 유치와 판로 개척에 성공한 것, 상당한 기술 진보가 이루어진 분야를 선택한 것, 오랜 기간 실패를 거듭하던 숙원과제를 해결하고 사업화한 것, 하나의 혁신 제품에 그치지 않고 확장해가면서 전체 사업시스템을 설계할 줄 아는 안목 등등.

에디슨의 전구와 일론 머스크의 전기자동차는 공통점이 많다. 그것들은 두 발명가의 대표적인 작품이기도 하지만, 그들이 역사적인 발명을 할 때까지만 해도 이미 상당한 기술이 개발된 상태였다. 그들은 과거에 개발된 기술을 충분히 습득하고, 난제들에 집중하여 하나씩 해결하여 완성된 제품을 시장에 내놓았다.

두 영웅은 뛰어난 역량으로 수많은 시련을 극복하고 결실을 거두었을 것이다. 그런데 특허를 강력하게 보호하는 미국이어서 성공할 수 있었던 것이 아니었을까? 또 신념과 확신 그리고 타협하지 않고 밀어붙인 성격, 바로 그 기업가 정신이 있어서 가능하지 않았을까?

생각에 잠겨본다. 발명가는 남들이 가보지 않은 길을 새로 뚫어야 한다. 기업가는 실패를 두려워하지 말고 도전할 수 있어야 성공할 수 있다. 현대그룹 정주영 회장의 말도 그와 맥을 같이한다. "이봐, 해봤어?" 도전정신은 성공한 기업가에서 풍기는 진한 체취라고 할 수 있을 것 같다.

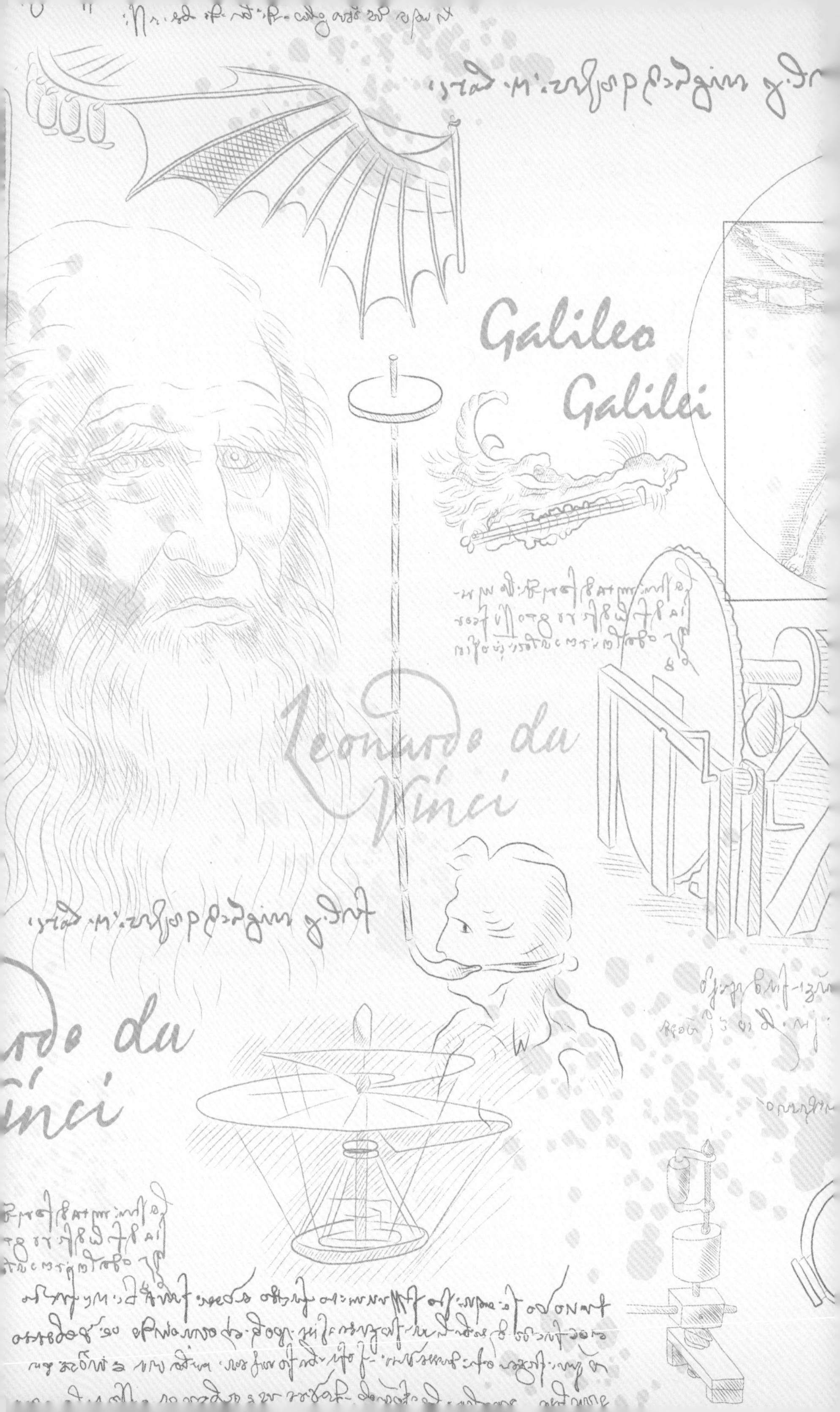
Galileo
Galilei
Leonardo da
Vinci
rdo da
inci

제2장

특허의 가치

1. 특허의 가치 산정법

특허의 가치는 우리 손으로 결정

주변에서 특허로 큰돈을 벌었다는 이야기를 들었다면, 누가 어떤 발명을 했는지 관심이 갈 것이다. 사실 특허로 돈을 버는 방법은 매우 다양하다. 예를 들면, 권리를 이전하거나 매매할 때 받는 거래 대금, 실시권을 허락하고 받는 실시료(라이선스료), 특허침해 기업을 상대로 받는 손해배상금, 종업원의 직무발명에 대한 보상금 등. 그러나 여러 가지 이유로 주변에서 특허로 돈을 번 사례를 마주하기는 쉽지 않다.

그럼 특허로 경제적 가치를 실현하려면 어떤 과정을 거쳐야 할까? 결론부터 말하면, 특허를 가진 기업이 이윤을 창출하는 경제적 행위, 즉 기업활동을 통해 수익을 올릴 때 비로소 특허는 돈이 된다.[1] 기본적으로 특허는 기업이 제품을 생산하여 판매하거나 서비스를 제공하

---

[1] 기업활동이란 기업이 이윤의 창출 추구를 위해 하는 모든 경제적 행위를 의미한다.

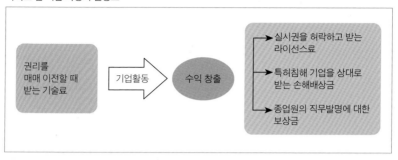

는 등의 활동을 통해 그 가치를 실현한다.

우리는 언론에서 한 기업이 특허를 등록하였거나 특허소송에서 이 겼다는 소식에 주가가 크게 뛰었다는 기사를 종종 본다. 주식 시장에 서 투자자들이 그 기업의 성장성을 높이 사서 주가가 오르는 것이겠 지만, 이 또한 기업의 매출이나 수익이 증가할 것을 전망하고 투자한 것으로 볼 수 있다. 따라서 주가 상승도 특허의 가치를 실현하는 방법 의 하나가 될 수 있다.

당연히 특허가 기업의 경제활동에 도움이 되거나 될 수 있다면 그 가치를 높게 평가해야 한다. 특허가 적용된 제품이 시장에 나왔을 때, 경쟁사의 제품보다 높은 가격을 받는다든지 더 잘 팔릴 수 있어야 한 다. 결과적으로 특허의 가치는 소비자들의 반응으로 결정된다. 아무리 기술이 우수하더라도 그 제품에 대한 판매와 수익의 증가로 이어지지 않는다면, 그 특허의 가치를 높이 인정할 수 없기 때문이다.

우리 사회에서 '발명은 발명가에게 기업은 기업가에게'라는 말이 유행하던 시절이 있었다. 아마도 발명의 가치를 제대로 발휘하기 위해서는 기업경영의 전문성이 중요하다는 말일 텐데, 발명가가 기업까지 경영하기에 한계가 있다는 점을 설득하기 위해 생긴 듯도 하다. 그러나 발명의 진정한 가치를 이해하는 발명가가 직접 기업을 경영하는 것도 나름대로 의미는 있다.

특허의 가치는 기술 자체의 우수성으로 결정된다고 생각하기 쉽다. 과거 기술에 비해 시장에서의 성과가 발명가의 기대에 미치지 못한 경우도 많이 있었다. 예를 들면, 발명품이 소비자의 요구를 과도하게 앞서가는 경우, 만족도에 비해 가격이 지나치게 높은 경우, 아니면 발명품에 대한 홍보가 부족해 소비자들이 모르는 경우 등이 이에 해당한다. 비록 기술이 세계 최고일지라도 그 기술을 구현한 제품으로 소비자에게 좋은 반응을 얻지 못할 수도 있다.

그 대표적인 사례로 영상통화가 가능한 전화기를 들 수 있다.[2] 처음 벨이 전화기를 발명했을 당시부터 영상통화는 인간의 상상 속에 싹트고 있었다고 해도 과언이 아닐 것이다. 그러나 당시 기술력이 그 상상을 뒷받침해주지 못했다. 그리고 80여 년이 지난 1964년, 미국의 AT&T[3]가 뉴욕에서 개최된 세계박람회에서 뉴욕과 워싱턴을 연결하는 영상전화 서비스를 선보였다. 대중의 관심도 컸다. 그러나 서비스를 시작한 지 5년 만에 영상통화 서비스는 중단되고 말았는데, 당시 너무 비싼 통신비가 문제가 되었다.

---

2) 오선실, 도입과 실패를 반복한 영상전화 수난사, 2010.9.8.

3) AT&T는 1885년 알렉산더 그레이엄 벨이 설립한 Bell Telephone Company의 자회사로 설립되었고, 1899년 모회사를 인수하였으며 이후 'Bell System'이라는 거대한 기업집단을 이룬다.

AT&T의 영상전화기

RGB 3원광

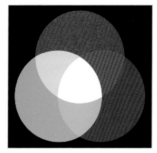

그 후 1990년에 통신 기술의 발달로 비용을 크게 낮춘 영상전화기가 나왔지만, 소비자의 반응은 신통치 않았다. 이때 가장 큰 문제점으로 대두된 것은 영상통화를 하는 동안 고객의 사생활이 지나치게 노출된다는 것이었다. 여기에 발명가와 기술자들이 시장을 너무 낙관적으로 예측한 것도 한몫을 했다.

반대로 시장과 소비자의 요구와 기대에 잘 맞아 크게 성공한 사례도 있다. 바로 청색 발광다이오드(blue LED)다. 오랫동안 청색 엘이디는 조명업계가 해결하려다 실패한 숙원과제였다. 청색(B)은 적색(R), 녹색(G)과 함께 3원광(RGB) 중 하나로 백색 조명이나 다양한 색깔을 구현하는 데 필요했다. 그러나 당시까지만 해도 청색 다이오드는 만들 수 없었다. 당연히 세계적인 기업들과 수많은 연구기관이 이 기술을 개발하기 위해 집중적으로 투자하고 있었다.

청색 다이오드가 개발되자 컬러 TV 등 디스플레이, 자연광을 내는 조명 등에 빠질 수 없는 부품으로, 그 제품에 대한 수요가 어마어마할 것으로 예측되었다. 시장은 기대 이상으로 반응했다. 수많은 기업은 이 특허를 사용하기 위해 매년 수조 원의 특허료를 지급해야 했고, 동시에 이 기업이 생산한 엘이디 제품도 고가에 날개 돋친 듯이 팔려나갔다. 시장과 소비자들이 학수고대한 기술이었음이 입증된 것이다.

손해배상액 산정법

우리는 종종 미국에서 벌어진 특허소송에 관한 기사를 접한다. 최근에도 우리 기업이 특허침해로 4,000억 원을 배상해야 하는 평결이 나왔다는 소식이 전해졌다.[4)] 어마어마한 배상금에 모두가 놀랐을 것이다. 특허청의 보도자료에 따르면, 손해배상액의 중간값으로 볼 때 미국이 65억 7,000만 원이라면 우리나라는 1억 원 정도밖에 되지 않는다고 한다. 특허침해의 손해배상액은 미국이 우리나라보다 65배나 높은 것이다.[5)]

놀랄 일도 아니다. 손해배상액이 높으면, 권리자가 그 특허로부터 거둬들일 수 있는 수익이 높은 것이고 특허의 가치도 당연히 높게 평가된다. 그러나 우리나라의 손해배상액이 낮은 것에 대하여 단순히 특허의 기술성이 떨어진다고만 할 수 없다. 특허의 가치에 영향을 미치는 요소에는 기술성 이외에 다양한 요소가 있기 때문이다.

통상 손해배상액이란 침해행위가 없을 때 특허권자가 거둘 수 있는

---

4) mbc, "삼성전자, 미국 특허침해 소송서 4천억 원 배상금 지급 평결", 2023.4.22.
5) 연합뉴스, "기술 탈취하면 최대 5배 징벌배상…특허법 등 개정 8월 시행", 2024.2.13.

수익이자, 동시에 침해자가 침해행위로 거둔 부당한 이익으로 추정할 수 있다.[6] 그런데 권리자가 침해행위로 인해 입은 손해액을 산정하기는 쉽지 않다. 대신 침해자가 특허를 침해하면서 부당하게 거둬드린 수익은 상대적으로 입증하기 쉽다.

| 손해배상액 | = | 권리자가 특허로 거둘 수 있는 수익 | ≥ | 침해자에게 침해행위로 발생한 이익 |

최근 특허에 대한 가치평가가 주목받고 있다.[7] 소송에서 손해배상액을 산정할 때 이외에 특허권을 사고팔기 위한 가격을 산정할 때, 특허의 실시를 허락하며 받는 라이선스료를 산정할 때, 그리고 특허를 담보로 하여 자금을 융자하거나 투자할 때, 종업원의 직무발명에 대한 보상금을 산정할 때 특허의 가치를 평가해야 한다.

동산이나 부동산은 형태가 있고 유사한 거래가 많아서 가격을 산정하기가 상대적으로 쉬울 수 있다. 비슷한 형태의 자산이 거래되는 사례를 참작하여 가격을 산정하면 되기 때문이다. 그러나 특허 같은 무형자산은 유사한 거래가 많지 않아 참고하기 힘들고, 미래 시장에서

---

6) 손해액은 각 호에 해당하는 금액의 합산한 금액(특허법 제128조 제2항)
　④ 제1항에 따라 손해배상을 청구하는 경우, 특허권 또는 전용실시권을 침해한 자가 그 침해행위로 인하여 얻은 이익액을 특허권자 또는 전용실시권자가 입은 손해액으로 추정한다.
7) 가치평가란 무형자산의 거래 대가를 화폐 단위로 측정하는 활동이고, 특허기술 가치평가란 특허기술을 대상으로 기술성 및 사업성(경제성)을 검토하여 그 기술의 금액, 등급, 점수, 의견 등으로 표시하는 행위를 말한다.

얼마나 수익을 낼지 예측하기 어려워서 가치를 평가하는 것이 쉽지
않다.[8]

앞에서 본 바와 같이 특허의 가치는 기술 자체의 우수성만으로 결
정하는 것이 아니다. 기술의 우수성뿐만 아니라 시장의 특성, 즉 경제
성이 반영되어야 한다. 비록 같은 특허기술이라도, 국가마다 다른 시
장의 크기에 따라 특허의 가치가 달라질 수 있다. 또한 그 나라의 보호
수준이 높으면 특허의 가치도 그만큼 높아진다.

| 특허의 가치 평가 금액 | = | 기술의 우수성 | x | 시장 규모 | x | 특허보호 수준 |

우리나라 특허의 가치를 미국과 비교해보면 그 차이를 이해하기 더
욱 쉬워진다. 두 나라에서 소송에 연루된 수많은 특허 가운데 손해배
상액의 중간값에 해당하는 특허를 예를 들어 설명해보자. 두 국가에서
특허로 등록받기 위한 심사 기준은 거의 같으므로, 특허의 기술성은
큰 차이가 나지 않을 것이라고 가정할 수 있다.

특허의 가치는 기술성 이외에 각국의 시장 크기와 그 나라의 특허
보호 수준에 따라 달라진다. 만약 특허의 기술성에 큰 차이가 없다고
가정하면, 시장 규모는 국내총생산(GDP)으로 가늠해볼 때, 미국이 우

---

8) Gorden V. Smith 외, 〈지적자산과 무형자산의 가치평가〉, 2000.

리보다 대략 15배(2022. 10월 기준) 크다. 그런데 손해배상액이 약 65배 차이 난다면 특허보호 수준은 미국이 우리보다 4배 정도 높다고 할 수 있다.

	특허의 기술성	시장 규모	보호 수준	손해배상액
한 국	~1	1	1	1
미 국	~1	15	4.38	65.7

다시 말하면, 우리나라의 특허보호를 미국 수준으로만 높여도 우리 특허의 가치를 4배까지 끌어올릴 수 있다는 말이 된다. 실제 우리나라의 지식재산 보호 수준은 낮은 것으로 나타났다. 즉 국제경영개발원(IMD)이 매년 기업의 특허 담당자에게 인터넷 설문으로 물어본 결과, 우리나라의 지식재산권 보호 수준은 총 64개국 중 28위로 평가됐다.[9] 당시 미국은 9위였다. 특허 실무자들은 우리나라 특허의 보호 수준을 낮게 느끼고 있다는 의미다.

---

9) 연합뉴스, 특허청 "IMD 지식재산권 보호 순위 37위에서 28위로… 8년만에 최고", 2023.6.21.

낮은 특허보호 수준과 그 영향

IMD는 매년 선진국과 신흥국 등 총 64개국의 국가경쟁력을 분석하여 발표하고 있다. 그들은 기업의 중간 관리자들을 대상으로 이메일 설문 조사를 통해 그 순위를 결정해왔다. 20개 부문 중 과학 인프라는 특허출원과 등록 건수 등 정량적 통계자료로 순위를 매기지만, 지식재산권 보호 수준은 이메일 설문에 대한 응답을 집계하여 순위를 평가한다.[10] 따라서 그 보호 수준은 우리 기업들이 느끼는 체감지수로 볼 수 있다.

2011년 삼성전자와 애플의 스마트폰 소송의 사례를 떠올려보자. 미국 법원에 애플은 특허(3건),[11] 디자인(4건), 트레이드 드레스 등의 침해를 주장하며 삼성전자를 제소하였으며, 7년에 걸친 소송 끝에 삼성전자가 애플에 9,000억 원(약 6.89억 달러)을 배상하라는 판결이 났다. 반면 한국 법원에서 애플은 특허(4건),[12] 디자인(6건), 상품 포장(트레이드 드레스) 등의 침해를 주장하였으나, 삼성전자가 애플의 특허 1건을 침해했으므로 2억 5,000만 원을 배상하라고 판결했다. 소송의 대상이 된 특허와 디자인 등이 똑같지 않지만, 유사한 권리들에 대해 두 국가의 법원에서 내린 침해 판단과 손해배상금이 큰 차이를 보였다.

앞에서 살펴본 바와 같이, 특허와 디자인 등이 같다면 손해배상금

---

10) 기업의 중간 관리자 1천 명에게 설문지를 이메일로 배포하지만, 통상 응답자는 80명이 조금 넘는 수준이며 IMD는 최소 80명 이상을 요구하고 있다.
11) bounce back, finger to zoom, tap to zoom 특허
12) bounce back, slide to unlock, hewristics, icon 특허

은 판매된 침해품의 개수와 그 가격 등에 따라 비례하여 계산된다. 여기에 특허가 수익을 창출하는 과정에서 어느 정도 기여했는지가 반영될 수 있다. 침해품의 판매 개수가 그 나라의 경제 규모에 비례하는 것이라면, 그 밖에 배상금의 산정에 영향을 미치는 요소는 그 나라의 특허보호 수준이 된다. 위 사건의 경우, 우리나라에서 판매한 제품의 개수도 적지만 보호 수준도 낮으므로 배상금도 비례해서 낮게 나왔을 것이다.

우리의 낮은 보호 수준을 체감할 수 있는 몇 가지 사회적 현상을 살펴보자. 먼저, 우리나라에 등록된 특허의 무효율은 미국 등 주요국에 비해 2배나 높다. 물론 등록 과정에서 심사가 철저하지 못했다고 탓할 수도 있지만, 심사를 통해 등록된 권리를 쉽게 번복할 수 있는 사회적 분위기도 한몫한다. 특허와 지식재산을 존중하는 문화가 필요하다.

둘째, 민사소송에서 특허와 무관한 일반 사건(2020년 기준, 54.8%)에 비해 특허침해 사건의 승소율이 7.7%로 크게 떨어진다. 다시 말하면 특허권에 대한 침해금지나 손해배상을 요구하는 민사소송에서 권리자(원고)가 이기는 경우가 매우 적다는 말이다. 특허권자 10명 중 9명 이상은 특허침해 소송에서 패소한다. 또한 중소기업들이 기술 탈취로 고통을 당한다는 소식도 여기저기서 나온다. 이 또한 민사소송을 통하여 특허로서 적절히 보호받지 못한 결과라 볼 수 있지 않을까? 탐나는 금은보화를 지키려면 금고가 튼튼해야 한다. 만약 특허보호가 부실하다면, 남의 기술을 베끼고 모방하는 무임승차 기업들이 늘어나게 된다. 그 결과 창의적인 기술과 제품을 개발하려는 기업가의 열정은 사라지고, 연구개발과 특허에 투자한 금융자본은 성공할 수 없게 된다.

반면 미국의 한 경제연구소에 따르면, 미국에서 특허를 기반으로 창업한 기업이 그렇지 못한 기업에 비해 벤처캐피털로부터 자금조달을 1.5배나 많이 받고 지식재산권을 담보로 대출도 1.9배나 더 받았다고 한다. 기업공개(IPO)를 통해 시장에서 투자유치에 성공할 확률도 2.3배나 높아서 특허가 없는 기업보다 특허기업이 장기간 생존할 가능성이 높았다고 한다. 또다른 조사는 특허를 강력하게 보호하는 미국의 보호 정책이 기업의 경영에 큰 힘이 되고 있음을 보여준다. 그 조사에 따르면, 특허가 등록되고 5년이 지난 후, 등록된 특허를 가지고 있지 못한 기업에 비해 고용은 4.1배, 매출 증가율은 2.9배나 높았다고 한다.

미국의 강력한 특허보호 정책은 수많은 발명가와 기업가가 등장할 수 있게 하는 밑거름이 된다. 그 덕택에 발명왕 에디슨은 전구, 축음기, 영사기 등 무수한 발명품을 남겼다. 놀라운 사실은 그가 한 도시의 전력 시스템을 설계하고, 일반 가정집까지 전력망을 구축하여 전등을 밝히는 사업을 했지만, 세금은 한 푼도 투입하지 않고 순수한 민간자금으로 완수할 수 있었다는 점이다. 발전소를 건설하고 가정집까지 송배전 선로를 시공하며, 스위치와 소켓 등 공사에 필요한 부품들을 발명하는 데 필요한 자금은 모두 특허권을 담보로 월가에서 투자받을 수 있었다.

당시 특허권을 담보로 대규모 투자금을 유치할 수 있었던 것은 강력한 특허보호 정책 덕택으로 볼 수 있다. 만약 에디슨에게 특허권이

에디슨 전력회사가 뉴욕시에 배전 선로를 가설하는 공사를 묘사한 그림

없었다면 누가 막대한 자금을 투자할 수 있었을까? 역사상 최초로 전기를 발전하는 것에서부터 송전, 배전 과정을 거쳐 가정집까지 공급하고 전등을 밝히는 것까지 모두 민간 투자를 통해 완공할 수 있었던 저력은 바로 당시 미국의 강력한 특허보호 정책에서 찾을 수 있다.

최근 일론 머스크가 에디슨에 비유되기도 한다. 그도 맨손으로 시작하여 인터넷 지도정보 사업부터, 온라인 금융, 전기자동차, 태양에너지, 우주 사업으로 도전을 계속하며 성공 신화를 일굴 수 있었는데, 그것도 미국의 강력한 특허보호가 한몫했다고 보아야 한다.

분명 특허권을 담보로 자금을 투자하는 실리콘 밸리와 월가의 금융 시스템이 무모하리만큼 도전적인 혁신 기업가의 성공을 뒷받침했다. 그들은 철저히 특허의 가치를 시장의 원리에 따라 평가하고, 큰 수익이 나면 그 돈으로 다시 새로운 특허와 혁신 사업을 찾아 투자할 수 있는 선순환 시스템을 구축했다.

우리 정부도 매년 연구개발에 막대한 예산을 투자하고 있다. 우리 나라의 경제와 산업을 발전시키기 위해서다. 그 결과 국내총생산 대비 연구개발 투자 비율은 세계 2위이고, 우리나라의 특허출원은 이미 세계 4위가 되었다. 그러나 그 연구 성과가 특허와 기업활동으로 이어지지 못하고 있다는 비판이 있다.

최근 우리 금융권도 실리콘 밸리와 월스트리트처럼 기술혁신과 그 성과가 기업활동에 사용될 수 있도록 과감하게 투자하고 있다. 그 결과 지식재산을 매개로 하는 금융투자도 매년 가파르게 증가하여 8조 원에 육박한 상태라고 한다.[13] IP 담보대출의 경우, 기존의 담보대출과는 달리 특허권을 담보로 대출을 결정하다 보니 신용등급이 떨어지는 기업에도 자금이 공급되는 놀라운 효과를 보였다.

거듭 말하지만, 튼튼한 금고가 값나가는 재산을 지킬 수 있다. 특허를 강하게 보호할 때 우리 기술의 가치는 자연스럽게 올라간다. 반대로 특허보호가 부실하면, 특허의 가치는 떨어지게 된다. 금고가 쉽게 열리면 가치 있는 보석을 지키기 힘들어진다. 기업들은 혁신적인 제품을 개발하는 대신 남의 기술을 베끼고 모방하는 무임승차에 치중하게 된다. 동시에 창의적인 기술에 도전하려는 기업가들의 열정은 사라지게 된다. 나아가 지식재산에 투자한 자금은 부실해질 것이고, 결국 기술혁신에 투자되는 자금은 고갈되고 말 것이다. 장기적으로 지식재산을 토대로 한 창조경제를 이끌어갈 기업가의 성장도 어려워질 수밖에

---

13) 헤럴드경제, 금융위-특허청 "혁신기업 성장 위해 IP금융 활성화", 2023.11.13.

IP 금융 규모 (단위: 억 원)

구분	2019	2020	2021	2022
IP 투자	1,933	2,621	6,088	12,968
			(8,628)	(19,331)
IP 담보대출	4,331	10,930	10,508	9,156
			(19,315)	(21,929)
IP 보증	7,240	7,089	8,445	8,781
			(32,147)	(36,575)
합계	13,504	20,640	25,041	30,905
			(60,090)	(77,835)

* 신규 공급 기준 수치이며, 2021년 및 2022년 괄호 부분은 잔액 기준 IP 금융 규모

2022년 IP 담보대출 기업의 신용등급 (단위: 개사, %)

등급 구분	비우량			우량	
	열위	보통 이하		양호	우수
	CCC+ 이하	B-~B+	BB-~BB+	BBB-~BBB+	A-~A+
대출 기업 수	52	377	523	187	21
(비중)	(4.48)	(32.5)	(45.09)	(16.12)	(1.81)

* 2022년 특허청 IP 가치평가 지원사업을 통한 IP 담보대출 기업(1,160개 사) 조사 결과
* 나이스평가정보 제공 신용등급 기준 / 2021년 BB+등급 이하 비중은 77.7%

없다.

특허제도가 R&D 분야에서 '보이지 않는 손' 역할을 충분히 할 수 있다. 예를 들어, 새로운 기술이 소비자의 요구와 맞아떨어진다면 그 기업이 특허로 시장에서 충분한 수익을 낼 수 있다. 이 경우 그 기업은 연구 기획을 잘 수립했고, 그만큼 성과도 높았다고 평가할 수 있다. 그러나 그와 반대의 경우, 그 기획과 성과는 낮게 평가된다.

이미 우리나라는 세계를 선도하는 선진국이 되었다. 이에 따라 산업도 추격형(fast follower)에서 선도형(first mover)으로 전환할 필요가 있

다. 그러나 이제는 과거 소수의 전문가에 의해 좌우되던 관행에서 벗어나 시장의 보이지 않는 손에 맡겨야 한다. 앞으로 우리 기업들은 최신 기술을 국산화하는 것보다 최초의 기술을 가장 먼저 확보하는 것이 더욱 중요해진다.

따라서 우리는 지금까지 누구도 시도하지 못한 과제를 기획할 수 있어야 하고 그 해법도 창의적이어야 한다. 이를 위해 시장의 보이지 않은 손으로서 특허제도를 잘 활용할 필요가 있다. 연구는 기획평가에서부터 성과관리까지 모든 과정을 특허와 접목하여 진행하는 것이 바람직하다. R&D는 정부가 아니라 시장에서 필요로 하는 과제를 우선 선정해야 한다. 그리고 그 성과는 소비자들의 선택으로 평가되어야 한다. 이때 특허제도는 발명자에게 독점적 지위를 보장함으로써 소비자가 선택한 기술에 충분한 수익을 낼 수 있게 해주면 된다. 만약 시장의 평가를 무시하고 정부가 제시하는 기준으로만 연구 계획과 성과를 평가하게 되면, 모든 R&D 참여자는 정부의 요구에 따라 움직일 것이다. 그 결과 성과는 시장의 평가와 차이가 생기게 되고, 연구개발 투자의 비효율성은 혈세의 낭비로 귀결될 것이다.

우리는 종종 스티브 잡스나 일론 머스크 같은 창의적인 인재가 없음을 아쉬워한다. 그러나 단순히 우리나라 사람들이 창의성이 떨어진다고 결론지을 수 없다. 오히려 우리의 수많은 발명가와 그들의 특허가 그동안 우리나라가 세계 시장으로 뻗어가는 데 결정적인 역할을 해왔다고 본다. 다만 지식재산 시대에 우리 사회에서 혁신을 위한 도전과 그 성과인 특허를 존중하고 보호하는 문화가 과거보다 더 절실

해진 것일 뿐이다.

　이제 우리는 경제와 산업이 지속적으로 성장하기 위해 특허와 지식 재산의 가치를 높여야 한다. 특허의 가치는 우리 손으로 높일 수도 있고, 낮출 수도 있다는 점을 기억하자. 가장 먼저 우리 사회가 특허를 존중하는 문화를 만들어야 한다. 나아가 특허를 강하게 보호하겠다는 사회적 공감대가 널리 확산되어야 한다. 그리고 정치, 사회, 문화 각계각층의 결단과 필요한 조치들도 뒤따라야 할 것이다.

2. 특허 만능주의에서 무용론까지

특허 존중 사회로

우리 사회에서 특허를 보는 견해는 다양하다. 특허 만능주의에서 무용론까지. 이 사이에 친특허주의(pro-patent)와 반특허주의(anti-patent)가 혼재되어 있다. 우리 사회에 가장 널리 퍼진 것은 아마도 특허 무용론이라 할 수 있지 않을까? 특허를 받아도 그만큼 역할을 하지 못한다는 말일 것이다.

일부 사람들은 산업의 건전한 발전을 위해 친특허주의를 옹호하지만, 반대로 특허에 의한 독점권이 경제발전을 저해한다고 말하는 사람

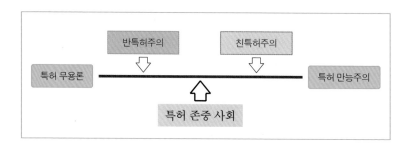

들도 있다. 또한 R&D에 몸담고 있는 산업계와 학계, 연구 업계 일부에서 특허에 지나치게 의존하는 특허 만능주의 경향을 보이거나 그 반대로 특허 무용론의 성향을 띠기도 한다. 여기서는 우리 사회에 퍼진 특허를 보는 다양한 견해를 살펴보고 특허 존중 사회로 나아갈 길을 찾아보고자 한다.

우리나라의 한 발표회에서 국내 특허소송을 주제로 논의한 적이 있다.[14] 여기서 한 국내 기업의 대표가 100건 넘는 해외 특허소송에서 모두 승리했음에도 불구하고 한국에서는 소송을 하지 못하고 있다고 토로했다. 그 이유로 우리나라는 특허의 무효 절차를 무제한 허용한다는 점과 우리나라의 소송은 자주 지연되고, 소송 결과도 불확실하여 예측성이 떨어진다는 점을 들었다. 그는 우리 사회에는 발명자 보호보다 산업 발전을 더 중시하는 분위기가 퍼져 있는 탓에 특허기업이 소송에서 이기기 어려운 것 같다고도 했다.

소송에서 극복해야 할 과제들

우리 기업들은 특허를 받더라도 정작 소송 때는 쓸모없다는 주장을 많이 한다. 말 그대로 특허 무용론이다. 그들은 특허를 받았더라도 권리를 행사하기까지 넘어야 할 수많은 난관이 있다는 점에 초점을 맞

---

14) SBS 뉴스, [취재파일] "대한민국은 특허침해 소송이 어려운 나라"...'원정 소송' 가는 이유?, 2023.8.25.

춘다. 만약 제대로 된 특허마저도 권리를 행사하기가 어렵다면, 우리의 특허보호 시스템에 구멍이 있는 것이다.

우리나라에서는 특허의 권리가 살아있는 기간 내내 무효심판을 청구할 수 있다.[15] 또한 특허법은 심판의 청구를 일사부재리 원칙에 따라 제한하고 있다.[16] 그러나 무효의 증거인 선행기술을 달리 제시하면, 동일 사실도 동일 증거도 아니게 되어서 심판을 청구할 수 있게 된다. 결국 권리자는 일사부재리 원칙의 보호를 받지 못할 가능성이 크다. 물론 정당한 사유가 있어서 특허가 무효가 되는 것을 막을 수는 없다. 그러나 권리 행사를 지연할 목적으로 무효심판을 악용할 수 있다면 그것은 문제다. 특허가 등록되었더라도 무효를 다투고 있는 기간에는 권리행사를 할 수 없기 때문이다. 당연히 특허권자에게 불리하다.

특허를 심사할 때, 모든 선행기술과 비교해본 뒤 등록을 결정했다면 무효를 막을 수도 있다. 따라서 특허 등록 시에 철저한 심사가 요구된다. 그러나 분명한 한계가 있다. 우리나라를 포함하여 많은 국가에서 무효의 증거에 대해 세계주의를 채택하고 있다.[17] 즉 선행기술이 될 만한 논문이나 간행물 등을 국내에서만 아니라 세계 어느 나라에서라도 찾기만 하면 된다. 그것도 아니면 누구나 알 수 있는 상태에 놓

---

15) 특허법 제133조(특허의 무효심판): 등록된 특허라도 무효 사유가 있어 무효가 확정되면 그 권리는 처음부터 없었던 것으로 간주

16) 제163조(일사부재리) 이 법에 따른 심판의 심결이 확정되었을 때는 그 사건에 대해서는 누구든지 동일 사실 및 동일 증거에 의하여 다시 심판을 청구할 수 없다.

17) 특허법 제29조(특허요건) ① 산업상 이용할 수 있는 발명으로서 다음 각 호의 어느 하나에 해당하는 것을 제외하고는 그 발명에 대하여 특허를 받을 수 있다. 1. 특허출원 전에 국내 또는 국외에서 공지(公知)되었거나 공연(公然)히 실시된 발명 2. 특허출원 전에 국내 또는 국외에서 반포된 간행물에 게재되었거나 전기통신회선을 통하여 공중(公衆)이 이용할 수 있는 발명

여 있거나 공연히 실시되고 있는 현장을 찾기만 하면 모두 무효의 증거가 된다. 특허법은 무효의 증거를 광범위하게 인정하고 있다.

심사관에게 짧은 시간 안에 모든 증거를 찾아보라고 요구하는 것은 무리가 있다. 그런데 특허와 침해를 다퉈야 하는 이해 당사자라면 상황이 달라진다. 무효 여부에 막대한 이해가 달려 있기 때문이다. 그들은 무효의 증거를 찾아 시간과 비용을 아낌없이 쏟아부을 용의가 있다. 결국 무효 증거에 대한 세계주의와 무효심판에 대한 무제한 청구는 무효율을 높일 수 있다.

특허 무효율을 높이는 데는 우리나라의 소송 절차도 한몫한다. 즉 우리 법원은 심판 단계에서 제출하지 않았던 증거라도 소송에서 제출할 수 있도록 허용하고 있다. 소위 '심리범위 무제한설'이다. 이에 따라 권리자는 새로운 증거로 심판받을 권리를 상실하게 된다. 만약 심판 단계에서 그 무효 증거가 제출되었다면, 권리자는 청구범위의 정정을 통해 무효 주장을 방어할 수 있으나, 소송 단계에서는 정정을 청구할 수 없기 때문이다. 결국 심리범위 무제한설도 특허권자에게 불리하게 작용한다.

일본과 같이, 소송 단계에서 새로운 증거의 제출을 불허하는 방안도 고려할 필요가 있다. 만약 심판의 결정을 바꿀 만한 유력한 증거를 찾았다면, 소송사건을 심판으로 돌려보내서 다시 심리할 수 있도록 하면 될 것이다. 이렇게 하여 특허의 무효소송에서 권리자의 방어권이 충분히 보장되는 것이 당사자에게 공정하다.

주요국의 특허·실용신안 무효율 비교 (단위: %)

연도	2017	2018	2019	2020	2021
한국	45.1	45.5	54.9	42.1	46.8
일본	21.1	16.3	17.5	26.1	15.5
미국	24.4	25.2	24.9	25.3	25.1

출처: 특허청

각 국가의 특허 무효율은 통계마다 다소 차이가 있으나, 위의 표와 같이, 한국이 일관되게 미국이나 일본에 비해 높게 나타난다. 일본에 비해 3배, 미국에 비해 2배 가까이 높다. 일반적으로 특허의 무효는 선행기술을 이용해 쉽게 발명할 수 있다는 이유(진보성 결여, 용이성, 자명성: obviousness)로 무효가 되는 경우가 거의 대다수를 차지한다.

심사관이 등록을 결정하기 전에 선행기술을 철저히 찾아보고 진보성을 판단해야 한다는 뜻도 있다. 그러나 하나의 발명이 2개 이상의 선행기술과 차이가 있더라도 각각의 선행기술에 따로따로 기재되어 있기만 하면, 이들을 결합하여 쉽게 발명할 수 있다고 판단할 수 있다. 이 점으로 인해 심사나 심판 및 소송 과정에서 특허성을 판단하는 기준이 제각각일 수 있다. 말하자면, 등록된 권리의 무효를 방지하는 데 심사관과 심판관, 법관 간의 판단 기준이 일치하기 어려울 수 있다.

또 다른 복병이 '사후적 고찰(hindsight)'이다. 즉 발명이 용이한지 판할 때 발명할 당시의 시점으로 돌아가는 것이 아니라, 발명과 선행기술을 모두 알게 된 현재 시점에서 판단하기 쉽다. 최초로 하기 어렵지

크리스토퍼 콜럼버스와 달걀 세우기

Christopher Columbus
(1450.10.31~ 1506.5.20)

콜럼버스가 아메리카 대륙을 발견하고 돌아온 후 본국에서 축하연이 열렸는데, 대부분은 그를 축하해주었으나 몇몇 사람들은 그를 질투했다. 이들은 주로 귀족들로, 한낱 직공의 아들일 뿐이었던 콜럼버스가 신대륙을 발견하고 자신들보다 대단한 대접을 받자 시기하며 '누구나 할 수 있는 일이다'라고 비아냥거렸다.

그러자 콜럼버스는 그들에게 삶은 달걀을 주며 달걀을 세워보라고 했다. 다들 낑낑거리며 세워보려고 했지만 아무도 성공할 수 없었는데, 그걸 본 콜럼버스가 달걀의 한쪽 끝을 조금 깨뜨려 달걀을 세웠고, '신대륙의 발견도 누군가가 미리 발견한 항로를 그대로 따라가는 것이 쉬운 일이지만, 처음 발견하는 것은 아무나 할 수 있는 일이 아니다'라는 말로 그를 비난하던 사람들을 침묵시켰다.(위키백과 참조)

만 따라하기는 쉽다고 한 '콜럼버스의 달걀'에 비유되는 상황이다. 에디슨의 발명도 사후적 고찰로 보면 아무나 할 수 있다. 그래서 심사관이 될 때, 무엇보다도 그 발명이 출원된 당시로 돌아가 발명이 쉬운지 판단하도록 교육받고 있다. 그러나 일반인이나 이해관계가 있는 당사자에게는 더욱더 사후적 고찰을 피하기 어렵다.

침해 판단과 손해배상금 결정

다행히 특허의 무효를 피했더라도 권리자가 안심하기는 이르다. 침해품이 특허의 권리범위 내에 속하지 않는다면, 그 제품의 생산과 판매를 금지할 어떠한 권한도 발생하지 않기 때문이다. 이 과정 또한 만만치 않다. 침해 판단의 기준이 되는 청구범위는 대부분 사건이 발생하기 수년 전에 작성되기 때문이다. 특허를 받고 수년이 지난 후 침해를 다툴 때가 되면, 예상과 달리 많은 것들이 변해 있다. 그동안 침해자는 권리범위를 피해 가기 위해 기술적 구성을 우회하기도 하고, 대체하기도 한다. 우리가 미래를 예측할 수 없으므로 침해를 막을 완벽한 권리범위를 작성하는 것이 어렵다. 오늘 일도 모르면서 어찌 내일 일을 알 수 있겠는가?

특허를 오랜 기간 심사해온 심사관조차 장차 어떤 특허가 쓸모 있을지 예측하는 것은 불가능하다. 물론 선행기술을 충분히 찾아보고 권리범위를 잘 작성하는 것은 기본이다. 출원 당시에 발명이 그럴싸하게 보였더라도 권리를 행사할 때가 되면, 침해자 관점에서 다시 판단해봐야 한다.

아직도 너머야 할 고개는 또 있다. 특허가 무효가 되지 않았고, 침해품이 권리범위에 속한다고 하더라도 끝난 것이 아니다. 특허침해로 인한 손해를 충분히 배상받아야 특허를 받은 목적이 달성되었다고 보기 때문이다. 법은 침해품의 판매 규모를 입증할 책임을 권리자에게 지우고 있다. 따라서 그 책임을 다하지 못하면, 배상금은 권리자의 기대에 미치지 못하게 될 것이다. 그런데 침해품의 판매 금액처럼 대부분의 정보는 침해자의 협조가 있어야 알아낼 수 있다. 그러나 침해자는 침해 규모를 줄여 배상액을 축소하려 할 것이다.

무효 단계
무효소송의 무제한 허용
무효 증거의 세계주의

권리범위 확인 단계
청구범위 작성의 적절성
침해행위의 낮은 예측 가능성

소송 단계
우회와 회피 가능성
손해액 산정의 비현실성

　특허가 쓸모없다는 의미는 출원할 때 기대했던 역할을 다하지 못했다는 의미일 것이다. 특허가 가치를 제대로 발휘하려면 거의 무제한 허용되는 무효심판 소송 절차와 심리범위 무제한설, 권리범위에 속하는지에 대한 판단, 침해자의 정보에 좌우되는 손해배상액 산정 등의 산을 넘어야 한다.

　침해자의 관점에서도 특허소송은 무척 힘겨운 일이다. 방송에서 한 중소기업을 운영하는 사장이 회사의 제품을 판매하고 난 뒤 특허소송이라도 생기면 어쩔까 싶어 잠 못 이룬다고 말한 인터뷰가 떠 오른다. 침해자에게 도 특허소송은 크나큰 걱정거리일 수밖에 없다. 만약 소송에서 지기라도 하면, 그동안 투자해온 생산설비와 침해 제품을 모두 폐기하고, 침해행위로 발생한 수익은 그대로 배상금으로 내야 할 수도 있기 때문이다. 만약 법원이 고의적인 침해로 판단할 경우, 배상금이 3배까지 늘어날 수 있다. 다행히 소송에서 이기더라도 특별히 나아지는 것은 없다. 특허소송은 침해자에게 마이너스 게임이라는 사실을 염두에 두자.

친특허주의와 반특허주의

어떤 기업이 막대한 시간과 비용을 투자하여 특허를 내고 시장을 개척하였는데, 특허가 역할을 다하지 못하게 되면 그 기업의 운명은 어떻게 되겠는가? 주변에서 이런 사건을 목격한 기업들은 또 어떻게 생각하겠는가? 당연히 기업들은 신제품을 개발하고 시장을 개척하려는 도전을 주저하고 투자 위험을 감수하지 않으려 할 것이다. 따라서 기업들의 자유로운 기술 경쟁을 유도하려는 본래의 목적을 달성하기 위해 특허제도를 좀 더 공정하고 명확하게 보완해갈 필요가 있다.

이와 관련해 친특허주의(pro-patent)와 반특허주의(anti-patent)를 살펴볼 필요가 있다. 친특허주의는 미국에서 유래하였는데, 특허를 중시하고 권리자에게 우호적인 정책이다. 이와 반대 개념이 반특허주의다. 1930년 대공황 시절에 미국은 반특허주의를 고수했다. 특허에 대한 독점적 권리행사를 반독점법으로 제한하며, 특허제도를 소비자에게 유리한 방향으로 운영하다 보니 권리자가 특허소송에서 불리해졌다.

그러다가 1980년 미국 대법원의 차크라바티 사건(Diamond v. Chakrabaty)을 계기로 변화의 바람이 불었다. 이 사건의 판결 이후 특허를 부여하는 대상이 '태양 아래 인간이 만든 모든 것(anything under the sun that is made by man)'으로 확장되었다. 그때까지만 하더라도 생명체 그 자체는 자연의 창조물이지 인간의 발명이 아니라거나, 자연에 있던 것을 발견한 것이지 인간의 발명품이 아니라는 등의 이유로 생명체에 대한 특허는 부정됐다.[18] 그러나 대법원은 차크라바티가 유전공학을 이용해 원유를 분해할 수 있는 인공미생물을 '발명'하였다고 판결한 것이다. 이는 특허 분야에서는 역사적인 사건이다.

그리고 2년 후인 1982년, 특허소송을 전담하는 연방순회항소법원 (CAFC)이 워싱턴 DC에 설립되었다. 이때부터 CAFC의 판사들이 미국 전체의 특허 사건을 전담하면서 전문성과 일관성이 높아졌다. 단순히 특허 사건을 한곳에 모아 처리한 것뿐인데 특허 무효율은 낮아지고, 권리자가 승소하는 비율은 크게 높아졌으며, 손해배상액도 대폭 올랐다. 그리고 특허를 존중하는 판결들이 연이어 나오면서 기업들에게 기술혁신에 매진하라는 메시지로서 큰 역할을 하게 되었다.

당시 대표적인 사건으로 1990년에 코닥과 폴라로이드 사이에 벌어진 즉석카메라 소송을 들 수 있다. 이 소송에서 미국 연방대법원이 신생기업인 폴라로이드의 손을 들어주면서 카메라 시장의 절대강자인 코닥은 완패하게 되었다. 다윗과 골리앗의 싸움이자 새우가 고래를 삼킨 격이다. 그 판결로 코닥은 8억 7,300만 달러의 손해배상금을 지급하고, 이미 판매한 제품을 회수하는 데 5억 달러, 공장 폐쇄에 15억 달러 등 총 28억 달러(3조 7,000억 원)가 넘는 손해를 보았다. 이후 코닥은 즉석카메라 시장에서 완전히 철수했다고 한다.[19]

현재까지도 이 사건은 시사하는 바가 크다. 코닥은 1888년부터 당시까지 100여 년간 세계 카메라 시장을 장악해왔다. 그런데 에드윈

---

18) 吉藤幸朔, 〈特許法槪說〉, 유미특허법률사무소 역, 대광서림, 1999, pp.174-175.
19) 프레드 워쇼프스키, 〈특허전쟁〉, 세종서적, 1996.

랜드(Edwin H. Land)가 편광기 사업을 위해 폴라로이드를 설립하였고, 1951년에 특허를 앞세워 즉석카메라 시장을 독점하며 성장하기 시작했다. 한편 코닥도 앞선 카메라 기술력을 바탕으로 즉석카메라를 연구하여 1976년부터 경쟁 제품을 출시하게 되었다.

코닥이 즉석카메라를 출시하자마자 폴라로이드는 특허침해를 주장하며 소송을 제기했다. 그 소송의 대상이 된 특허들을 살펴보면, 필름에 대한 특허 4건, 필름에 들어가는 현상액 성분에 대한 특허 1건, 카메라 구조와 외부 빛을 차단하는 특허 2건 등 총 11건으로 모두 즉석카메라에 필요한 것이다. 통상 사진은 노출(잠재 이미지 형성), 현상(이미지 가시화), 안정화(화학반응 중지 및 이미지 보존)의 3단계를 거쳐 완성된다. 여기서 일반 사진과 달리, 즉석 사진의 특징은 현상과 안정화 과정을 카메라 장치 내부에서 동시에 해결할 수 있도록 만들어진 특수필름을 이용한다는 것이다.

폴라로이드의 대표적인 특허인 US 3362821A(출원일: 1963.5.1.)를 살펴보자. 본 발명은 고분자 산성층을 포함하는 감광성 소재를 이용한 확산 전사 공정에 관한 것이다. 기존 카메라는 카메라 장치 외부에서 화학 용액에 담그는 방식으로 현상된 필름을 안정시켜 왔으나, 폴라로

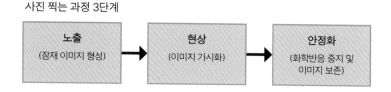

사진 찍는 과정 3단계

| 노출 (잠재 이미지 형성) | → | 현상 (이미지 가시화) | → | 안정화 (화학반응 중지 및 이미지 보존) |

이드의 즉석카메라는 필름에 고분자 산성층을 두어서 사진 이미지를 카메라 장치 내부에서 안정시켰다.

보통의 염료 현상액은 높은 산도(pH)로 인해 사진의 이미지를 훼손하거나 다른 부정적인 영향을 줄 수 있으므로 현상 이후 산도를 낮춰야 한다. 즉 염료 현상액이 사진의 이미지를 형성할 때까지 산도 12~14를 유지한 후, 공기에 노출되기 전에 산도를 9~10으로 낮춰서 염료의 추가 확산을 방지해야 고정된 사진 이미지를 만들 수 있다. 따라서 산성을 띠는 시약층이 필요하였다.

[도면 2-1]은 즉석카메라 필름의 구조를 보여주는데, 감광성 필름 (10)에 비확산성 산 반응 시약층(14)을 두는 것이 특징이다. 이 필름 (10)에 3원색 RGB의 감광성 요소(10)는 지지층(12) 위에 비확산성 산 반응 시약의 고분자 산성층(14), 중간층(16), 염료 현상액(18), 적색 감응 할로겐화은 에멀전(20), 중간층(22), 염료 현상액(24), 녹색 민감성 할로겐화은 에멀전(26), 중간층(22), 염료 현상액(28), 청색 민감성 할로겐화은 에멀전(30), 처리 조성물(32) 등이 차례로 적층되어 있다. 이미지 수신부(40)는 수광부(34)와 지지층(12)으로 이루어져 있다.

이 소송에서 코닥의 즉석카메라가 비확산성 산 반응 시약을 사용하고 있는지가 쟁점이었다. 재판부는 코닥의 필름도 폴라로이드와 동일한 산 반응 시약을 가지고 있다고 판단했다. 아마도 폴라로이드 특허에서 중요한 구성인 '산 반응 시약층'의 권리범위를 특정 산성 물질로 한정하지 않고 기능적으로 광범위하게 설정했기에 코닥이 침해를 피할 수 없었을 것으로 보인다.

[도면 2-1] 즉석카메라 필름의 구조

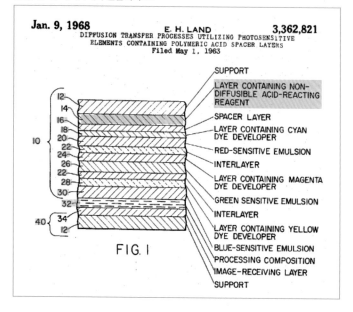

그 밖에 폴라로이드의 특허 US2543181A는 즉석 사진의 필름 가장
자리에 현상액과 인화액을 배치해 두고, 필름이 카메라에서 나올 때,
롤러로 두 액을 눌러 필름 안쪽으로 흘러가 골고루 퍼지도록 하는 것
이 특징이다. 다른 특허 US2543180A([도면 2-2])는 조리개(12)로 빛
이 들어와 챔버(26)에 있는 감광성 필름(29)에 상을 맺게 하고 인화지
(56)와 함께 롤러(42, 44)로 눌러 인쇄하는 것이 특징이다. 또다른 특허
US3753392A는 필름 이송장치에 관한 것으로, 필름이 카메라 내부에
서 3단계 과정을 마무리하고 나오는 사진을 배출하는 데 필요한 이송
장치를 제공한다. 즉석카메라가 사진을 찍을 때마다 카메라에 새로운
필름을 넣어서 배출하는 동작을 반복할 수 있게 한 기술이다.

[도면 2-2] 즉석카메라의 구조

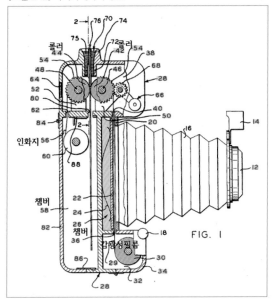

FIG. I

당시 폴라로이드 사건은 큰 파장을 일으켰다. 이후 미국의 특허보호는 한층 강화되면서 정보통신과 유전공학 같은 새로운 산업을 탄생시키는 계기가 되었다. 에디슨 이후, 일본과 유럽에 밀리고 있던 미국이 다시 산업혁명을 주도할 수 있게 된 발판이 된 것이다. 미국은 최초로 이동통신과 인터넷을 발명하고 이후 스마트폰 서비스도 시작한다. 비슷한 시기에 대규모로 인간게놈프로젝트(HGP)를 추진하여 인간의 수많은 유전자 정보를 밝혔고, 그 결과를 활용한 질병 치료 관련 기업도 속속 등장하게 되었다.

미국의 특허 정책에도 변화가 찾아왔다. 오랫동안 특허로 보호할 수 없었던 분야에 특허를 부여하기로 한 것이다. 과거에 상상도

할 수 없었던 새로운 기술로서 인터넷을 이용한 영업 방법(business methods)[20]과 기능을 알아낸 유전자 정보[21] 등이 특허로 보호받게 되었다. 당시로서는 전혀 상상하지 못한 기술로서 특허 부여 대상이 아니었지만, 막대한 투자금을 보호해야 할 필요성이 강력하게 대두되었기 때문이다. 동시에 미국은 다른 여러 나라에도 특허보호를 강화할 것을 요구하면서 세계무역기구(WTO)에 지식재산권 협약(TRIPs)을 채택하도록 했다.

1998년 우리나라도 한발 앞서 특허 사건을 전담할 수 있도록 특허법원을 설립하였다. 그러나 특허법원에서 담당하는 소송은 당시 특허청이 맡고 있는 사건, 즉 거절불복심판과 무효심판, 권리범위확인심판 등으로 한정하고, 침해소송 등 민사사건은 제외하였다. 그러다가 2016년이 되어서야 민사소송법이 개정되어 모든 침해소송 사건의 항소심을 특허법원으로 집중하게 되었다.[22] 일본은 우리나라보다 7년 늦은 2005년에 동경고등법원에 지적재산고등재판소를 두어 특허소송을 전담하도록 했다. 그 결과 일본에서 특허소송에서 큰 변화가 생겼다.

1980년 이후 미국을 중심으로 한 친특허주의 성향의 판결들은 기

---

20) 새로운 영업 방법 그 자체만으로는 특허받을 수 없으나, 영업 방법을 인터넷, 컴퓨터, 정보통신기술 등을 이용하여 온라인상에서 구현할 수 있도록 시스템이나 방법이 구체적으로 제시되어 있다면 특허 등록이 가능하다.

21) HGP의 결과물인 DNA 서열 정보에 대한 기능이 밝혀진 경우에만 특허가 가능하고, 기능이 규명되지 않은 DNA 서열 정보 자체는 여전히 불특허 대상이다.

22) 국회는 2015년 11월 12일, 지식재산권(특허권, 실용신안권, 디자인권, 상표권, 품종보호권) 침해소송 1심은 전국의 고등법원 소재지 5개의 지방법원으로 관할을 집중하도록 법을 개정했다.

업들이 혁신에 뛰어들게 하는 효과를 발휘했다. 그러나 최근 들어 기업들 간의 특허분쟁이 지나치게 과도하게 발생하고, 특히 NPE(Non Practicing Entities)에 의한 소송남용의 폐해로 인해 친특허주의가 다소 주춤하는 듯하다. 그러나 앞으로도 미국은 인공지능과 반도체 등 안보와 전략기술과 관련된 첨단기술 분야에서 패권을 유지하기 위해 중국과 치열하게 경쟁할 것이 예상된다. 따라서 특허보호를 강화하는 방향으로 변함없이 나아갈 것이다.

특허 만능주의의 경계

마지막으로 특허 무용론과 대비되는 개념으로 특허 만능주의가 있다. 이 용어는 R&D 분야에서 성과를 특허 건수로만 평가한다거나,[23] 일부 혁신기업이 과도하게 특허권의 행사를 남용할 경우[24] 종종 등장한다. 특허 무용론과 함께 특허 만능주의는 일방적이고 맹목적으로 특허를 중시하는 것을 경계하는 목소리로 이해할 수 있다.

일부 사람들은 R&D 분야에서 발생하는 모든 문제를 특허로 해결할 수 있다고 믿는다. R&D의 과제를 기획하고 연구를 수행하며 그 성과를 관리하는 과정에서 특허 정보를 살펴보고 분석하는 일은 의심할 여지 없이 매우 중요하다. 그러나 특허 정보가 새로운 발명까지 해주

---

23) 전자신문, [ET단상] '특허 만능주의, 기술혁신 저해할 수도', 2022.7.26.
24) 서울경제, '[특허 만능주의에 빠진 애플] 달콤한 독점놀음', 2014.4.2.

지는 못한다. 다만 특허 정보는 R&D 종사자들에게 연구의 길잡이가 되어주고, 그 성과를 적절히 관리하는 역할을 할 수 있다는 정도로 보아야 할 것이다.

만약 R&D 성과를 특허 건수로만 평가한다고 하자. 현재 우리나라는 세계적 수준의 R&D 투자에 맞춰 특허출원 건수도 세계 4위를 달리고 있다. 그러나 R&D 성과가 좋다고 말하기는 어렵다. R&D 성과인 특허가 기술이전이나 창업, 신제품 출시 등 기업활동에서 활발히 활용되지 못하고 있기 때문이다. 아마도 우리나라 시장에서는 특허가 큰 수익을 내지 못하고 있는 듯하다. 어떤 이는 이를 '코리아 R&D 패러독스'라고 말한다.

일반적으로 창업이나 기술이전, 기업의 매출 증가로 이어지는 실질적인 성과를 원한다면 특허의 출원 건수보다 등록 건수가 더 의미가 크다. 실제로 특허는 출원에서 등록까지 상당한 기간이 소요된다. 현재 우리나라에서는 1~2년 정도가 필요하다. 그 기간에 기업은 특허 제품을 내놓을 준비를 할 수 있다. 따라서 기업의 매출로 이어지려면 빨라도 특허가 등록될 때는 되어야 한다.

과거에 특허 건수는 R&D 성과(output)라기보다 R&D 투입(input)으로 보았다. 왜냐하면 R&D 투입이 증가하면, 당장 특허 건수도 늘어나고 동시에 관리비용도 증가하기 때문이다. R&D 투자가 늘어나면 특허 활동은 증가할 것이지만, 몇 년의 시차를 두고 새로운 제품이 출시되어 매출 증가로 이어질 수 있다. 또한 그 특허의 일부는 경영전략에 따라 다른 기업으로 이전되기도 하고 창업에 사용되기도 할 것이다.

그리고 특허를 R&D 성과의 하나로 보려면, 건수 자체가 아니라 권리범위로 판단해야 한다. 만약 권리범위가 넓으면 원천기술로서 기업활동에 큰 도움이 될 것이다. 반면 권리범위가 협소하면 응용기술로 볼 수 있다. 따라서 R&D 성과를 더 의미 있게 측정하기 위해 권리범위가 넓은지 좁은지를 구분하여 평가할 필요가 있다.

단순히 특허 건수를 늘려 R&D 성과를 부풀리는 관행도 문제다. 특허 건수를 늘리려면 관리비용의 지출도 늘려야 한다. 따라서 기업이 특허의 경제적 가치를 높이는 방향으로 비용을 통제할 수 있도록 합리적으로 의사를 결정해야 한다. 특히 해외출원을 위해 큰 비용을 감수해야 할 때 더 신중하게 경제성을 따져봐야 한다.

지금까지 우리 사회에 팽배한 특허 무용론과 이에 대한 대안으로서 친특허주의에 대하여 알아보았다. 또한 산학연 일부에서 언급되고 있는 특허 만능주의에 대해서도 간략히 살펴보았다. 우리는 특허 무용론과 만능주의, 그리고 반특허주의를 경계하면서 기업들이 기술혁신과 발명에 매진할 수 있는 특허 존중 사회로 나가야 하지 않을까?

앞에서 살펴보았듯이, 우리 경제가 선진국으로서 성장을 지속하기 위해서는 창의적이고 혁신적인 경제체제로 가야 한다는 데 이견이 없을 것이다. 남들보다 잘 만드는 것만으로 경쟁기업을 앞서기 힘들어졌다. 우리 기업들도 선진 기업들과 같이 기술혁신과 특허받은 제품으로 고수익을 낼 수 있어야 한다. 잘나가는 특허 제품이 시장에 나오면 누구나 짝퉁의 유혹에 빠지기 쉽다. 그렇다고 짝퉁을 방치하면 기술혁신에 소홀해질 것이다. 특허 존중 사회는 기업들의 기술개발을 촉진할 수 있는 공정한 경쟁사회를 의미한다. 특허만 잘 보호해주더라도 국내·외 기업이 스스로 혁신에 투자할 것이고 그 결과 창조적 혁신 경제도 실현될 것이라고 믿는다.

3. 살아남는 특허가 만들어지는 과정

트랜지스터의 발명 이야기

전자공학에서 트랜지스터는 "1"을 입력하면, "10~1000"을 출력할 수 있는 증폭기이다. 라디오와 텔레비전 같은 전자제품에서 미세한 전파신호를 증폭하여 우리가 들을 수 있는 소리와 영상으로 출력하는 장치에서 필수적인 부품이다. 트랜지스터가 발명되기 전의 증폭기는 진공관이었다.

진공관은 유리로 제조되어 파손의 위험이 있고 부피가 크고 무거웠으며, 무엇보다도 엄청난 전력 소모가 문제였다. 최초의 컴퓨터 에니악이 탄생했을 때 진공관 1만 8,000개가 들어갔는데 크기가 집채만 하고 무게가 30톤이 넘었다고 하니 전력의 소모는 또 얼마나 많았을까? 그러나 트랜지스터가 개발되고 나서 크기는 300분의 1, 소비전력은 1,500분의 1로 줄어들었고 내구성도 한층 좋아졌다. 그 이후로도 트랜지스터는 발전을 거듭하여 더욱 좁은 공간에 더 많은 트랜지스터를

진공관   트랜지스터   IC

집어넣을 수 있게 되었는데, 이것이 바로 집적회로(IC)로 오늘날까지
이른다.

　최근에 〈벨 연구소 이야기〉[25]라는 책을 읽으면서 대학시절 전공 과
목을 공부할 때 배웠던 트랜지스터의 발명 이야기를 다시 한번 떠올
리게 되었다. 특히 고체 트랜지스터를 개발하는 과정에 관한 생생한
스토리는 물론 특허를 받기까지의 실무에 관한 내용도 무척 흥미로
웠다. 이 책은 1946년 벨연구소에서 연구하던 윌리엄 쇼클리가 고체
물리연구팀과 함께 트랜지스터를 최초로 발명하는 과정을 그리고 있
다.[26] 그들의 이야기 중에 특허와 관련한 다음 몇 가지 에피소드를 소
개해본다.

　쇼클리는 반도체 물질의 표면에 전계(전기장, electric field)가 형성되
면 그 표면의 저항이 변할 것이라는 '필드효과'에 대한 아이디어를 처

25) 존 거트너, 〈벨연구소 이야기: 세상에 없는 것에 미친 사람들〉, 살림Biz, 2012.
26) William Bradford Shockley(1910.2.13.~1989.8.12.)는 미국 물리학자로서 존 바딘, 월터
　　하우저 브래튼과 함께 트랜지스터를 공동 발명했고, 1956년 P·N 접합의 전자론적 연구 등
　　의 공로로 노벨 물리학상을 수상했다. 또한 그는 1950년대와 1960년대 새로운 트랜지스터
　　의 상용화를 위해 노력했고, 그 결과 실리콘 밸리의 탄생에 역할을 했다.(위키백과 참조)

전계효과 트랜지스터

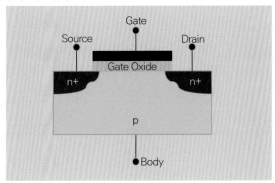

음으로 제시한 인물이다. 그는 게이트(G)에 전압을 가하면, 표면의 전계에 의하여 p형 반도체에 흩어져 있던 전자들이 게이트와 마주한 표면에 모여 전류가 흐를 수 있는 채널을 형성할 것이라고 주장했다.

  그리고 실험에 들어갔으나, 1년이 넘도록 아무런 성과도 내지 못하고 있었다. 대단한 발명가인 쇼클리라 하더라도, 발명이란 무수한 시행착오 끝에 일군 땀의 결실이라는 원칙에서 예외가 될 수 없었던 것 같다. 쇼클리 등의 특허 US2502488(출원일: 1948.9.24.)은 반도체 증폭기에 관한 발명으로, 고체상태의 재료를 사용하여 입력신호를 증폭하는 기능을 수행한다. [도면 2-3]을 참고하면, 베이스(13)와 이미터(15) 사이의 회로는 입력 회로이고, 베이스(13)와 컬렉터(14) 사이의 회로는 출력 회로다. 여기서 입력회로의 전압(22)은 1~10V 정도이고, 배터리(18)는 출력회로에서 10~100V 정도의 전압이 출력될 수 있도록 이미터(15)가 정공(+)을 N형 재료에서 주입하면 N-P 접합에서 전기장에 의

[도면 2-3] 쇼클리 특허의 트랜지스터 증폭기 동작 설명도

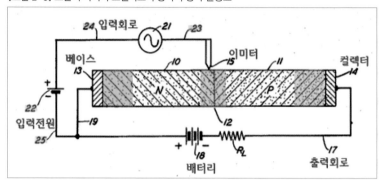

해 P 영역으로 끌려가며 전류가 흐르게 되고 그 결과 전압이 증폭된다. 반대로 이미터(15)에서 전자(-)를 주입하려면 접점을 P측에 배치하고, 입력과 출력 회로 그리고 모든 극성이 반대인 상태로 작동한다.

발명은 곧 실험의 연속이며, 실패 없는 발명은 있을 수 없다. 발명왕 에디슨도 전구를 발명하기까지 1,200번이 넘는 실패를 거듭했다. 영국의 에디슨으로 불리는 다이슨도 사이클론 진공청소기를 발명하기 위해 5,127개의 시제품을 만들어 시험했다고 한다.

당시 트랜지스터 발명도 세계 여러 곳에서 동시다발적으로 진행되었다. 기존 진공관도 증폭기로서 획기적인 발명이었지만, 부피가 너무 크고 전력도 엄청나게 소모하는 등의 문제점이 드러났기 때문이다. 말하자면 트랜지스터는 시장이 기존 기술의 문제를 해결해주기를 바라는 숙원 기술이었으며, 오랜 기간 실패를 반복하고 있었다.

벨 연구소는 알렉산더 그레이엄 벨의 통신회사에서 분리된 자회사로서 연구를 주된 목적으로 설립되었다. 그래서인지 벨의 전화기 발명

과 관련된 특허소송의 일화가 직원들에게 잘 인식되어 있었던 것 같다.[27] 당시 미국은 먼저 발명한 자에게 특허를 부여하는 선발명주의를 채택하고 있었다. 따라서 특허를 먼저 내는 것보다 발명을 일찍 했다는 것을 입증하는 것이 더 중요했다. 벨과 함께 엘리샤 그레이[28]도 전화기 특허를 같은 날 신청했다. 그러나 벨 자신이 실제 전화기를 발명한 시기가 그레이보다 몇 시간 앞섰다는 것을 입증해 보여서 특허를 받을 수 있었다. 벨의 전화 회사는 이후에도 18년간 무려 600건의 소송을 치러야 했다. 따라서 연구원들은 언제, 누구에 의해 발명이 완성되었는지에 대한 기록을 매우 중요하게 생각했던 것 같다.

쇼클리 연구팀도 그날그날 실험한 내용을 노트에 메모하며 상세히 기록으로 남겼다. 그 결과 실험이 성공한 날 바로 특허 신청 작업을 시작할 수 있었다. 쇼클리는 고체 트랜지스터에 대한 아이디어를 맨 처음 내고 그것을 입증하는 실험도 주도했다. 그리고 벨연구소는 그의 실험에 화학자, 회로 전문가, 야금학자, 실험과학자 등 다양한 분야의 전문가들로 연구팀을 꾸려 자신과 함께 협업하도록 오랫동안 지원을 아끼지 않았다. 결국 여러 전문가가 참여하여 서로를 도왔기 때문에 쇼클리의 아이디어로 트랜지스터를 구현하는 데 성공할 수 있었다고 판단된다. 즉 트랜지스터는 공동으로 발명한 것으로 볼 수 있다. 그러나 나중에 쇼클리와 다른 팀원들은 진정한 발명가가 누구인지를 두고

---

27) 1876년 2월 14일 알렉산더 그레이엄 벨과 엘리샤 그레이가 거의 동시에 전화기 특허를 신청했으나, 미 특허국은 그해 3월 7일 '전기 진동을 발생시켜 목소리나 그 밖의 소리를 전신으로 전달하는 방법과 기구' 특허(제174465호)를 벨에게 주었다.

28) Elisha Gray, 1835~1901.

법정에서 다투게 된다.

미국 특허법에 따르면, 진정한 발명자는 반드시 발명의 착상에 기여해야 하고, 공동 발명가가 되기 위해서는 발명의 착상에 기여하는 것과 동시에 공동 발명자들 간에 협업한 사실이 있어야 한다.[29] 고체 트랜지스터의 경우, 쇼클리는 자신이 실질적으로 전체 발명을 착상하였고, 그의 팀원들이 기여한 부분은 없다고 생각할 수 있다. 그러나 연구원들이 매일 연구하고 실험한 내용을 발명 노트에 기록한 것이 공동으로 발명한 것임을 입증하는 결정적인 증거로서 역할을 했을 것이다.

예나 지금이나, 서양이나 동양이나 마찬가지로 발명의 성과가 좋으면 분배할 때 다툼이 발생하는 법이다. 보통 특허를 낼 때는 진정한 발명자에 대한 논란이 없다. 그러나 막상 특허로 큰 성과를 내기 시작하면 발명에 참여했던 사람들 사이에 성과 배분으로 인한 불만이 생기기 시작한다. 누가 발명을 처음 착상했는지, 그래서 진정한 발명자는 누구인지, 그 당시 발명자들 사이에 협업은 있었는지를 따지게 되는 것이다. 우리나라도 공동 발명에 대해 비슷한 법리를 적용한다. 따라서 나중에 있을지 모를 소송에 대비하기 위해서 발명하는 과정을 기록으로 남길 필요가 있다. 벨연구소가 좋은 모델이 될 법하다.

1956년 반도체 트랜지스터를 발명한 공을 인정받아 쇼클리와 함께

---

29) 미국 특허법상 발명은 발명의 착상(conception of the invention)과 발명의 구현(reduction to practice)으로 구분되고, 진정한 발명자가 되기 위해서는 반드시 발명의 착상에 기여해야 한다. 또한 공동발명자가 되려면 발명의 착상에 반드시 기여해야 하고 동시에 공동발명자들 간 협업이 요구된다.

월터 브래튼(Wilter Brattain), 존 바딘(Hohn Bardeen)이 노벨 물리학상을 수상했다. 이후 트랜지스터는 작은 칩에 수백, 수천 개를 배치한 집적 회로(IC)로 발전하며 반도체와 컴퓨터, 정보통신 산업의 비약적인 발전에 밑알이 되어왔다.

상표와 영업비밀 등 포트폴리오 사례

책 〈스타벅스: 커피 한잔에 담긴 성공 신화〉[30]는 상표와 영업비밀을 어떻게 봐야 할지에 관한 많은 시사점을 준다. 이 스토리는 대략 다음과 같다. 원래 스타벅스는 제리 볼드윈 등 3명이 시애틀을 중심으로 창업한 원두 로스팅을 전문으로 하는 회사였다. 그들은 최고급 커피 원두 로스팅을 지향하며 고급 원두만 구매하여 그들만의 비법으로 볶아서 판매하고 있었다.

주인공인 하워드 슐츠는 뉴욕에서 패션 사업을 하던 사업가였다. 그는 스타벅스 커피에 매료되어 뉴욕의 사업을 접고 시애틀로 이사 오게 된다. 당시는 커피하우스가 생소하던 시절이었다. 슐츠는 볶은 원두만 판매하던 방식에서 소비자에게 직접 커피를 내려 판매하는 서비스 사업으로 확대하기를 원했다. 나아가 시애틀 중심의 커피하우스를 미국 전역으로 확장할 계획도 밝혔다. 그러나 그로 인해 기존의 영

---

30) 하워드 슐츠 외, 〈스타벅스: 커피 한잔에 담긴 신화〉, 김영사, 2022.

업방식을 고집하던 볼드윈과 갈등의 골이 깊어졌다. 결국 하워드는 스타벅스에서 나와서 이탈리아식 커피하우스인 '일 조르날레'를 창업하게 된다.

그러던 중 슐츠는 스타벅스를 인수할 기회를 맞이한다. 그는 회사 명칭을 일 조르날레에서 스타벅스로 바꾸고 매장을 미국 동부지역으로 확장하며 300여 개 매장을 새로 열게 된다. 이후 일본과 유럽 등 해외로 진출하며 미국을 대표하는 글로벌 음식료 서비스 회사로서 코카콜라, 맥도날드 등과 같은 반열에 올라서게 된다.

이 책을 읽기 전에만 해도 스타벅스의 성공 스토리는 다른 첨단 혁신기업들과 차이가 있을 줄 알았다. 그러나 오히려 공통점이 훨씬 많았다. 예를 들면, 도전적인 기업가의 사업에 대한 선견지명과 남다른 신념, 고집스럽게 지킨 품질 제일주의와 그 이미지 관리, 끊임없이 찾아오는 시련과 도전, 그 뒤에 맛보는 성취의 기쁨 등.

스타벅스의 성공 스토리는 전체적으로 우리가 잘 알고 있는 맥도날드의 그것과 유사한 점이 많다. 두 기업이 음식료 분야의 서비스 업체라는 점, 최초 창업자와 글로벌 기업으로 성장시킨 기업가가 따로 있다는 점, 품질을 고수하고 고객 만족도를 높이기 위해 자신만의 방식을 고집했다는 점, 매장을 미국 전역으로 늘여간다는 점, 미국에서의 성공을 바탕으로 해외 시장으로 진출한다는 점 등이다.

스타벅스의 성공 스토리에서 가장 흥미를 끄는 점은 서비스 상표에 대한 슐츠의 신념과 이미지 관리다. 슐츠가 성공하는 데 큰 역할을 한 것은 '일 조르날레'라는 이름보다 '스타벅스'라는 상표인 것 같다. 소리

스타벅스와 맥도날드 로고

에서 나는 느낌이 미국적 이미지에 맞고 다른 사람이 기억하기 쉽다는 점을 제외하고 딱히 결정적인 이유를 댈 수 없지만, 슐츠는 망설임 없이 스타벅스라는 이름을 사는 데 막대한 자금을 투자했다.

이와 비슷한 이야기를 맥도날드 인수 과정에서도 볼 수 있다. 맥도날드를 세계적인 패스트푸드 기업으로 성장시킨 레이먼드 크록(Raymond A. Kroc)은 상표를 인수하기 위해 백지수표를 줄 정도로 그 이름에서 나오는 미국적 이미지에 매료되었다고 한다. 내가 기업가라면 멋진 상표를 가지고 싶을 때, 과연 그렇게 큰돈을 쓸 수 있을까?

또한 슐츠는 최고의 커피하우스 브랜드로서 품질 제일주의 원칙을 고수하며 이미지 관리를 최우선으로 해왔다. 예를 들어 고객에게 쉽게 접근할 수 있는 곳이라면 비싼 값이라도 망설이지 않고 임대했다든지, 보통의 프랜차이즈와 달리 매장의 소유권을 개인에게 넘기지 않고 스타벅스가 직영한다든지, 바리스타와 직원을 회사의 정식 직원으로 대우하며 수익 일부를 배당한다든지, 최고의 원두만 사용할 것과 창업자의 로스팅 기법을 끝까지 고수한다든지 등을 들 수 있다.

스타벅스의 성공스토리는 음식료 서비스 분야에서 상표와 그 이미지 관리가 얼마나 중요한지 일깨워준다. 고객에게 신뢰받고 품질에 대한 만족도를 높이기 위해서는 로스팅 기술과 바리스타의 노하우는 물론 상표, 영업비밀까지 기업 경영전략의 핵심 요소로 관리해야 할 것이다.

4. R&D를 위한 특허소송의 이해[31]

기술혁신을 촉진한다

발명왕 에디슨은 "천재는 1퍼센트의 영감과 99퍼센트의 땀으로 이루어진다"고 말했다. 노력이 중요하다는 뜻이다. 천재만 위대한 발명을 할 수 있을 것이라는 생각에 경종을 울리는 말이기도 하다. 한편으로는 오랜 시간과 막대한 자금의 투입을 더 강조한 말로 해석할 수 있다. 반대로 대단한 발명이 없다는 것은 불굴의 발명가와 그들을 뒷받침할 수 있는 사회적 시스템이 없었다는 의미로 해석할 수도 있는 것이다.

역사적으로 볼 때, 기술혁신이 일어나 특허가 출원되고, 관련 특허가 쌓이면 신산업으로 발전하기도 한다. 하나의 신기술은 특허가 되지만 다수의 특허는 새로운 산업으로 등장한다. 어떤 분야에 특허 건수

---

31) 전기억, "특허 중심의 R&D를 위한 소송절차의 이해", 대한전기학회, 〈전기의 세계〉 제68권 제10호, 2019, pp.32-37.

가 증가하고 있다면 그 분야가 신산업으로 성장할 가능성이 크다. 예를 들어 AI 특허의 대폭적인 증가는 AI 산업으로의 도약을 의미한다.

18세기 산업혁명 때부터 19세기 에디슨의 전신과 전력산업, 20세기 말 정보통신과 바이오산업, 21세기 초 인공지능으로 대표되는 4차 산업혁명까지, 기업과 정부가 기술혁신에 투자할 때마다 곧바로 특허 출원 건수가 급격히 증가했다. 그리고 머지않아 새로운 산업이 등장하며 경제 성장을 이끌었다.

만약 특허제도가 없다면, 기업들은 막대한 비용이 소요되는 기술개발에 투자할까? 아마도 그렇지 못할 것이다. 왜냐하면 비용 측면에서 새로운 기술을 개발하는 것이 남의 기술을 카피하는 것보다 훨씬 불리하기 때문이다. 일단 후발 참여자로서 시장에서 어느 정도 성공이 확인된 기술에 대하여 시장에 뛰어드는 것이 투자의 불확실성을 낮출 수 있다. 따라서 기업들은 신기술에 대한 투자를 피하려 할 것이고, 점차 기술혁신을 위한 기업들의 도전은 기대할 수 없게 될 것이다.

예전에 발명의 대가로 특허를 부여하는 대신 정부가 포상금을 지급한 적도 있었다. 그러나 발명의 노고에 대한 대가로 시장의 평가 없이 정부가 일률적으로 보상하는 방식은 자원의 효율적 배분을 막을 수 있다. 특허제도는 시장이 요구하는 기술을 발명한 자에게 소비자들이 보상하는 자율적인 시장경제 시스템이다. 시장의 보이지 않은 손이다.

15세기 베니스 특허법 이후 지금까지 특허제도는 발명과 기술개발에 대한 인센티브로서 역할을 충실하게 해왔다. 특허제도는 새로운 기술을 개발한 자에게 일정 기간 독점권을 부여해주는 대가로 해당 기술을 공개할 것을 요구하고, 일정 기간이 지나면 누구나 자유롭게 사용할 수 있게 된다. 그 결과 특허기업들은 신기술에 투입된 비용을 안정적으로 회수할 수 있게 되었고, 제3자는 공개된 기술정보를 쉽게 파악할 수 있어서 투자의 중복을 막을 수 있게 되었다.[32]

특허는 소송에서 가치를 발휘한다

특허의 가치평가는 기술 거래와 투자유치에서 중요한 이슈다. 잠시 특허를 무기로 경쟁사와 사활을 걸고 벌이는 소송전을 떠올려 보자. 에디슨의 전구와 폴라로이드의 즉석카메라, 애플과 삼성전자의 스마트폰 소송에서도 일관되게 파악할 수 있듯이,[33] 혁신기업은 경쟁사를 견제하기 위해 자사의 특허를 총동원하여 소송전을 벌인다. 따라서 특허소송은 기업이 시장을 지키기 위한 최후의 수단이고, 오랫동안 준비한 특허가 진가를 발휘할 절호의 기회가 될 수 있다.

만약 어떤 기업이 새로운 시장에 진출하려고 한다면, 경쟁사와 특허를 놓고 소송을 치를 각오를 해야 할 것이다. 그리고 소송에서 이기려면, 특허의 청구범위가 매우 중요하다. 소송이 시작된 후 제기될 특허의 무효 주장(무효심판)과 비침해 주장(권리범위확인심판)에서 청구범위

32) 동아일보, "에디슨 특허권이 기술경쟁 불렀듯, 지식재산이 스타트업 성장열쇠", 2019. 6. 11.: "암 치료 등 현대 인류의 발전이 이전 인류가 이룬 업적보다 큰 이유는 지식재산권 같은 인센티브가 있었기 때문입니다."(안드레이 이안쿠 미국 특허상표청장)
33) 전기억 외, 〈특허부자들〉, 타커스, 2013.

특허소송의 개요

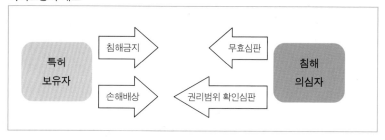

가 결정적 역할을 하기 때문이다. 그러나 미래에 일어날 소송에 맞춰 청구범위를 적절히 작성하는 것은 불가능에 가깝다. 누가 미래에 일어날 일을 예측할 수 있겠는가? 따라서 특허소송의 승자는 소송이 끝나봐야 알 수 있으며, 현재로서는 승리 가능성을 높이는 방법밖에 없다.

선행기술 검색의 중요성

일반적으로 청구범위가 넓으면 특허의 가치도 높다. 그러나 청구범위를 넓히면 그만큼 선행기술이 많아지게 마련이다. 아무리 좋은 기술이라도 출원하기 전에 동일하거나 유사한 선행기술이 있으면 특허를 받을 수 없다. 더구나 선행기술을 모르고 특허를 등록받게 되면, 더욱 곤란한 상태에 빠질 수 있다. 소송이 한창 진행 중일 때 특허의 등록이 무효가 될 수 있기 때문이다. 특허가 무효가 되면, 그 특허는 처음부터 없었던 것이 된다.

따라서 특허권자도 선행기술에 신경을 써야 한다. 소송에서 선행기술은 대부분이 선행특허다. 선행특허란 특허의 등록에 직·간접 영향을 미치게 될 모든 특허들을 말한다. 국내 특허는 물론 세계 어느 나라의 특허도 해당된다. 특허 심사와 심판을 오랫동안 해온 경험에 의하면, 사람들이 생각하는 방식은 대동소이하다. 어떤 기술이 비록 우리나라에 없더라도 다른 나라 어딘가에 있을 수 있다.

물론 그 기술 내용은 특허제도의 기본 원리에 따라 이미 일반에 공개되어 있다. 만약 이미 등록된 특허가 있는데도 아무런 대비 없이 연구개발을 수행한다면, 안타깝지만 그 성과인 특허는 보호받지 못할 수 있다. 다시 말해 기술은 보유하더라도 특허권 확보에 실패하거나, 소송 과정에서 그 특허가 무효가 될 가능성이 크다.

선행특허가 있다고 미리 포기할 필요는 없다. 이미 공개된 특허를 토대로 다른 기술을 개발하면 된다. 기존의 특허보다 나은 기술을 확보하는 것도 바람직하지만, 문제의 특허를 회피하거나 우회하는 것도 고려해볼 수 있다. 이도저도 아닐 때는 선행특허를 이용한 기술인 응용특허[34]에 관심을 가지는 것도 방법이다.

---

34) 이용관계에 있는 특허

특허 중심의 R&D 수행

특허 정보는 연구개발을 성공으로 이끄는 안내자와 같다. 운전경로를 최단거리로 안내해주기도 하고(중복 투자 방지), 도로가 막히면 우회로를 찾아주거나(대체기술과 공백기술 탐색), 주유소의 위치, 도착시간과 제한속도 등 다양한 정보를 미리 알려줘 낯선 지역에서도 목적지에 쉽게 도착할 수 있게 길을 안내해 준다(연구 방향 제시).

논문이나 다른 간행물과 비교할 때 특허 문헌은 더 풍부한 정보를 제공한다. 특허는 경제적 이익을 추구하는 지식재산으로서 어떤 자료보다 기업 활동과 시장경제에 더욱 민감한 정보를 많이 담고 있다. 또한 특허 문헌은 말 그대로 빅데이터다. 그동안 여러 나라에 5억 3,000만 건이나 되는 정보가 축적됐고,[35] 해마다 수백만 건 이상이 새롭게 공개되고 있다. 만약 누군가가 특허 문헌을 찾아보지 않은 채 기술을 개발하려고 한다면, 70% 이상의 선행기술은 파악하지도 못한 채 연구를 수행하는 꼴이 된다. 그런 경우에는 비록 기술을 개발했다 하더라도 특허로 보호받을 가능성이 낮아진다.

기업의 특허 활동에서 특허에 대한 동향을 파악하는 것이 매우 중요하다. 평소 관심을 기울이더라도, 특허 데이터의 방대함 때문에 선행특허를 빠뜨릴 수 있는데, 특허 경쟁사가 문제의 선행특허를 보유하고 있는 경우라면, 큰 문제가 될 수 있다. 이 기업과 소송이라도 붙으

---

35) 매일경제, "R&D 효율성, 특허전략에 달려 있다", 2023.11.13.

면 더욱 불리한 상황이 된다. 경쟁사가 선행특허를 보유하고 있지 않은 경우라면, 그 선행특허는 경쟁사의 특허를 무효시키는 증거로 사용할 수 있다.

특허 문헌이 전체 기술 문헌에서 차지하는 비중

미국 특허청이 1967년부터 5년간 공개된 특허 435개를 대상으로 조사한 결과, '특허 문헌에 공개된 기술의 71%는 논문이나 저널 등 비특허 문헌에 공개되지 않은 것'[36]으로 나타났다. 화학 분야에 한정하여 조사한 결과지만, 다른 분야도 크게 다르지 않을 것이다. 또한 1997년 독일의 막스프랑크 연구소에 따르면, '신지식의 75%가 특허 문헌으로만 공개된다'고 한다. 위의 두 조사는 큰 시차가 있고 조사한 대상과 수행기관이 다름에도 불구하고 비슷한 결과, 즉 공개된 기술 문헌의 70% 이상이 논문이나 다른 간행물에 실리지 않는다는 것을 보여준다.

캡슐 내시경 소송 사건

일반인이 특허소송을 이해하는 것은 만만치 않다. 특허소송의 경우 기술과 특허도 이해하기 어렵지만, 법률도 섞여 있어 더욱 난해해진다. 그러나 단순히 이론만 설명해서는 잘 와닿지 않으므로, 실제 소송 사례를 통해 선행특허를 파악하는 것이 얼마나 중요한지 알아보고자 한다. 여기서 소개할 사례는 어떤 특허전략에 관한 책[37]을 읽으면서 처음 알게 되었고, 이후 이 사건에 참여했던 변리사와 전화 통화를 통

---

36) 조사기관: 미국 특허상표청 Technology Assessment Forecast (출처: Information Retrieval in Chemistry and Chemical patent Law, 1983)
37) 이민재, 〈손자병법 특허병법〉 중 "허를 찌르는 역전의 창", 북콘서트, 2013, pp.178-187.

해 선행특허에 관한 정보도 파악할 수 있었다.

이 사건은 2009년 독일의 한 지방법원에서 시작되었다. 유럽 시장을 장악하고 있던 글로벌 기업이 독일에 진출해보려는 우리 벤처기업을 상대로 특허침해를 주장하며 소송을 제기했다. 우리 기업은 독일의 지방법원에서 이렇다 할 대응도 못 해보고 패소했다.

그러나 유럽 시장을 쉽게 포기할 수 없었기 때문에 그 기업은 항소법원에서 소송에 적극적으로 대응하기로 한다. 그리고 다행스럽게 본 특허를 무효시킬 수 있는 중요한 선행특허를 찾게 된다. 이를 바탕으로 독일 연방법원[38]에 현지 기업의 특허가 무효라고 주장하며 맞소송을 제기한다. 마침내 그 기업은 무효소송에서 승소하고, 지방법원에서 패소했던 침해소송도 뒤집게 되었다.

이런 경우 특허가 무효가 되면 가장 큰 충격을 받은 쪽은 특허를 가진 기업이다. 연구개발이 끝난 후라면, 더 큰 낭패가 아닐 수 없다. 기술을 개발하는 중에 선행특허를 알았더라면, 아마도 이를 회피하고 대체기술이나 공백기술을 확보하는 데 집중했을 것이기 때문이다. 그러나 선행특허가 있는지조차도 모르고 기술개발이 끝났거나, 이 사건의 경우와 같이 소송 중에 갑자기 떠오르게 되면 수습할 방법이 다 사라진 상태가 된다.

이 사건은 일반 내시경을 개선한 '캡슐 내시경'에 관한 기술을 둘러싼 소송이다. 캡슐 내시경은 1981년 이스라엘 국방성 산하의 한 연구

---

38) 독일에서 특허소송의 경우 침해금지는 일반 민사법원에서, 무효소송은 연방법원에서 관할한다.

기존의 내시경 장치

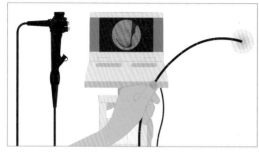

캡슐 내시경 구상도

출처 : 기븐이미징, SMIC Research Team

소에서 세계 최초로 개발되었고, 이후 이스라엘에 기반을 둔 기븐이미징과 일본의 올림푸스가 세계 시장을 장악하고 있었다. 한국의 벤처기업은 내시경에 대한 신기술과 특허를 바탕으로 이제 막 세계 시장에 뛰어든 상태였다.

기존의 내시경 장치는 수술하지 않고 인체의 여러 장기를 들여다볼수 있게 고안된 의료 기구이다. 한쪽 끝에 달린 초소형 카메라로 사진을 찍어 케이블을 통해 영상을 내보내면, 외부의 모니터로 볼 수 있게된다. 그러나 식도와 항문을 통해 내시경 장치를 삽입해야 하므로 환자가 느끼는 불쾌감과 고통이 매우 컸다. 캡슐 내시경은 이러한 문제를 해결하기 위해 고안된 기술로, 초소형의 캡슐 모양으로 제작되어환자가 알약처럼 입으로 삼키면 내장 속을 이동해 가면서 사진과 동영상을 찍어 무선통신으로 전송한다.

2013년 전 세계 내시경 시장은 49억 4,000만 달러(5.9조 원)에 이르렀다고 한다. 육류와 가공식품의 소비가 증가함에 따라 앞으로 소화기

135

계통의 질병이 더욱 증가할 것으로 예상됨에 따라 이 시장도 계속 성장할 것이다.[39]

이 소송에서 본 특허는 캡슐 내시경을 최초로 시장에 선보인 기븐이미징(GIVEN IMAGING)이 보유한 것으로 알려졌다. 그 기업은 2012년 당시 시장 점유율이 68.4%인 글로벌 회사였다. 반면 한국의 벤처기업은 시장 점유율 3.6%를 차지하는 신생 중소기업으로, 정부의 연구개발 자금을 지원받아 기술을 개발하고 창업하였다.

그들은 전력 소모량을 줄일 수 있는 인체통신 방식(HBC)을 적용한 캡슐 내시경으로 시장에 뛰어들었다. HBC는 신체를 통신 신호가 전달되는 매질로 이용하는 독창적인 통신 방식으로 기븐이미징이나 다른 경쟁사들이 이용하고 있는 RF 무선통신에 비해 전력 사용량을 줄일 수 있었다.[40] 당시 본 특허로 시장을 장악하고 있었던 글로벌 기업[41]은 한국의 벤처기업이 시장을 잠식할 위협적인 도전자라고 간주하고 사전에 견제할 필요가 있다고 생각했을 것이다.

먼저, 다툼의 대상이 된 본 특허[42]를 살펴보자. 종래의 캡슐 내시경은 소형의 캡슐 내에 화상센서(카메라), 송신기, 배터리 등 다수의 부품을 회로기판에 배치하고 전선으로 연결하여 접속시킨 다음, 좁은 캡슐

---

39) GBI Research, SMIC Research Team 1

40) 국내 기업은 캡슐 내시경에서 장기를 찍은 영상정보를 무선으로 송신할 때 소모되는 전력량을 줄일 수 있는 '인체통신방식(Human Body Communication)을 개발하여 국내특허 40개, 해외특허 2개를 확보하고, 2013년 12일자로 코스닥 상장되었다.(《손자병법 특허병법》, pp.181-182 참조)

41) 2014년 2월 27일 기븐이미징은 8억 6,000만 달러에 글로벌 소화기 내과 시장의 강자인 코비디엔(COV: Covidien Plc)에 인수되었다.

42) 유럽 등록특허공보 제1,418,833호, 출원일: 2002.6.18.

기본이미징의 제품

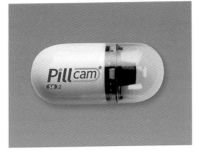

인트로메딕의 제품

안에 끼워 넣어야 했는데, 회로기판과 선로가 복잡하게 연결되어 있어서 대량으로 생산하기 곤란하다는 문제가 있었다.

발명자는 복수의 회로기판을 딱딱한 경질 부분과 유연한 연질 부분으로 나눈 다음 교대로 접어서 배치함으로써 문제를 해결했다. 소형의 캡슐에 삽입될 만큼 아주 좁게 쌓아 올린 직육면체 모양이 될 수 있도록 경질 부분 사이에 유연한 연질 부분을 두어 'ㄹ'자 모양으로 접었다. 또한 경질의 회로기판 사이를 연결하던 전선은 연질의 회로기판에 전기를 통할 수 있는 도전재료로 프린트하여 연결함으로써 복잡한 전선도 없앨 수 있게 되었다.

[청구항 1]의 구성요소

적어도 2개의 경질 부분(33, 35)과, 상기의 두 경질 부분을 연결해주는 연질 부분(32)과, 두 경질 부분(33, 35) 사이에 위치하는 1개 이상의 배터리(25)를 포함하는 회로기판을 구비하는 삼킬 수 있는 생체검출캡슐

[도면 2-4] 캡슐 내시경의 개략도

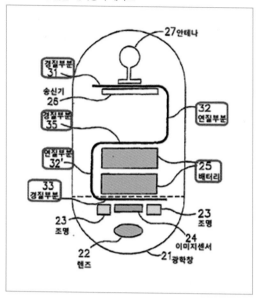

청구범위도 '딱딱한 경질의 회로기판 사이에 유연한 연질의 회로기판을 두어 접을 수 있도록 하고, 두 경질의 회로기판 사이에 배터리가 들어가도록 한 캡슐 내시경'으로 명시했다. 단순히 회로기판을 'ㄹ'자 형태로 만들고, 그 사이에 배터리를 배치한 것이 특징으로, 다수의 회로기판을 'ㄹ'자로 접어 배치하므로 차지하는 공간을 최대한 줄일 수 있는 효과가 있었다.

당시 좁은 캡슐 안에 다수의 회로기판을 집어넣기 위해서 'ㄹ'자 형태로 접을 필요가 있었고, 복잡한 전선은 연성의 회로기판 위에 선로를 프린트하여 배치하면 말끔히 해결할 수 있었을 것이다. 만약 이 특허가 무효가 되지 않았다면, 당시 기술로서는 대부분의 기업이 캡슐 내시경을 제작할 때 이 권리범위를 피해 갈 수 없을 정도로 권리범위가 넓고 광범위했던 것으로 판단된다.

이처럼 청구범위가 넓은 특허는 침해를 피해 가기 어렵다. 그러나 상대적으로 무효로 만들 수 있는 선행기술이 많아진다. 당시 한국의 벤처기업도 이 권리범위를 피해 가기 어려웠을 것이고, 대신 이 특허를 무효시키기 위해 선행특허를 검색하기로 마음먹었을 것이다. 독일을 포함한 대부분 국가의 특허법은 문헌에 명백히 기재되어 있기만 하면 선행특허를 세계 어디에서 찾았더라도 무효의 증거로 인정하고 있다. 한국 기업은 다행히 유력한 증거가 될 수 있는 선행특허[43]를 일본에서 찾아냈다.

선행특허와 대비

그럼 선행특허를 좀 더 살펴보자. 종래의 내시경 장치는 인체 내로 삽입되는 카메라 부분과 휘어지는 관(가요성, 유선)을 통해 인체 밖에서 영상을 모니터링할 수 있으나, 유선의 관이 환자의 목을 통과할 때 느끼는 고통을 없앨 수 없었다. 이 문제를 해결하기 위해 캡슐형의 카메라 부분을 두고 무선으로 신호를 송신하는 내시경을 발명하게 되었다. 선행특허도 일반 내시경의 문제점을 지적하고 캡슐 내시경을 새롭게

---

43) 일본 공개특허공보 제2001-091860호(공개일: 2001.4.6)

[도면 2-5] 선행특허의 캡슐 내시경 단면도

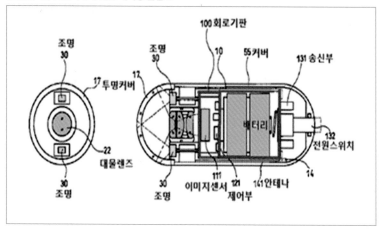

발명한 것으로 이 사건 특허와 동일하게 기재하고 있다.

선행특허는 이 사건의 특허가 출원되기 1년여 전에 공개된 것이다. 특허법에서는 특허를 내기 전에 이미 일반에 알려진 기술에 해당될 경우, 특허를 받을 수 없다고 규정하고 있다. 만약 심사 당시에 선행기술을 파악하지 못하여 잘못 등록되었다면, 소송으로 언제든지 무효가 될 수 있다.

[도면 2-6]을 참고하면, 선행특허에서 3개의 회로기판(110, 120, 130)은 접속띠기판(150)을 사이에 두고 서로 교대로 배치되고, 접속띠기판을 이용해 'ㄹ'자 모양으로 접어 캡슐에 삽입되도록 한다. 이 사건 특허의 연성 회로기판은 선행특허의 접속띠기판에 바로 대응되고, 접속띠기판도 구부릴 수도 있다고 해서 연성을 띠고 있음을 알 수 있다. 두 발명에서 회로기판과 회로기판 사이에 배터리를 두고 있는 점 또

[도면 2-6] 선행특허의 회로기판 전개도

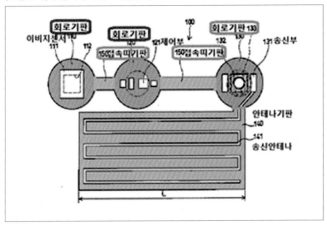

한 동일하다.

이 두 발명은 캡슐 내시경에 관한 것이라는 점에서 기술 분야도 동일하고, 회로기판을 구부리면 둥근 기둥 모양이 되어 캡슐 모양의 전기보유통(13)에 수납될 정도로 작아진다는 점에서 발명의 목적과 작용효과도 실질적으로 같다. 이 정도라면 이 사건의 특허를 무효로 만들기 어렵지 않아 보인다.

선행특허의 활용 전략

특허기업의 입장에서, 본 특허는 소송을 통해 자사가 점유한 시장을 지키는 데 아무런 역할도 하지 못하게 되었다. 2002년에 최초로 출원하고, 2009년 소송을 제기하기까지 무려 7년여 동안 특허를 관리해왔는데, 그동안 들어간 막대한 시간과 노고가 한순간에 수포가 된 것이다. 더구나 본 특허가 막대한 자금과 인력을 투자하여 얻은 연구 성과라면, 쓸모없는 연구개발에 중복하여 투자한 셈이 된다.

특허가 한번 무효가 되고 나면 이후 다시 회복할 방법은 없다. 그러나 기술을 개발할 당시 선행특허를 찾았더라면, 결과는 크게 달라졌을 것이다. 특허기업은 문제의 선행특허를 연구개발의 출발선으로 하여 대체하거나 우회하는 기술을 찾기 위해 캡슐 내시경 개발 계획을 일부 변경하여 더 나은 특허를 확보할 수 있었을 것이다.

해당 특허를 낸 지 10여 년이 지난 시점에서 보면, 회로기판을 소형으로 제작하는 기술은 다양하다. 소형의 칩 안에 다수의 회로를 집적하여 넣을 수도 있고, 다수의 회로기판을 직접 적층할 수도 있을 것이다.[44] 또한 모든 회로기판을 연질로 바꾸고 종이처럼 말아서 캡슐에 삽입하는 방법도 생각해볼 수 있다. 만약 특허기업이 선행특허를 극복하는 것을 목표로 기술을 개발했더라면 선행특허보다 우수한 대체기술도 창출할 수 있었을 것이다.

또한 선행특허를 낸 기업에 주목할 필요가 있다. 그 특허는 일본의 유명 광학기업이 출원한 것으로 확인된다. 그들은 자국에서만 출원하여 공개했을 뿐 특허로 등록조차 하지 않았으며, 유럽 등 다른 나라에서는 아예 출원조차 하지 않았다. 따라서 선행특허는 출원한 일본 기

---

44) 다층의 적층회로기판 기술과 시스템온칩(SoC) 기술

연성 회로기판

업은 물론 누구나 사용할 수 있는 자유기술인 것이다. 다시 말하자면, 선행특허를 일본 내에서 실시하더라도 침해 소송을 걱정할 필요가 없다. 따라서 누군가 캡슐 내시경 기판을 소형화하여 생산하고자 한다면 선행특허를 기반으로 시작하는 것이 훨씬 유리했을 것이다.

5. 국내 100억 원대 소송 사건들

우리 주변에서 발명과 특허를 기반으로 성공한 기업을 찾아보기는 쉽지 않다. 에디슨의 전구는 너무 오래된 미국 이야기이고, 스티브 잡스의 스마트폰은 기술이 너무 어려워 이해하고 공감하기가 쉽지 않다.

여기서는 최근 우리 기업이 발명과 특허로 세계적 관심을 받았거나, 100억 원 이상의 소송 사건에서 이슈가 된 사례를 찾아 그 기술의 특징을 분석해보려 한다. 더불어 특허제도가 우리나라에서 본래의 목적을 달성하는 데 충실한 역할을 하고 있는지도 살펴보고자 한다.

100억대 특허소송, '얼음 정수기'

2015년, 코웨이가 청호나이스의 얼음 정수기 특허[45]를 침해했다며

---

45) 국내 등록특허공보 제10-0729962호(등록일 2007.6.13.)

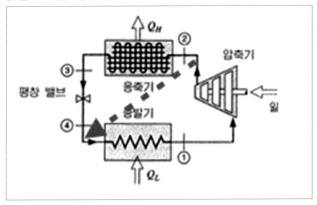

[도면 2-7] 4단계 냉동 과정 설명도

100억 원을 배상하라는 지방법원 판결이 나와 세상을 깜짝 놀라게 했다.[46] 이후 7년 만인 2023년, 항소심 재판부는 코웨이가 청호나이스의 특허를 침해하지 않았다며 지방법원의 판결을 완전히 뒤집었다. 이 침해소송의 최대 쟁점 역시 청호나이스 얼음 정수기 특허가 무효인지 아닌지이다. 청호나이스가 처음 침해소송을 제기할 당시, 코웨이도 이 사건의 특허에 대한 무효를 주장하며 맞소송으로 대응했다. 소송 과정에서 청호나이스는 청구범위를 좁혀 최종적으로 특허가 무효가 되는 상황은 피할 수 있었다. 그러나 코웨이가 그 특허를 침해했으므로 손해를 배상해야 한다는 판결까지는 가지도 못했다.

그럼 본 발명에 대해 살펴보자. 일반적인 얼음정수기는 압축기, 응축기, 팽창밸브, 증발기로 구성되고, 냉동 과정은 팽창밸브를 통해 유입되는 냉매가 증발기에서 팽창하면서 주위로부터 열을 흡수하는 방

---

46) 파이낸셜뉴스, 청호나이스 '100억 얼음 정수기 특허' 승소, 2015.2.13.

[도면 2-8] 이 발명의 설명도

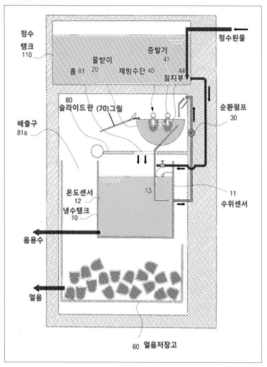

식으로 진행된다(기화열: 액체→ 기체). 과거 얼음 정수기는 얼음과 냉수를 얻기 위해 각각의 증발기(2개)를 사용해왔지만, 본 발명은 얼음과 냉수를 한 개의 증발기만을 사용하여 제공하는 것을 목적으로 한다.

[도면 2-8]을 보면, 본 발명의 기본 원리는 물받이(20)에 침지부(44)를 담가 얼음을 만든 후 물받이를 회전시키면, 그릴(70)과 슬라이드판(80)에 의해 탈빙된 얼음은 얼음저장고(60)로, 차가워진 물과 일부 얼음조각은 냉수탱크(10)로 분리되어 쏟아지게 하는 것이다. 결과적으로 얼음과 냉수가 물받이(20)에서 동시에 만들어지므로 하나의 증발

[도면 2-9] 선행발명 1의 설명도

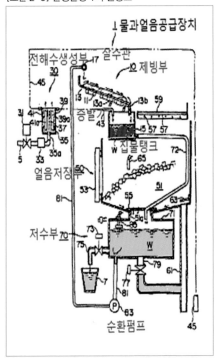

기만 있으면 된다. 또한 물받이(20)가 회전할 때 얼음과 냉수를 분리하
는 동작을 하기 위해 물받이에 그릴(70)을 결합시키는 부분에 기술적
특징이 있다.

선행발명 1은 알카리성 전해수(이온수)와 함께 얼음을 공급할 수 있
는 장치를 제공하기 위한 것으로,[47] 일단 전해수 생성부(30)를 추가로
구비하고 있다는 점에서 본 발명과 차이가 있다. 이온수가 살수관(17)

---

47) 일본 공개특허공보, 특개평 6-347147(공개일: 1994.12.20), '전해수 및 전해얼음의 공급장
치'

[도면 2-10] 선행발명 2의 설명도

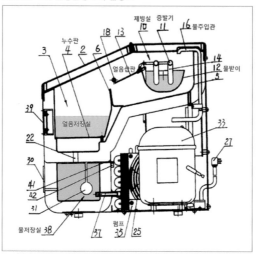

에서 흘러나오면, 제빙부(10)에서 얼음이 생성되고 흐르는 물은 냉각되어 집수탱크(15)에 모이게 된다. 정리하면, 선행기술 1도 하나의 증발기에서 얼음과 냉수가 동시에 생성된다. 그러나 선행발명 1에는 물받이(20)가 없어서 흐르는 물에서 얼음을 얼리는 유하식 제빙법을 사용한다. 당연히 물받이와 결합되어 회전하는 그릴(70)에 대한 구성도 없다.

선행발명 2는 부피가 작고 구조가 합리적인 자동 제빙기의 물받이 구조에 관한 것이다.[48] 반원형이고 회전할 수 있는 물받이(12)를 두어 제빙이 끝날 때 물받이가 회전하면서 얼음은 얼음저장실에 남기고, 냉

48) 중국 실용신안전리명세서, CN 2387482(공고일: 2000.7.12.), '제빙기의 뒤집개판 기구'

수는 누수판(4)과 관통공(22)을 거쳐 다시 물저장실(38)로 보낸다. 또한 얼음삽판(13)을 두어 물받이가 회전하면 얼음을 얼음저장실(3)로 쏟아지게 한다.

그러나 선행발명 2는 제빙기에 관한 발명으로 냉수를 공급하는 기능이 없다. 또한 얼음 일부를 물저장실로 보내는 슬라이드판에 대응되는 구성도 없다. 특허법원은 선행발명 1의 물받이와 그릴에 대한 구성은 선행발명 2의 물받이와 얼음삽판으로 볼 수 있으며, 선행발명 1의 얼음 정수기와 선행발명 2의 제빙기 관련 기술을 결합하면 이 발명을 용이하게 발명할 수 있다고 보았다. 즉 무효로 판결한 것이다.

이 사건은 특허의 무효에 대한 대법원의 판결을 앞두고 있다. 특허법원의 판결에서 중요 쟁점이었던 그릴이 선행발명 2의 얼음삽판 및 동작과 차이가 있다는 점, 물받이가 없는 선행발명 1에 물받이가 있는 선행발명 2의 결합이 쉽다고 판단한 점 등에 대하여 법리의 적용에 잘못이 있는지가 주요 쟁점이다.

대부분의 무효소송과 같이, 이 사건의 가장 큰 쟁점은 선행발명 1과 2를 결합하여 해당 기술을 쉽게 발명할 수 있는지 여부다. 이 특허의 발명자가 제품을 개발할 당시, 무효소송에 등장하는 선행발명 1과 2의 존재를 알지 못했을 수도 있다. 나아가 본 발명은 각각의 선행발명과 일부 구성에 차이가 있다. 따라서 선행발명 1과 2의 구성을 조합하여 이 기술을 쉽게 발명할 수 있다고 하면 발명자는 쉽게 수긍하지 못할 것이다.

이 사건에서도 알 수 있듯이, 신제품을 개발하는 담당자가 반드시

기억해야 할 것은 선행기술을 충분히 검색해야 한다는 것이다. 비록 선행기술의 존재를 알지 못했다 할지라도 이를 이유로 무효를 막을 수는 없다. 심지어 새로운 구성이 추가되었더라도 다른 선행기술과 조합하여 쉽게 발명할 수 있다고 하면 언제든지 특허가 무효가 될 수 있다는 사실에 유의해야 한다.

한 기업이 신제품을 시장에 내놓은 것은 미지의 위험을 감수하고 도전하는 것과 같다. 따라서 특허를 기반으로 사업하는 기업가에게 특허가 무효가 되는 것은 회복할 수 없는 피해를 보는 것과 마찬가지다. 어느 정도 시장이 형성되어 가는 순간에 특허가 무효가 된다면 경쟁사들의 무임승차를 막을 수 없게 되기 때문이다.

특허로 지킨 밥솥 시장

국내에서 경쟁하는 기업 간에 특허를 무기로 시장을 지켜낸 사례를 찾아보기는 쉽지 않다. 이번에 소개할 사건은 시장에서 1~2위를 다투는 기업들이 벌인 100억대의 손해배상 소송이다. 바로 국내 전기압력 밥솥 시장의 1~2위 기업인 쿠쿠전자와 쿠첸 간의 특허전쟁이다.[49] 국내 특허소송 가운데 보기 드물게 거액의 배상금이 걸린 소송이어서 사회적으로도 관심이 컸다. 물론 피소된 기업도 특허의 무효로 맞소송

---

49) 헤럴드경제, '밥솥전쟁' 벌이는 쿠첸, 특허소송 패소⋯쿠쿠전자에 35억 배상 판결, 2019.8.30.

을 제기하며 2013년부터 6년간 치열한 법정 싸움을 이어갔지만, 결국 무효시키지 못했다.

　처음 쿠쿠전자가 '분리형 커버 감지장치' 등의 특허로 침해금지의 소송을 제기하자 경쟁사인 쿠첸이 바로 그 특허의 무효를 주장했다. 권리자인 쿠쿠전자는 침해소송의 가처분 청구는 인정받지 못했지만, 이후 무효소송은 특허심판원과 특허법원, 대법원에서 모두 승리하며 권리를 방어하는 데 성공한다. 그렇다면 쿠쿠전자가 보유한 특허가 무효소송에서 흔들림 없이 살아남을 수 있었던 요인은 무엇일까?

　기존의 압력밥솥은 고압을 버틸 수 있도록 내솥과 뚜껑의 커버를 단단히 잠그는 것이 중요하다. 그러나 내솥은 밥솥에서 분리되지만, 커버는 뚜껑과 일체로 되어 있어서 분리하여 씻을 수 없었다. 쿠쿠전자는 소비자들의 목소리를 통해 이러한 문제점을 파악했고 뚜껑과 커버를 분리하여 씻을 수 있으면 좋을 것이라고 생각했다. 동시에 뚜껑에 커버가 제대로 결속되지 않을 경우, 내솥과 커버가 아예 잠금이 되지 않게 하는 물리적 장치를 둠으로써 제품의 안전성도 높일 수 있을 것으로 판단했다.

　이에 따라 이들은 일단 커버를 뚜껑에서 분리할 수 있게 하고, 뚜껑에 커버가 완전하게 결속된 때에만 내솥과 커버가 잠길 수 있게 하는 기계적 구조를 고안하고자 했다. 그 결과 그들의 신제품은 위생성과 안전성을 동시에 높였다는 평가를 받으며 소비자에게 좋은 반응을 얻었다. 그럼 공개된 특허 정보를 통해 해당 발명의 구체적인 내용을 살펴보자.

[도면 2-11] 쿠쿠전자의 기존 전기압력밥솥 설명도

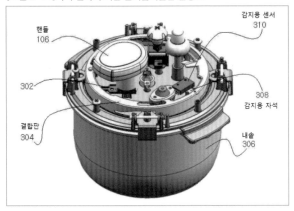

[도면 2-11]을 보면, 기존 제품은 밥솥의 뚜껑이 내솥과 단단히 결속될 수 있도록 결합판(304)을 따로 두고 핸들(106)을 돌려서 내솥과 결합판이 잠길 수 있게 되어 있었다.[50] 또한 감지센서(310)를 두어 핸들의 잠금과 해제 상태를 소비자에게 알려주고, 동시에 잠금상태를 제어부에 전송해서 완전히 잠기지 않은 상태에서는 취사할 수 없게 했다. 그러나 뚜껑에서 커버를 분리하여 씻을 수 없다는 위생상의 문제가 제기되었고, 센서로 잠금 상태를 파악해야 하는데 민감한 전자부품인 센서의 작동 오류 등에 취약하다는 문제가 있었다.

이러한 문제를 해결하기 위하여 본 특허는 첫째, 본체와 일체로 된 뚜껑에서 뚜껑을 분리할 수 있게 하고 둘째, 내솥 뚜껑이 본체 뚜껑에서 분리되어 있을 때 잠금테의 회전을 막는 로킹수단을 두며 셋째, 로

---

50) 국내 등록실용신안공보 제20-406980호, '잠금표시 램프를 구비한 전기압력밥솥'

[도면 2-12]

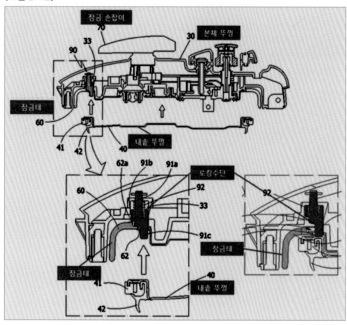

킹수단에 의해 잠금 손잡이를 돌릴 수 없게 했다는 점에 특징이 있었
다.[51]

그 결과 내솥 뚜껑은 분리하여 세척할 수 있게 되었을 뿐만 아니라
내솥 뚜껑이 결합되어 있지 않으면 잠금 손잡이가 돌아가지 않게 하
여 취사가 이루어질 수 없게 했다. 또한 센서 같은 전자장치 없이 기계
적인 방식으로 취사 동작을 제어할 수 있게 되었다. 이 발명을 통해 기
존 압력밥솥에서 뚜껑의 세척 문제를 해결하면서 동시에 센서 없이
기계적 장치만으로 안정적인 취사 동작을 제어할 수 있게 된 것이다.

---

51) 국내 등록특허 제878255호, '안전장치가 구비된 뚜껑 분리형 전기압력 조리기'

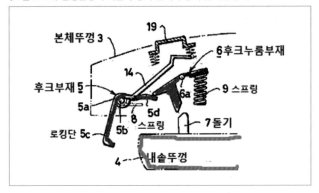

이에 대응한 선행기술은 본체 뚜껑에서 내솥 뚜껑을 분리할 수 있는 구조를 가진 전기밥솥에 관한 것으로, 압력밥솥은 아니다.[52] [도면 2-13]을 보면, 내솥 뚜껑(4)을 장착하면 돌기(7)에 후크누름부재(6)를 움직여 후크부재(5)가 내솥 뚜껑이 밥솥 본체와 로킹할 수 있는 상태가 되고, 내솥 뚜껑(4)이 분리되면 후크부재(5)가 열린 상태가 되어 내솥 뚜껑과 밥솥 본체(내솥)가 로킹할 수 없게 된다.

선행발명의 경우, 내솥과 내솥 뚜껑이 후크부재(5)만으로 걸리게 되어 있어서, 잠금상태가 약해도 큰 문제가 되지 않을 수 있는 전기밥솥에 적합한 구조이다. 그러나 본 특허는 내솥 주변을 회전하는 잠금테와 회전력을 제공하는 잠금손잡이가 없으므로, 압력에 버틸 수 있도록 내솥과 내솥 뚜껑을 강하게 잠가야 하는 압력밥솥에 적합한 구조가 아니다.

---

52) 일본 공개특허공보 제2001-198003호, '밥솥의 내솥뚜껑 누락방지기구'

[도면 2-14] 내솥 뚜껑이 본체 뚜껑과 결합된 상태

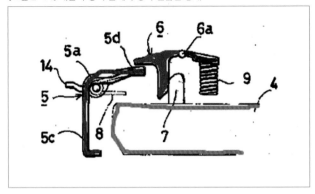

　법원은 다수의 선행기술을 종합적으로 검토해보더라도 쿠쿠전자의 분리형 커버 기술에 대한 특허가 무효가 아니라고 판단했다. 또한 피고의 제품이 특허를 침해한 책임을 물어 쿠첸이 쿠쿠전자에 35억 원을 배상해야 한다고 판결했다. 국내 특허소송에서 일관되게 특허성을 인정받고, 거액의 배상금까지 받아낸 사건은 매우 이례적이다. 따라서 이 소송의 특허는 기술혁신과 특허로 시장을 지키려는 기업에 귀감이 될 만하다.

　쿠쿠전자는 이 특허소송을 통해 압력밥솥의 위생성과 안전성을 높여 달라고 요구하는 소비자의 니즈에 맞춰 기술개발에 매진한 기업으로 인정받게 되었다. 반면 쿠첸은 분리형 커버 기술을 적용한 압력밥솥을 더 이상 생산하거나 판매를 할 수 없게 되었다.

　다만 쿠첸이 분리형 커버를 가진 압력밥솥을 생산할 수 없는 것은 아니다. 잠금테와 핸들을 가진 기존의 압력밥솥에 대한 특허는 이미 권리가 소멸되어 누구나 실시할 수 있는 자유 기술이 되었다. 또한 내

솥의 뚜껑이 본체 뚜껑과 분리될 수 있게 해도 된다. 다만 본 발명의 특징인 내솥 뚜껑이 본체 뚜껑과 분리되었을 때, 별도의 센서 없이 잠금테가 회전할 수 없게 하는 로킹수단을 대체하거나 우회할 수 있는 기술이 필요하다. 특허제도는 다양한 기술개발을 통해 대체 또는 우회 특허를 허용하고 있으며, 특허기술의 성공은 시장에서 소비자들의 선택에 의해 결정되는 것이다.

국내 기업이 시작한 의류관리기

의류관리기는 국내 기업이 최초로 시장에 내놓았고 세계로 뻗어가고 있는 자랑스러운 발명품이다. 과거 MP3 플레이어, 김치냉장고 등과 함께 당당히 원조로 이름을 올렸다. 처음 의류관리기는 빨랫감이 세탁기와 건조기를 거치는 과정에서 생긴 구김과 냄새, 악취 등을 제거할 필요에 따라 연구되기 시작하였다.

의류관리기는 시장에 출시되고 한참 동안 소비자들의 관심을 끌지 못했다. 그러다가 미세먼지와 황사가 이슈가 되면서 시장이 커졌고, 코로나19 바이러스가 크게 퍼질 때, 감염을 막기 위해 의류를 소독해야 할 상황까지 벌어지면서 재차 시중의 관심이 커졌다. 현재는 스타일러와 에어드레서, 의류청정기 등 다양한 이름으로 널리 알려지며 글로벌 가전 기업들이 대거 참여하고 있다.

의류관리기는 입던 옷을 매일 세탁하지 않고도 쾌적하게 관리할 수 있다는 장점 때문에 사람들 사이에서 입소문을 타고 빠르게 퍼져나갔다. 이제 시장도 급성장하여 국내에서만 2020년에 매출이 4,000억 원을 넘어섰다.[53] 생활가전 시장에서 의류관리기는 세탁기, 건조기와 더불어 필수 가전제품이 되면서, 최근에는 미국과 중국 등 20여 개 국가로 시장이 확대되었다.

지금부터는 의류관리기가 특허의 관점에서 기술적으로 발전해가는 과정을 살펴본다. 한 기업의 특허를 분석해보면, 그 기업의 경영전략도 유추해볼 수 있다고 했다. 당연히 기업의 경영전략은 비밀이지만, 공개된 특허 정보는 그 기업이 어떤 기술에 집중하여 연구개발하였는지, 특허와 지식재산권을 어디까지 확보했는지, 향후 어떤 분야로 진출할 예정인지 등을 파악하는 데 좋은 단서가 될 수 있다. 그러나 기업의 경영전략은 명확히 확인할 수 없고, 그 기업의 특허와 산업재산권 등이 반드시 일치하는 것도 아니라는 점은 감안해야 한다.

특허공보는 발명이 이루어진 시기와 기술적 문제점, 구체적인 해결수단이 상세히 기재되어 있는 역사적인 기록물이다. 의류관리기 분야의 특허공보를 보면, 대규모 기업이 독자적인 기술과 특허권 확보를 위해 치열하게 경쟁하면서 이 분야의 산업도 차츰 성숙단계로 접어들고 있음을 알 수 있다.

앞에서 살펴본 다른 발명품들과 같이, 의류관리기도 발명의 실마리가 될 만한 선행기술이 있었다. 40여 년 전인 1980년에 일본에서 '의

---

53) 특허청 보도자료, '의료관리기 특허출원, 우리나라가 세계 1위', 22.4.25.

류증기마감실'이라는 명칭으로 실용신안이 출원되었는데, 이것이 위류관리기의 시초라고 볼 만하다. 고안의 목적을 확인할 수는 없으나 증기발생장치(3)와 온풍발생장치(4)를 구비하고 지지부재(13)에 의류를 비치한 후 증기와 온풍을 쐬어 의류를 마감 처리하는 것을 특징으로 한다([도면 2-15], 도면 [2-16] 참조).[54] 이 발명은 현재 의류관리기가 가진 기본적인 구성, 즉 한정된 공간에 온풍 및 증기 발생 장치 등을 갖추고 있다. 그러나 이 발명이 시장에 제품으로 출시되었는지는 확인할 수 없다. 또한 그 권리조차 소멸한 지 오래되었다.

그 후 25년이 지난 2005년이 되어서야 우리나라에서 '의류재생장치'라는 명칭으로 특허가 출원되었다.[55] 엘지전자가 처음 세탁과 건조 과정을 거치며 생긴 옷감의 구김을 없애고 냄새나 악취를 제거하기 위해 개발하기 시작했다.

본 발명([도면 2-17] 참조)은 다수의 선반(15)을 지그재그로 배치함으로써 증기가 유로를 따라 흐르며 선반에 쌓여 있는 세탁물에 골고루 스며들게 함으로써 한 번에 많은 양의 세탁물을 처리할 수 있게 한 것을 특징으로 한다. 선행기술과 비교해보면, 선반을 다층으로 지그재그로 배치한 점에서 구성의 차이가 있고, 세탁과 건조가 끝난 의류를 한 번에 대량으로 처리하는 효과를 인정받은 듯하다.

선행기술에 새로운 구성을 추가하거나 대체 또는 변경하고 그 효과가 현저하게 발휘되는 것이어야 특허로 등록받을 수 있다. 그런데 본

---

54) 일본 공개실용신안공보, 소55-126286(공개일: 1980.9.6.)
55) 국내 등록특허공보 10-0658843(등록일: 2006.12.11.)

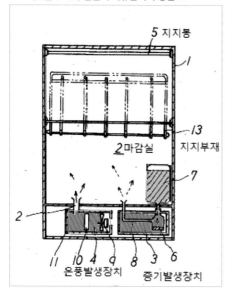

[도면 2-15] 일본의 의류관리기 정면도

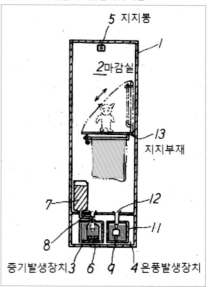

[도면 2-16] 일본의 의류관리기 측면도

발명은 25년 전 선행기술의 구성을 모두 포함하면서 하나의 지지부재를 여러 개의 선반으로 대체하고 있다. 일반 가정에서 세탁과 건조가 끝난 의류에 남은 냄새와 구김 등을 한 번에 처리할 필요가 있다는 소비자의 니즈를 해결했다는 점에서 그 의미를 부여할 수 있다.

여기서 중요한 것은 선행기술에 대한 조사다. 누군가 새로운 제품을 개발하고자 할 때 각국에 공개된 특허 정보를 찾아보는 것이 연구의 좋은 나침반이 될 수 있다. 그러나 선행특허의 존재를 모르고 제품 개발을 시작한다면, 아마도 중복 연구로 인한 시행착오를 피하기 어려울 것이다. 실무상 선행발명을 찾아보지 않고 유사한 특허를 출원하여 거절당한 사례도 심심치 않게 보았다.

[도면 2-17] 엘지전자 의류재생장치

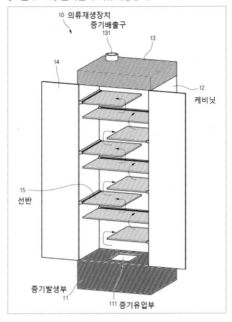

그 이후 의류관리기가 시장에 나오기까지 또다시 6년의 세월이 흘렀다. 그들은 독자적인 기술을 확보하기 위해 연구도 계속하고 특허 수도 늘려가며 경쟁력을 쌓아갔을 것이다. 아마도 엘지전자는 의류관리기를 시장에 내놓은 후 있을 수도 있는 경쟁사의 도전에도 대비해야 했을 것이다. 특허 정보를 살펴보면, 예상대로 의류관리기가 시장에 출시된 2011년 이후 여러 기업이 특허권 확보에 본격적으로 나서고 있음을 알 수 있다. 우리나라를 비롯해 미국, 중국 등에서 800건 넘게 관련 특허 출원이 이루어졌다.

엘지전자는 의류관리기를 최초로 시장에 내놓은 선두주자로서 특허 장벽을 튼튼히 쌓아온 것 같다. 그들은 옷감의 먼지를 털어내기 위해 옷걸이에 진동을 발생시키는 무빙행어 기술과 바지에 주름을 잡기 위한 다리미(프레서) 관련 특허기술에 집중하여 123건이나 출원하였다. 실제로 시장에 내놓은 의류관리기는 진동을 발생하는 무빙행어와 바지 등을 다릴 수 있는 프레서를 구비하고 있다.

예를 들어, 엘지전자의 2013년에 출원된 의류관리기 특허는 의류가 걸린 옷걸이 봉을 흔들어주는 무빙 동작에 특징이 있다.[56] 즉, 캐비넷 상부에 있는 모터가 회전하면서 옷걸이 봉이 왕복운동을 할 수 있도록 작동한다. 이에 따라 옷걸이 봉에 걸린 의류가 흔들리면서 먼지가 분리되어 바닥으로 떨어지고 탈취, 건조와 주름제거 등의 효과도 달성할 수 있다. 따라서 이 제품이 작동될 때 소비자들은 강한 진동을 느낄 수 있다.

무빙행어 기술은 이 특허를 통해 최초로 의류관리기에 적용되어 등록된 것으로 보인다. 그렇다고 옷감을 흔들어 먼지를 터는 의류관리기를 모두 권리범위로 하는 것은 아니다. 옷걸이 봉을 흔드는 방식이 다르다면 옷감을 흔들어 먼지를 터는 다른 대체기술도 권리로서 충분히 등록받을 수 있다.

반면 후발 참여자로서 삼성전자는 무빙행어 대신 의류에 강력한 바람과 증기를 내뿜어 먼지와 구김을 제거하는 공기스팀 샷 기술에 대한 특허를 41건이나 보유하고 있다. 최초 의류관리기 특허가 의류에

---

56) 특허등록 제10-1285890호, 의류처리장치

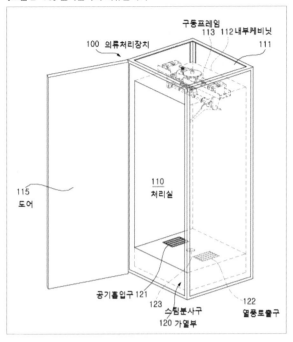

[도면 2-18] 엘지전자의 의류관리기

구동프레임
113 112 내부케비닛
100 의류처리장치
111
115
도어
110
처리실
공기흡입구 121
123 스팀분사구
120 가열부
122
열풍토출구

증기를 쏘는 방식이었다면, 이들의 발명은 의류에 쏘는 바람과 증기의
풍속을 높여 먼지를 제거하는 기술로 발전한 것이다.

2019년 출원된 삼성전자의 특허를 살펴보면([도면 2-19] 참조), 의류
를 건조하기 위한 열풍 공급 장치와 구김, 탈취, 정전기 등을 제거하기
위한 스팀 발생 장치를 구비하고 있으면서, 동시에 송풍기를 두어 열
풍과 스팀에 강한 기류를 발생시키고 송풍 유로를 만들어 의류에 쏘

[도면 2-19] 삼성전자의 의류관리기

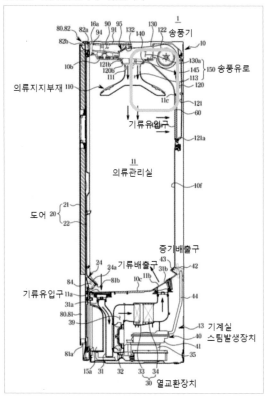

는 것이 특징이다.[57] 기존의 진동 방식 대신 송풍기를 두고 옷걸이를 중심으로 송풍 유로 등을 형성하여 센 기류를 쏘는 방식으로 먼지를 제거하고 주름을 펴는 새로운 의류관리 기법을 도입한 것이다. 이에 따라 의류관리실 내부에 빠른 공기 흐름이 발생하게 되므로 소비자들은 관리기 내부에서 발생하는 센바람 소리를 들을 수 있다.

---

57) 출원번호 10-2019-0153101 의류관리기

중국 하이얼도 다수의 특허를 확보해가며 의류관리기를 생산 및 판매하고 있다. 그들은 이미 권리가 만료된 특허기술 이외에 경쟁사의 제품과 차별화된 고유 기술을 확보하기 위해 노력하는 것 같다. 예를 들면, 코로나19 팬데믹의 영향을 받은 것으로, 병원균에 오염된 의류를 살균하는 기술에 집중하고 있다. 그들은 오존이 강력한 살균효과를 보이면서 인체에 해롭지 않은 가스라는 점을 이용하여 이를 옷에 직접 쏘는 기술에 주목했다.

지금까지 살펴본 의류관리기는 1980년부터 시작하여 지난 40여 년 간 800여 건의 특허가 출원된 것으로 보아 새로운 기술들이 쉼 없이 개발되었음을 알 수 있다. 개별 특허들을 뜯어볼 때 각각의 특허는 획기적 기술적 진보가 아니라고 생각할 수 있다. 그러나 기업별로 각자 다른 특징을 가진 제품을 내놓기 위해 새로운 기술을 찾아가며 경쟁하고 있는 것이 분명하다. 특허제도가 기업 간 기술혁신을 촉진하고 경쟁을 유도하고 있는 것으로 보인다.

특허권은 20년의 한정된 기간이 지나면 자동으로 그 권리가 소멸되고 누구나 자유롭게 실시할 수 있게 된다. 따라서 최초 의류증기마감실에 대한 특허는 소멸하였으므로, 의류관리기 내부에 의류 지지대, 증기 발생기와 온풍 발생기 등을 구비하는 것은 자유 기술이다. 앞으로 먼지와 주름을 제거하기 위한 기술로 등록된 무빙행어와 송풍 기류 등의 특허도 자유 기술이 될 것이다. 일정 기간의 독점적 지위를 보장한 이후 모두가 자유롭게 사용할 수 있게 한다는 점에서 결과적으로 특허제도가 기술 경쟁을 유도하여 산업의 발전을 앞당길 수 있는

의류관리기 분야 IP5 특허출원 동향

특허청, 보도자료, 2022.4.25.

것이다.

특허제도는 투자자를 보호하는 수단이다. 기업은 의류관리기 같은 신제품을 시장에 내놓을 때 새로운 시장을 개척해야 하는 위험을 감수해야 한다. 다시 말하면, 세탁기와 건조기만 사용하던 소비자들이 의류관리기도 구매할 수 있도록 관심을 끌어야 한다. 의류관리기 같은 혁신 제품은 개발하기도 어렵지만, 과거에 없던 시장도 새롭게 개척해야 한다는 부담도 있다. 모든 위험을 감수하고 신기술에 투자하는 기업을 보호하기 위하여 일정 기간 독점적 지위를 보장하는 사회적 조치가 필요하다. 만약 모방과 도용이 허용된다면, 새로운 기술에 대한 투자는 감소하고 새로운 시장을 개척하려는 도전들은 사라질 것이며, 기술혁신은 설 땅을 잃게 될 것이다.

제3장

표준특허의
가치와 전략

1. 표준특허의 가치와 전략

IT 강국과 특허 전략

우리나라는 자타가 공인하는 세계적인 IT 강국이다. 이러한 타이틀은 1980년대 디지털 교환기(TDX) 개발로 거슬러 올라간다. 그 이전에는 통화를 하기 위해 반드시 교환원을 거쳐야 했지만, TDX 기술을 개발하면서 모든 전화는 자동으로 연결되었다. 물론 TDX는 우리나라가 최초로 개발한 것이 아니다. 그러나 TDX의 국산화로 선진국만 누리던 전자식 교환 서비스를 우리나라의 일반 국민도 누릴 수 있게 되었다.

1977년부터 메모리 반도체(DRAM)는 우리에게 또 하나의 신화가 되었다. 미국과 일본이 DRAM 개발을 선도하던 시절, 우리나라는 겨우 반도체 분야에서 걸음마를 하는 단계였는데, 현재 초고집적 기술을 바탕으로 연간 수출액이 1,000억 달러를 넘어서며 자타가 인정하는 반

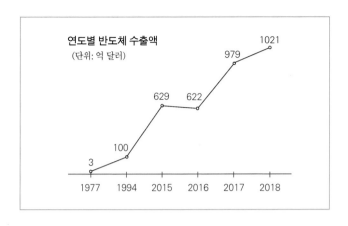

연도별 반도체 수출액

(단위: 억 달러)

1977: 3
1994: 100
2015: 629
2016: 622
2017: 979
2018: 1021

도체 강국이 되었다.[1]

　1990년대에 우리나라는 코드 분할 다중접속(CDMA) 방식을 최초로 상용화하면서 이동통신 강국으로 도약할 수 있는 계기를 마련했다. 훗날 LTE, 5G로의 발전을 우리 기업이 주도할 수 있었던 것도 모두 CDMA 기술이 든든한 발판이 되었기 때문이다. 처음 이 기술을 개발한 기업은 미국의 퀄컴이다. 그러나 당시 CDMA 방식은 세계 어디에서도 서비스하지 못하고 있었다. 그러던 중 우리나라가 퀄컴과 함께 CDMA 방식을 채택하고 서비스할 수 있도록 상용화하는 데 앞장섰다. 그러는 사이 퀄컴은 다수의 특허를 확보하게 되었는데, 그중에 국제기관들이 설정한 CDMA 표준을 구현하는 데 필수적인 특허[2]들도 다수

1) 이투데이, 한국, 반도체 세계 역사의 한 획을 긋다⋯세계 최초 수출 1,000억 달러 돌파, 2018.10.25.
2) 표준필수특허(SEP, standard essential patent) 또는 이를 줄여 표준특허라 한다.

포함되어 있었다.

미국의 시장조사기관 SA에 따르면, 퀄컴의 CDMA 칩에 대한 시장 점유율은 2008년 98.4%, 2015년 83.1%로 나타났다. 말하자면 10개의 단말기 중 8개 제품에서 그들의 칩을 사용하고 있는 셈이다. 퀄컴은 2015년에 251억 달러의 매출을 올렸는데, 그중 특허료가 차지하는 비중이 30%로 79억 달러(10조 원)에 이른다고 한다. 당시 우리 기업들도 퀄컴에게 특허료로 연간 1조 원을 넘게 냈다고 한다.

퀄컴은 몇몇 국가들로부터 특허권을 남용했다는 이유로 제재를 받았다. 그들은 경쟁기업인 다른 칩 제조사에는 RAND 조건[3]을 적용하기를 거부하며 특허 사용을 허락하지 않았고, 대신 휴대폰 제조기업에만 허용하는 방식으로 통신칩에 대한 시장 지배력을 부당하게 키워왔다고 한다. 또한 휴대폰 제조기업에는 칩 공급을 볼모로 그 기업이 보유한 특허권을 무상으로 사용할 수 있게 강요했다고도 한다.[4] 2009년 일본 정부도 퀄컴이 특허권을 제공하는 대가로 휴대폰 제조사가 보유한 표준특허의 실시권을 요구하는 행위에 대해 시정하도록 조치했다. 2015년 중국 국가발전개혁위원회는 퀄컴의 특허권 남용에 1조 원의 과징금을 부과했다. 2016년에 퀄컴은 우리나라에서도 1조 원이 넘는 과징금을 부과받았다. 또한 미국과 EU, 대만 등도 퀄컴의 특허권 남용에 대한 혐의를 조사하고 있는 것으로 알려졌다.

---

3) FRAND(Fair, Reasonable And Non-Discriminatory) 조건은 '공정하고, 합리적이고, 비차별적인 조건'을 의미하는 말이고, 근래에 공정함(Fair)은 합리성에 포함시킬 수 있는 개념으로 보아 RAND라고 말하기도 한다

4) 연합뉴스, '특허권 독점으로 성장한 퀄컴… 연간 사용료 수입만 10조원', 2016.12.28.

기술이 있는 곳에 특허가 있다

앞에서 살펴본 바와 같이, 우리나라는 IT 강국이다. TDX, DRAM, CDMA 등 IT 기술도 시간이 흘러가면서 그 수준이 크게 높아졌다. 과거에는 선진국이 가진 기술을 확보한 것에 만족해야 했지만, 지금 우리 기술은 세계 최고 수준으로 인정받는다. 따라서 우리도 원천기술로 볼만한 특허들을 가지고 있다고 추정해볼 수 있다.

일본의 한 신문사가 '2022년 주요 상품과 서비스 63개 분야의 시장점유율'을 조사한 결과, 한국은 스마트폰, D램, 낸드플래시 반도체, OLED, 초박형 TV, 조선 6개 품목에서 세계 1위라고 한다. 또한 한국 기업은 태블릿 단말기(2위), 대형 액정디스플레이(3위), 휴대용 리튬이온 배터리(2위), 이미지 센서(2위), 자동차(3위), 냉장고(3위), 차량용 리튬이온 배터리(1위), 편광판(3위)도 3위 이내에 들어 있다.[5] 동시에 우리는 특허출원 건수도 세계 4위로 출원 강국이 된 지 오래다. 만약 어떤 기업의 제품이 세계 시장을 장악하고 있다면, 그 기업은 경쟁사들이 가지지 못한 기술과 특허를 보유하고 있다고 보는 것이 자연스럽다. 우리도 특허에서만큼은 자신감을 가져도 될 때가 되었다.

아직도 원천기술이 아니면 특허료를 받을 수 없다고 생각하는 사람들이 있는 것 같다. 그러나 원천기술과 그 특허는 정의하는 기준이 따로 있지 않다. 원천기술이란 어떤 분야에서 근간이 되는 기술로 대체

---

5) 헤럴드경제, '韓 세계 1위 제품 6개, 日과 공동 3위…미국·중국과 격차는 더 커져', 2023.9.4.

기술이 없는 기술이거나 다른 광범위한 분야에 응용될 수 있는 기술 등으로 정의할 수 있다. 반면 응용기술은 그 원천기술을 이용해야만 사용할 수 있는 기술을 말한다.

새로운 기술이 있는 곳에 특허가 있게 마련이다. 그 기술이 원천기술이든 응용기술이든 마찬가지다. 또한 어떤 기술이 원천기술인지는 특허료의 과다로 판단할 수 있다. 만약 어떤 기술이 대체기술이 없거나 많은 분야에 응용되어 특허료 수익이 증가하면, 그 기술과 특허는 영향력이 큰 원천특허라고 볼 수 있다. 특허법으로 보면, 원천특허와 응용기술의 특허는 서로 이용저촉 관계에 있다고 말할 수 있다. 만약 원천기술을 보유한 기업이 응용기술에 대한 특허를 사용하려 한다면, 응용기술의 특허권자에게 실시 허락을 받아야 한다. 말하자면 응용기술의 특허도 로열티를 받을 수 있는 것이다.[6]

특허권도 확보하는 표준활동

국제기구에 표준안을 제안할 때, 표준을 구현하기 위해 필요한 표준특허도 충분히 확보 가능하다. 2010년 당시 우리나라의 국제표준 활동을 고려하면, 표준특허에 대한 성과는 상대적으로 낮다고 평가할

---

6) 특허법 제98조(타인의 특허발명 등과의 관계) 특허권자 등은 특허발명이 그 특허발명의 특허출원일 전에 출원된 타인의 특허발명·등록실용신안 또는 등록디자인이나 그 디자인과 유사한 디자인을 이용하거나 특허권이 그 특허발명의 특허출원일 전에 출원된 타인의 디자인권 또는 상표권과 저촉되는 경우에는 그 특허권자·실용신안권자·디자인권자 또는 상표권자의 허락을 받지 아니하고는 자기의 특허발명을 업으로써 실시할 수 없다.

수 있다.[7] 국제표준화기구인 국제전기기술위원회(IEC)에서 국제표준 안을 제안한 건수에서 우리나라는 당당히 세계 제1위였다. 그러나 그 때까지 IEC에 신고된 전체 표준특허 2,248건 중 우리나라가 신고한 표준특허는 30건(1.3%)에 그쳤다고 한다. 또한 3대 국제표준기구(ISO, IEC, ITU)에 우리나라가 제시한 국제표준안은 11% 정도를 차지하였으 나, 표준특허는 겨우 3.1%를 확보한 것에 불과했다.

CDMA 방식의 이동통신을 세계 최초로 서비스하는 데 성공했지만, 사업의 공동 파트너였던 퀄컴에 특허료를 지급해야 했던 것도 같은 맥락이다. 당시 우리 전문가들은 표준화 과정에서 특허를 확보해야 한 다는 인식이 부족했던 것 같다. 실제로 표준화 회의에 참여하면서 알 게 된 정보를 이용하여 특허를 확보하는 것이 부적절하다고 생각했을 수 있다. 과거 특허청에서 함께 일한 동료들조차 표준화 회의에 참석 하며 발 빠르게 특허를 내는 것이 부도덕하다는 인식을 갖고 있었던 것으로 기억한다.

그 시절 국제표준기관들조차 표준특허에 대한 대응책을 갖고 있지 않았다. 그들은 표준을 제정하는 데 특허가 걸림돌이 되면, 단순히 표 준 설정을 포기하거나 다른 기술로 우회하면 되는 줄 알았다. 그러는 사이 퀄컴을 포함한 많은 선진 기업들은 표준화에 앞장서면서 그 정 보를 통해 특허권을 확보하고 있었다. 그리고 그 표준이 실시되면 특 허로 큰 수익을 올렸다.

---

7) 아시아경제, "국제표준 경쟁은 또 다른 '특허전쟁'", 2011.10.14.

표준특허의 라이선스 관계도

기본적으로 표준과 특허는 서로 타협할 수 없는 충돌 지점이 있다. 표준이 모든 이용자가 자유롭게 사용할 수 있도록 하는 '공유'에 기반을 둔다면, 특허는 일정 기간 배타적 권리를 부여하여 '사유'하는 것을 인정한다. 그런데 특허가 있다고 해서 좋은 기술을 피해서 표준을 설정해야 한다면, 소비자는 큰 불편을 감수해야 할 것이 불 보듯 뻔하다.

표준과 특허의 특성 비교

	표준	특허
기본 특성	기술의 공유화	기술의 사유화
	범용성	독점 배타성
권리 주체	집단	개인
효력 범위	세계	국가별 속지주의
기대효과	시장 확대	기술개발 촉진

만약 표준특허를 사용할 때 큰 비용을 부담하지 않아도 된다면, 소비자들은 그 특허를 포함하는 표준을 통해 기술혁신의 성과도 누릴 수 있게 된다. 동시에 표준특허로서 시장에서 누릴 수 있는 이점을 생각한다면, 기업들은 표준에 필요한 기술을 확보하기 위하여 경쟁을 피

VHS(아래)와 베타맥스 방식의 비디오 레코더

하지 않을 수 있다. 따라서 시장과 표준기관들은 소비자와 기업을 위해 표준과 특허를 절충할 이유가 생겼다.

1970년대에는 소비자들의 구매 행위를 통해 시장에 나와 있는 기술들 중 하나가 표준으로 결정되었다. 당시의 표준을 시장의 표준이나 사실상 표준(de facto standard)이라 한다. 그 대표적인 사례로 비디오 포맷인 VHS와 베타맥스 방식의 표준을 들 수 있다. 처음 소니가 베타맥스를 내놓자, JVC는 VHS를 발표했다. 그들은 경쟁기업들과 합종연횡하며 두 진영으로 나뉘어 치열하게 경쟁했다. 각기 다른 기술과 제품으로 경쟁하는 기업의 시장전략이 표준전략과 서로 구분되지 않았다. 왜냐하면 기업들이 서로 다른 기술을 내세워 시장에서 경쟁하면, 소비자는 만족한 제품을 많이 구매함으로써 자연스럽게 시장의 표준이 되었기 때문이다.

그러나 기술이 더욱 복잡해지고, 특히 미래 기술에 대한 선행표준
이 늘어가면서 표준기구나 단체, 각국 정부가 선정하는 공적 표준(de
jure standard)이 세계 표준화를 주도하게 되었다. 이때부터 많은 기업은
중요한 특허전략의 하나로 각종 국제표준기구나 단체에서 활동하며
거기서 논의되는 정보를 이용하여 기술을 개발하고 특허를 확보하기
시작하였다.

1990년대에 세계 반도체 기업의 관계자들이 모여 표준을 논의하던
제덱(JEDEC)[8]이라는 단체가 있다. 이 단체에 미국 기업인 램버스와 인
피니온 등을 포함하여 많은 반도체 기업들이 참여하고 있었다. 당시만
해도 제덱은 회원들이 가진 표준특허에 대한 어떤 라이선스 정책도
가지고 있지 않았다. 다만 논의 중인 표준안에 대하여 제덱의 회원이
특허를 출원할 경우, 다른 회원들에게 알려야 할 의무 정도만 있었다.

문제는 2000년에 램버스가 인피니온을 상대로 특허 침해소송을 제
기하며 시작되었다. 인피니온도 램버스가 제덱에서 논의하고 있는 표
준과 관련된 특허자료를 공개해야 할 의무를 이행하지 않았다고 주장
하며 맞소송으로 대응했다. 그리고 2001년 미국의 지방법원은 램버스
가 제덱에서 표준활동에 참여하는 동안 특허를 회원들에게 공시할 의
무를 위반했다고 판단했다.

그러나 2003년 미국 연방항소법원(CAFC)은 램버스의 손을 들어주

---

8) JEDEC(Joint Electronic Device Engineering Council)은 1958년에 반도체 소자의 표준을 개
발할 목적으로 미국 전자산업협회와 국제 전자 제조업체 협회를 통해 세워졌다.

었다. 그러면서 램버스는 특허 출원서를 공개하여 표준으로 설정되기 이전에 다른 회원들에게 알렸으므로 공개 의무를 다했고, 제덱의 회원은 특허출원을 공개할 의무가 있기는 하나, 청구항이 없는 특허출원까지 공개할 의무는 없다고 판결하였다. 그리고 2006년 연방대법원도 램버스의 승소를 확정해주었다.

이 사건을 계기로 다른 표준기구과 단체들도 본격적으로 특허 정책(patent policy)에 대한 논의를 시작하게 되었다. 왜냐하면 기업들이 특허권자와 개별적으로 라이선스(실시 허락)를 맺어야 하는데, 나중에 침해소송을 당하거나 표준을 실시할 수 없게 되기 때문이다. 처음 표준기관들은 각양각색의 특허 정책을 내놓았으나, 차츰 일치된 방향으로 통일되며 오늘날에 이르렀다.

대다수 표준기관이 채택하고 있는 특허 정책을 요약하면 다음과 같다. 표준활동에 참여하는 자가 표준특허를 보유하고 있는 경우, 다음 3가지 중 하나를 선택해 자신의 표준특허에 대한 실시 허락 의사를 밝힌 특허선언서(patent declaration)를 제출해야 한다.

국제표준기관들은 특허선언서를 통해 표준과 특허, 즉 공익과 사익의 충돌로 발생되는 문제점을 해결하려 하였다. 그런데 앞의 '조건

표준특허를 보유한 회원이 선택할 수 있는 3가지 라이선스 조건

조건 (1) 무상의 실시 허락
조건 (2) 합리적이고 비차별적인 실시 허락(RAND 조건)
조건 (3) 실시 허락 거부

(3)'과 같이, 권리자가 표준특허에 대한 실시를 허락하지 않을 경우, 표준기구나 단체는 어떻게 해야 할까? 바람직한 방안은 대체하거나 우회할 수 있는 기술을 찾아 새로운 표준안을 채택하는 것이다. 그렇지 않으면 논의 중인 표준안의 설정 작업을 중지할 수밖에 없다.

대다수 특허기업은 '조건 (1)'과 같이 무상으로 실시를 허락하거나, '조건 (3)'과 같이 실시 허락을 거부하는 것은 그들의 이익에 부합하지 않다고 생각한다. 그리고 '조건 (2)'와 같이, RAND 조건으로 실시를 허락하게 되더라도, 자사의 특허가 표준이 되어 시장을 확대하는 것이 특허기업에게 더 유리하다고 믿는다. 다만 표준기관의 회원이 아닌 기업이 가진 표준특허에 대한 라이선스에 대한 대책이 아직 없다.

현재 우리나라는 국제표준기관에서 큰 영향력을 갖고 있다. 우리의 왕성한 R&D와 표준활동은 당연히 특허권의 확보로 이어져야 한다. 말하자면, R&D와 표준활동 그리고 특허전략, 삼박자가 맞아야 한다.[9] 과거 CDMA 기술의 경우처럼, 우리 기업이 기술을 개발하여 세계 최초로 서비스를 시작하고도 막대한 특허료를 내야 했던 교훈을 잊지 말아야 한다. 다시 한번 기술이 있는 곳에 반드시 특허가 있다는 사실을 기억해야 한다. 우리의 IT 기술이 표준특허로 이어질 때 우리가 특허 경쟁력도 가질 수 있다.

다행히 최근 우리나라는 표준특허에서 큰 성과를 이루었다. 2020년 우리나라가 ISO, IEC, ITU 등 3대 국제표준화기구에 선언한 표준특허

---

9) 전자신문, 특허청장, [벤처포럼] 기술·특허·표준 '3박자', 2005.11.10.

가 3,344건(23.5%)으로 당당히 세계 1위에 올랐다. 또 IEEE와 ETSI[10]를 포함하는 세계 5대 표준화 기구에서 선언한 표준특허도 미국 2만 4,661건으로 1위, 중국 2만 1,805건으로 2위에 이어 우리나라가 1만 7,492건으로 3위를 기록했다.[11]

그 성과는 바로 특허료 수입의 증가로 입증되고 있다. 다만 표준특허에 한정해 특허료 수익을 집계하고 있지 않아 정확한 수치는 알 수 없다. 우리나라는 반도체, 디스플레이, 휴대폰, 이차전지, 자동차, 가전 등의 분야가 주요 수출품이고, 이들이 기술 수지에서 차지하는 비중이 상대적으로 크다. 동시에 표준특허와 관련도 깊다. 한국은행의 보도자료를 보면, 특허를 포함한 산업재산권의 무역수지는 2010년부터 꾸준히 개선되고 있는 것을 알 수 있다.[12]

이외에 언론을 통해 알려진 기업의 표준특허 사례도 있다. 2022년, LG전자는 애플로부터 8,000억 원의 특허료를 받았다고 한다.[13] LG전자는 국내외에 8만 건 이상의 특허권을 보유하고 있으며, 이 중에서 표준특허가 포함된 이동통신 특허만 3만 건이 넘는다. 이전에도 이 기업은 표준특허들로 상당한 특허료를 받아오고 있었다.

그동안 애플은 아이폰과 관련하여 LG전자와 이동통신 분야의 표준

---

10) - IEEE(Institute of Electrical and Electronics Engineers): 국제전기전자기술자협회(WiFi, WiMAX 등 네트워크 표준화 주도)
   - ETSI(European Telecommunications Standards Institute): 유럽전기통신표준기구(4G, 5G 이동통신 등 유럽지역 전자통신 표준화 주도)
11) 특허청 보도자료, "한국 3대 국제표준화기구에 선언한 표준특허 세계1위", 2021.5.10.
12) 한국은행 보도자료, "2023년 상반기 지식재산권 무역수지(잠정)", 2023.9.22. (1장, p.68의 그림 참조)
13) 조선비즈, "갈 길 잃은 LG 모바일 특허 3만건… '특허괴물'이 노린다", 2023.1.20.

특허에 대하여 교차사용 계약을 맺어왔었다. 그런데 LG전자가 휴대폰 사업에서 철수하게 되면서 더 이상 애플의 특허를 교차로 사용할 필요가 없게 되었다. 따라서 두 기업 간에 맺은 계약을 대신할 새로운 표준특허 계약이 요구되었다. 다른 라이선스 계약과 마찬가지로 정확한 내용이 공개되지 않았지만, LG전자의 공시에 따르면 8,000억 원 정도의 특허료를 애플로부터 받은 것으로 알려졌다.[14]

와이파이 표준특허 분쟁 동향

와이파이는 IEEE 표준으로 같은 공간에 있는 다른 장치들 사이에 무선으로 데이터를 전송하기 위한 표준기술 규약이다. 호주의 CSIRO[15]는 1996년에 IEEE의 와이파이에서 아주 중요한 표준특허를 보유하게 되었다. 그러나 이들은 연구기관으로 기업이 아니어서 IEEE 회원으로 가입되었는지, 특허출원의 사전 공개나 라이선스 조건을 선언한 것인지 등은 확인하기 어려웠다.

와이파이 기술이 표준이 된 이후 PC, 태블릿, 스마트폰 등에 급속히 적용되어 세계적으로 30억 개 이상의 전자장치에 심어졌다. 2012년 한 언론의 보도에 따르면, CSIRO가 수십 개의 통신사와 라이선스

---

14) 아시아타임즈, "특허 팔아 짭짤"…애플 상대 8000억 벌어들인 LG전자, 2022.8.24.

15) CSIRO(호주연방과학산업연구기관: The Commonwealth Scientific and Industrial Research Organization)는 1916년 설립된 호주 연방정부의 독립적인 국가 차원의 과학·산업 연구기관으로, 산업이나 공공 이익으로 이어질 국가적 과제의 연구·개발을 한다.

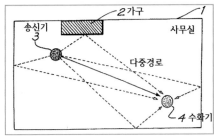

[도면 3-1]

2가구
송신기 3
사무실 1
다중경로
4 수화기

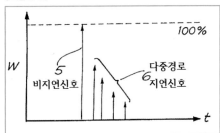

[도면 3-2]

100%

W

5 비지연신호

다중경로 6 지연신호

t

계약을 맺거나 침해소송을 통해 거둔 이익이 4억 3,000만 달러(5,600억 원)에 이른다고 한다.[16] 이 사건으로 호주는 자랑스러운 IT 강국임을 인정받게 되었다.

실내에서 무선통신을 할 때, 다중경로 문제로 사무실의 벽과 가구 등으로 인해 발생하는 반사파([도면 3-1]의 점선)가 직접 전송되는 직진신호(실선)에 잡음으로 작용하게 된다. 이 발명은 다중경로로 발생하는 반사파 지연신호를 고조파 필터로 제거함으로써 반사되지 않고 직접 전달되는 직진신호에 미치는 잡음 문제를 해결했다. 그 결과 실내 무선통신에서 데이터의 전송오류율도 크게 떨어뜨려서 전송속도를 높일 수 있게 되었고, 이를 계기로 다양한 무선 인터넷 기기에 폭넓게 적용되었다.[17]

최근에 또다시 미국에서 와이파이에 대한 특허소송으로 11억 달러

---

16) "CSIRO wins legal battle over wi-fi patent" (https://www.abc.net.au/news/2012-04-01/csiro-receives-payment-for-wifi-technology/3925814)
17) US5487069A(John D. O'Sullivan 외 5, 등록일: 1996.1.23.) "wireless LAN"

가 넘는 손해배상을 해야 하는 사건이 발생했다. 애플과 브로드컴이 캘리포니아 공과대학(칼텍)의 와이파이 특허를 침해했다는 판결이 나왔기 때문이다. 이 소송에서 칼텍은 (1) 브로드컴이 와이파이 표준을 지원하는 특허를 라이선스 없이 사용했고, (2) 애플이 특허침해를 알면서도 브로드컴의 통신칩을 아이폰, 아이패드, 맥북 등에 적용했다고 주장했다.

이 사건의 1심 지방법원은 칼텍의 주장을 받아들여 애플이 8억 3,000만 달러(1조 900억 원)를, 브로드컴이 2억 7,000만 달러(3,500억 원), 총 11억 달러를 칼텍에게 배상금으로 지급하라고 평결했다.[18] 그 이후 고등법원급 연방순회항소법원(CAFC)과 대법원도 잇달아 칼텍의 손을 들어주었다. 다만 배상금을 산정하는 부분에서는 여전히 다툼이 있는 것으로 알려졌다.[19]

또한 칼텍은 삼성을 상대로도 소송을 걸었다. 삼성전자는 칼텍의 특허가 무효라고 주장하며 심판을 청구했지만, 4건의 특허 중 3건은 무효가 아니고, 1건은 진행 중이라 한다. 이 소송에서도 칼텍은 삼성전자의 스마트폰, 태블릿, 노트북, 스마트워치 등에 대하여 침해를 주장하고 있으므로, 만약 삼성전자가 침해소송에서 패소하게 되면 막대한 배상금을 지급해야 할 것으로 보인다.[20]

특히 이 사건에서 IEEE는 칼텍 같은 비회원이 보유한 표준특허에

---

18) 배심원이 법정 공방을 지켜본 후 피고인의 침해 여부에 관한 평결을 내리고, 적정한 배상금에 대해 토의하면 재판부가 이를 참고하여 판결하게 된다.
19) ZD Net Korea, "애플, 와이파이 특허소송 졌다. 수조 원 벌금위기", 2023.6.27.
20) 매일경제, "삼성, 수천억 특허전쟁 졌다. 미 법원 와이파이 분쟁 칼텍 손들어줘", 2023.6.28.

칼텍과 와이파이 특허 침해소송 경과

2016년	칼텍, 애플과 브로드컴을 제소
2020년	LA 지법은 애플과 브로드컴이 약 11억 달러 배상할 것을 판결
2021년	칼텍, 텍사스 동부지법에 삼성전자 제소
2022년	삼성전자, 칼텍 특허 4건에 대해 특허무효심판 청구
2023년	미 대법원, 애플과 브로드컴의 패소 확정 특허심판원, 삼성전자의 특허무효심판 기각

대한 별도의 대책이 없다는 점이 뜨거운 이슈로 떠 올랐다.[21] 칼텍은 캘리포니아에서 연구를 중심으로 하는 대학이다. 이들은 기업활동에 참여하지 않은 NPE(Non Practicing Entities)로 국제 표준기관인 IEEE에 회원으로 참여하지도 않았다. 따라서 IEEE에 특허선언서를 제출할 의무도 없었던 것 같다. 그러는 사이 IEEE 회원들은 칼텍의 특허에 대한 어떠한 라이선스 대책도 없이 와이파이 표준을 실시하게 되었다. 따라서 칼텍은 와이파이 특허에 대한 실시 계약을 맺을 때, RAND 조건을 준수해야 할 의무가 없었다.

　이 소송에서 법원과 배심원들은 칼텍의 특허를 표준특허가 아닌 일반 특허로 간주하였고, 침해 제품에 대한 특허료율을 일반 특허의 라이선스와 비슷한 수준으로 책정하였다. 이 사건에서 애플은 브로드컴이 생산한 칩을 납품받아 아이폰 등에 꽂은 것으로써, 애플과 브로드컴이 동일한 특허에 대하여 동일한 횟수로 침해했다고 볼 수 있다. 그

---

21) Essential Patent Blog, "Caltech gets $1.1 billion verdict against Apple, Broadcom on SEPs that had no RAND commitment", 2020.3.23.

러나 배상액은 애플이 8억 3,000만 달러(1조 900억 원), 브로드컴이 2억 7,000만 달러(3,500억 원)로 3배 이상 차이가 난다.

보통 배상액은 침해제품의 가격과 개수, 그리고 특허료율에 따라 결정된다. 이 사건의 경우 부품과 완성품에 대하여 각기 다른 특허료율이 적용되었음을 알 수 있다. 예를 들어, 칩의 가격이 30달러이고 아이폰의 가격이 1,000달러라고 할 때, 특허료가 칩 1개당 3달러라면 아이폰 1대당은 10달러 정도가 되므로, 칩의 특허료율은 10%, 아이폰의 특허료율은 1.0% 정도로 계산된다.[22]

칼텍 사건의 특징

1. 연구기관 NPE
2. 표준기관 비회원
3. 칩 특허와 완성품 기업
4. 권리소진이론

일반적으로 인정되는 권리소진이론[23]에 따르면, 권리자가 한 번 정당하게 특허 사용료를 받았으면, 같은 권리에 대하여 중복해서 사용료를 요구할 수 없게 된다. 만약 칩 제조사인 브로드컴이 특허료를 냈다면, 그 칩을 사용한 애플은 권리소진이론에 따라 침해를 벗어날 수 있다. 그러나 이 사건은 브로드컴이 특허료를 내지 않은 상태로 통신칩

---

22) 특허청 보도자료, 특허실시료 평균은 매출액의 4.75%, 2018.7.25.
23) 특허권의 권리소진이론에 따라 특허권은 한 번 실시되면, 그 이후에 특허제품이 재판매 등 또다른 실시행위가 이루어지더라도 권리는 소진되어 더이상 특허권을 주장할 수 없다.

[도면 3-3] 종래 터보 코드 시스템 개략도

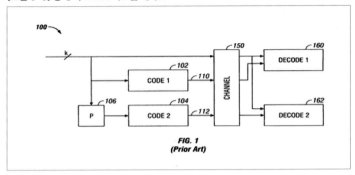

FIG. 1
(Prior Art)

[도면 3-4] 이 사건 발명의 코더 개략도

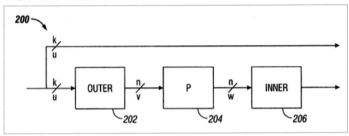

을 완성품 제조사인 애플에 납품한 것으로 보인다. 따라서 브로드컴은 물론, 애플도 칼텍의 특허를 침해한 것으로 판단한 것 같다.

그럼, 이 소송의 대상이 된 칼텍의 특허들에 대해 간단히 살펴보자. CSIRO 특허와 같이, 칼텍의 특허들은 무선 채널로 데이터를 전송할 때 속도를 높이기 위한 데이터 코딩 기술에 관한 것이다.[24] 그중 하나로서, 'US 7116710'은 종래 복잡한 코딩회로를 좀 더 간단하게 변경하

---

24) US 7,116,710, 7,421,032, 7,916,781, 8,284,833 등 4건

면서 동시에 데이터 전송의 오류율도 낮추는 것을 목적으로 한다.

[도면 3-4]를 참고하면, 칼텍의 코더(200)는 종래의 터보코드(100)에 비해 블록도의 구조가 훨씬 단순하게 변경되었음을 알 수 있다. 신호의 변환이 블록으로 표현되고 그 블록의 기능은 그 분야에 종사하는 사람들은 알 수 있지만, 일반인이 이해하기 어렵다. 여기서는 대충 개념만 살펴보기로 한다. 이 구조는 외부코더(202)와 내부코더(206)가 직렬로 연결하는 것을 특징으로 하는데 외부코더는 데이터 블록의 비트를 불규칙적으로 반복하고 난 후, 비트를 스크램블링한다. 스크램블을 통해 전송 대역폭 내에서 신호가 골고루 분산되도록 하여 수신단에서 최적의 상태로 신호를 수신할 수 있게 해준다.

표준과 특허풀

과거에는 특허 라이선스는 산업별로 구분되어 뚜렷하게 차이를 보였고, 통신과 표준특허는 통신업계에 국한된 이슈로만 여겨졌다. 그러나 최근 인공지능이 떠오르며 기존의 다른 전통산업과 급속히 융합되는 추세다. 특히 인공지능과 사물인터넷(IOT)이 유무선의 통신기술과 접목되어 있다. 따라서 통신과 표준특허의 이슈는 인공지능의 전파와 함께 모든 산업 분야로 퍼져가게 되었다. 전통적인 제조기업을 포함해 이후 언급할 자동차 기업까지도 통신과 표준특허의 영향을 받게 되었다. 그리고 그 해결책의 하나로 특허풀(patent pool)이 주목받고 있다.

특허풀이란 다수의 특허권자가 대행 기관을 지정하여 자신들의 특허를 공동으로 관리하도록 위임한 대행 기관이나 그 계약으로 묶인 특허 집합체를 말한다. 이때 특허를 사용하고자 하는 사용자들은 각각의 특허권자와 개별로 계약하지 않고, 특허풀과 한 번의 계약으로 모든 특허를 다 사용할 수 있게 된다.[25]

특허풀로 다수의 특허를 한데 묶어서 실시계약을 하게 되면 권리자와 사용자 모두에게 도움이 된다. 권리자는 침해자와 개별적으로 소송할 때 감수해야 할 시간과 비용, 소송으로 인한 불확실성 등의 위험을 크게 줄일 수 있다. 사용자 또한 다수의 특허권에 대한 라이선스를 동일한 조건으로 일괄 계약함으로써 일대일 협상의 부담을 낮출 수 있다.

최초의 특허풀은 1856년에 재봉틀(sewing machine) 풀로 결성되었다. 이후 1908년 영사기(movie projector), 1916년 침대(bed), 1917년 항공기(air craft) 등에서 특허풀이 생겨났고, 근래 들어 MPEG LA 등 IT 분야에서 다수의 특허풀이 왕성하게 활동하고 있다. 1890년대 초기 특허풀은 거래를 제한하거나 독점하는 성격이 강해서 반독점법 제정의 빌미가 되기도 했다. 우리나라도 특허 사용 계약이 시장에서 공정한 경쟁을 제한할 경우, 법무부와 공정위에서 가이드라인을 두고 반독점법으로 규제하고 있다.

예를 들어, 특허 A와 특허 B가 대체기술 관계에 있다고 하자. 만약 어떤 사용자가 특허 A를 실시하게 되면 특허 B는 실시하지 않게 된다.

---

25) 전기억 외, 국내 특허풀 결성전략에 관한 소고, 지식재산21, 2007.

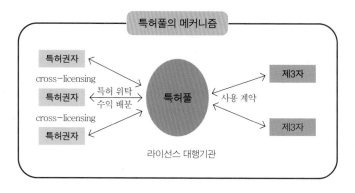

특허풀의 메커니즘

특허권자
cross-licensing
특허권자 ← 특허 위탁 / 수익 배분 → 특허풀 ← 사용 계약 → 제3자
cross-licensing
특허권자
라이선스 대행기관

제3자

따라서 특허 A와 특허 B를 모아 특허풀을 만든다면, 이 풀의 특허 A에 라이선스를 받은 사용자는 실시하지도 않는 특허 B에 특허료를 내게 된다. 반대로 특허풀의 라이선스를 받지 않으면, 특허 A와 특허 B를 모두 실시할 수 없게 된다. 따라서 이러한 특허풀은 시장에서 공정한 경쟁을 저해할 수 있으므로 규제의 대상이 된다.

반대로 특허 A와 특허 B가 상호 보완적이고 이용관계에 있다고 하자. 특허 A를 실시하기 위해 특허 B를 어쩔 수 없이 이용해야 할 경우, 특허 A와 특허 B를 같이 사용할 때 그 가치가 높아진다. 만약 이들을 하나의 특허풀에 모은다면, 한 번의 계약으로 특허 A와 특허 B를 동시에 실시할 수 있게 되어 시장에서 경쟁할 때 긍정적인 효과를 볼 수 있다.

통상 하나의 표준을 실시하기 위해서는 다수의 특허 사용 계약이 필요하다. 그런데 여러 권리자와 따로따로 계약을 맺어야 한다면, 실시자는 협상과 계약 체결에서 상당한 어려움에 부닥칠 것이다. 이런 이유로 이동통신 같이 수많은 기술이 다양하게 얽혀 있는 분야에서 활동하는 기업들은 특허풀이 만들어지기를 바랄 수 있다.

한편 특허권자에게도 표준 관련 특허 풀은 도움이 된다. 일단 표준에 필수적인 특허가 되면, RAND 조건으로 계약의 제한을 받기는 하지만 다수의 실시자로부터 계약 협상 없이 특허료를 받을 수 있다. 또한 표준특허에 대하여 기업과 침해소송을 하지 않아도 된다. 나아가 표준특허를 보유한 기업들은 자신의 기술을 발판으로 더 나은 표준특허를 확보하여 미래 표준에 대한 접근성을 높일 수 있다.

우리나라는 세계 최고의 IT 강국으로 인정받고 있고, 반도체, 자동차, 조선, 철강 등 다양한 분야에서 이미 그 실력을 인정받은 수출 강국이다. 또한 특허출원도 세계 4위가 된 지 오래다. 그러나 우리의 기술력과 왕성한 특허 활동에 비하면, 특허 활용도는 이에 미치지 못하고 있는 것이 현실이다. 만약 표준특허를 보유하고 있고 침해소송이 부담스럽다면, 특허풀을 적극적으로 활용할 필요가 있다.

이동통신 분야의 최신 특허분쟁 동향

인공지능과 사물인터넷(IOT)은 무선 데이터 통신을 통해 산업계 전반으로 파고들고 있다. 무선의 데이터 통신은 자동차와 연결한 커넥티드 카는 물론, 자율주행차, 로봇, 헬스케어 등 혁신을 주도하는 분야에서 뺄 수 없는 기술로 자리 잡았다. 특히 자동차는 스스로 무선 네트워크를 통해 인공지능에 접속하여 대화도 나누고, 엔터테인먼트는 물론

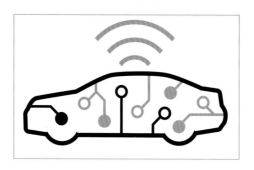

차량정비, 지도, 뉴스, 날씨, 실시간 교통정보까지도 운전자에게 제공한다.

　최근 세계적인 자동차 기업들이 통신 특허풀에 막대한 로열티를 내야 하는 사건이 터졌다. 그 중심에는 특허풀 아반시(Avanci)라는 회사가 있다. 그들은 2016년 '4G 표준특허'에 대한 일괄 사용 계약(원스톱 라이선스)을 제공하기 위한 목적으로 출범했다. 이들은 이동통신 분야의 특허권자로부터 차량용 4G 표준특허를 다수 확보하고, 그 특허들을 풀(pool)로 한데 묶어서 실시 계약을 할 수 있는 프로그램을 제공하고 있다.[26] 아반시에는 노키아를 포함해 삼성전자, 퀄컴, 에릭슨 등 글로벌 통신기업들이 대거 참여하고 있다.

　자동차 업계는 최근 커넥티드 카 사업을 중심으로 빠르게 전환되고 있다. 따라서 아반시의 수입은 앞으로도 급격히 증가할 것으로 예측된다. 2017년 BMW를 시작으로 2022년까지 폭스바겐, 도요타, 혼다,

---

26) 파이낸셜 뉴스, "5G 통신특허료 합의하자" 글로벌 완성차 압박하는 아반시", 2023.7.17.

주요 IT기업 LTE 표준 필수 특허 점유율 및 기술사용료

순위	1	2	3	4	5	6	7	8	9
회사	퀄컴	삼성전자	화웨이	노키아	인터디지털	에릭슨	ZTE	LG전자	구 모토롤라
표준기술점유율	11.1	11	10.2	8.5	7.1	6.7	6.2	5.4	5.2
로열티	2.25	미공개	1.5	1.5	미공개	1.5	1	미공개	2.25

자료: 사이버크리에이티브인스티튜트, 각 사

현대기아차도 아반시와 4G 특허에 대하여 실시 계약을 체결하였다고 한다. 이 계약으로 자동차 회사들이 아반시에 적게는 수백억 원에서, 많게는 수천억 원까지 낸 것으로 알려졌다. 또한 아반시는 4G 표준통신에 대한 특허료에 비해 5G 특허료를 1.5에서 2배까지 인상하겠다고 밝혔다. 자동차 업계는 인공지능과 무선 인터넷 서비스를 고객에게 제공하기 위해 자동차에 이동통신 기술의 접목을 확대할 것으로 예측한다. 따라서 이들이 내는 특허 사용료도 증가할 것으로 전망된다.

이러한 분위기 속에서 자동차 기업들이 통신사와 벌이는 특허소송이 눈에 띄게 늘어나고 있다. 그동안 표준특허는 통신업계에 한정된 이슈였다. 그러나 2018년 통신 칩 제조사인 브로드컴이 폭스바겐을 상대로 10억 달러를 청구한 소송이 합의로 종결했다는 보도가 있었다.[27]

---

27) 전자신문, [국제] 브로드컴, 폭스바겐과 특허침해소송 합의... 소송종결, 2018.11.22.

또한 노키아도 다임러[28]가 그들의 표준특허를 침해했으나, 사용 계약 협상에도 성실히 응하지 않았다고 주장하며 소송을 제기했다. 독일 만하임 지방법원은 다임러가 노키아의 표준특허 4건 중 1건을 침해했다고 판단했다. 이에 따라 노키아는 독일에서 다임러 자동차의 판매를 중지시킬 수 있게 되었다. 다만 노키아가 이를 위해 보증금으로 70억 유로(약 10조 원)를 납부해야 하므로 판매 중지까지로 가지는 않을 것 같다.

칼텍의 특허와 같이, 권리소진이론에 따라 부품 제조사들이 아반시에 실시 허락을 받고 자동차용 부품을 만들었다면, 자동차 회사들은 특허침해를 피할 수 있지 않았을까? 그러나 아반시는 처음부터 차량에 적용될 수 있는 4G 표준특허를 90% 가까이 모았다고 한다. 이 점으로 봐서 아반시는 처음부터 자동차를 만드는 기업을 대상으로 특허료를 받아내기로 계획한 듯하다.

특허풀은 다수의 특허를 포함하고 있으므로, 그중 하나의 특허라도 사용하려면 특허풀과 실시 계약을 맺어야 한다. 따라서 차량과 이동통신 기지국 간에 무선으로 데이터를 주고받는 통신에 관련된 다수의 특허를 모아 풀을 결성했다면, 부품 제조사 이외에 자동차 제조사도 직접 특허를 침해했다고 볼 가능성이 크다.

노키아가 다임러에게 제기한 특허소송에서 10건의 특허 중 하나인 'EP 2981103 B1'에 대하여 살펴보자. 이 특허는 이동통신 시스템에 관

---

28) 2022년 독일의 자동차 제조 그룹인 다임러 AG가 사명을 메르세데스-벤츠 그룹 AG(독일어: Mercedes-Benz Group AG)로 변경하였다.

EUTRAN 개념

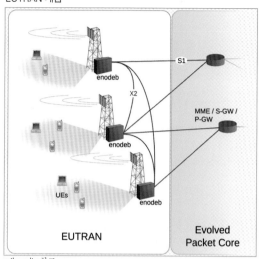

wikpedia 참조

한 것으로 커넥티드 카에 사용될 수 있는 기술이다. 일반적인 지상 무선 네트워크 EUTRAN[29])에서 사용자 통신장치(UE)와 기지국(enodeb) 사이에 초기 접속을 시도하는 동안 데이터 패킷의 데이터를 할당하는 방법에 관한 것이다.

EUTRAN은 유럽의 표준기관인 3GPP의 표준이다. 이 사건에서 사용자 통신장치(UE)가 과거의 이동통신 단말기에서 커넥티드 카로 바뀐 것이다. 이 기술은 높은 데이터 전송속도와 낮은 전송지연을 제공하며, 이동하는 자동차에서 패킷 데이터 통신하는 것에 최적화되어 있

29) EUTRAN이란 진화된 범용 지상 무선 네트워크(Evolved UMTS Terrestrial Radio Access Network)의 약자. 여기서 UMTS(Universal Mobile Telecommunication System)는 유럽의 3세대 이동통신(3G) 기술 가운데 하나로서 W-CDMA를 기술표준으로 하는 이동통신 기술이다.

다. 여기서 패킷 통신이란 데이터를 작은 단위인 패킷으로 묶어서 전송하면, 수신하는 측에서 원래의 데이터로 풀어서 재구성하는 데이터 전송 방식을 말한다.

결국 두 기업은 특허 라이선스 계약을 맺고 소송을 취하하기로 합의했으며, 관례대로 세부 계약조건은 공개되지 않았다. 그런데 이전에는 특허료를 일시불로 지급하는 계약을 했으나, 이번에는 자동차 1대당 2달러를 부과하는 러닝 로열티 방식[30]으로 바뀌었다고 한다. 이 판결은 자동차 업계와 향후 통신 특허에 대한 소송에 계속해서 영향을 미칠 것으로 보인다.

---

30) 러닝 로열티(running royalty)란 주기적으로 일정액을 지급하는 고정 로열티와 달리 매출액이나 순이익 등에 연동되는 변동 로열티를 말한다.

2. 실패에서 배우는 특허전략

분리컵 회피설계

몇 년 전에 유튜브에서 재미있는 특허 이야기를 접하게 되었다.[31] 그 내용을 요약하면, 특허를 가지고 있어도 사업이 보호받기 쉽지 않고, 특허가 없더라도 포기하기 이르다는 것이다. 얼핏 특허 무용론처럼 들린다. 그러나 이야기의 본질은 특허 청구범위를 어떻게 작성해야 하는지에 관한 것이었다. 이 프로그램에서는 반반컵에 얽힌 사연을 소개했었다.

2016년, 반반제품이 유행하던 시절로 거슬러 올라간다. 자장면과 짬뽕을 하나의 가격으로 맛볼 수 있는 짬짜면, 양념 반 프라이드 반 치킨, 아메리카노와 카페라테를 동시에 먹는 아멜라테 등을 위해 반반컵이 사용되었다.

---

31) 유튜브 [창창tv], 특허가 있어도 유사품이 나오는 이유, 특허는 무용지물인가, 2018.8.

[도면 3-5] 반반컵에 대한 설명도

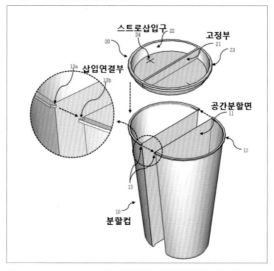

한 음료 매장을 운영하던 발명자가 '공간 분할 음료용기', 즉 반반컵을 발명하고 실용신안을 냈다([도면 3-5] 참조. 이하 '본 발명'이라 함).[32] 이 실용신안 명세서에 따르면, 소비자는 음료를 주문할 때 하나를 선택해야 하는 불편함을 줄이고, 판매자는 판매 수량을 늘일 수 있는 장점이 있다고 한다. 둥근 컵을 수직으로 분할하여 두 개의 공간을 형성하고, 컵의 분할된 단면이 서로 맞닿는 상태로 결합될 수 있게 설계했다. 대표 청구항은 두 개의 분할컵(10)과 컵덮개(20)로 구성된 공간 분할 음료용기로, 상단프레임(12)에 돌출구조(13a)와 함몰구조(13b)가 서로 요철 형상으로 맞물려 결합되는 것이 특징이다.

---

32) 등록실용신안 제20-0480558호(출원일: 2015.11.9, 등록일: 2016.6.1)

[도면 3-6] 유사 제품 1의 분리컵 설명도

이 제품은 시장에서 좋은 반응을 얻어서 한동안 잘 팔리는 듯했지만, 유사한 제품이 나오면서 문제가 시작됐다. 침해자는 권리자와 납품 협상을 하던 중에 합의점을 찾지 못하게 되자 유사한 제품을 만드는 경쟁사로부터 싸게 납품받기로 한 모양이다. 권리자는 즉시 침해자가 실용신안 침해와 아이디어 도용 및 기망 행위 등 부정경쟁행위를 했다고 특허청에 행정조사를 요구했다고 한다.

해당 유튜브에 따르면, 이 이야기에서 등장하는 유사 제품은 후출원인 '두 개의 공간을 가지는 컵'에 대한 특허와 동일하게 구성되어 있다고 한다([도면 3-6] 참조).[33] 따라서 유사 제품에 대한 세부 사항은 후

33) 등록특허 제10-1711142호(출원일: 2016.11.2, 등록일: 2017.2.22. 서로 분리되고 두 개의

197

출원 특허의 명세서를 참고하면 될 것 같다. 즉 두 개의 자컵(10a, 10b) 상단의 일부에 격벽(12a, 12b)과 결합구(20a, 20b)를 구비하고 있어서 서로 맞물려 결합 또는 분리될 수 있는 구조로 되어 있다.

본 발명과 비교하면, 두 개의 반원형 컵과 뚜껑을 가지고 있고, 두 컵이 서로 결합과 분리될 수 있다는 점은 같다. 외관으로도 거의 동일하다. 그러나 두 개의 컵을 분리하고 결합하는 방식에서 차이가 있다. 본 발명은 돌출과 함몰의 요철 형상으로 삽입되어 결합되지만, 유사 제품은 결합구가 격벽에 끼워맞춤으로 결합되는 구조다.

따라서 유사 제품은 본 발명 특허와 결합구조에 차이가 있으므로 침해품이라고 보기 어렵다. 왜냐하면 본 발명의 청구범위가 돌출과 함몰 형상으로 삽입 결합되는 방식에 한정하고 있으므로, 결합구가 격벽에 끼워맞춤 방식과 같은 구조에까지 권리를 주장할 수 없기 때문이다. 이런 이유로 권리자는 아마도 침해소송에서 불리할 것으로 판단하고, 아이디어를 도용한 부정경쟁행위로 조사해줄 것을 특허청에 요구한 것으로 보인다.

본 발명 실용신안의 등록공보에서 확인한 바에 따르면, 결국 본 발명의 특허는 침해자에게 양도하기로 당사자 간에 합의한 듯하다. 이후 더 이상 분리컵에 대한 분쟁은 보도되지 않았다. 단정할 수는 없지만, 이 사건은 청구범위의 협소함으로 인해 권리자가 충분히 만족할 만한 대가를 받지 못한 것으로 결론 낼 수 있을 것 같다.

공간을 갖는 컵)

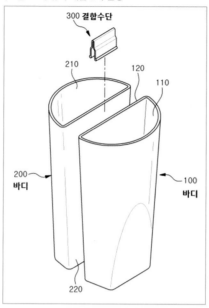
[도면 3-7] 유사 제품 2의 설명도

　본 발명이 출원되고 3일 후에 또 비슷한 발명[34]이 출원되었다([도면 3-7] 유사 제품 2). 이 발명도 두 종류의 음료를 간편하게 담아 마실 수 있는 컵을 제공하는 것이 목적이다. 다만 두 발명의 차이는 앞에서 본 바와 같이, 두 컵을 결합하는 부분에 있다. 즉 두 컵을 결합하기 위해 두 컵(100, 200)과 별도로 분리된 결합수단(300)을 두는 것이 특징이다. 그러나 이 발명의 특허는 심사 과정에서 최종 거절되었다.

　유사 제품 2 발명이 제출되기 이전에도 두 가지 음료를 담을 수 있

---

34) 공개실용신안공보 20-2017-0001742(출원일: 2015.11.11., 공개일: 2017.5.19., 복수 공간을 가지는 분할컵)

[도면 3-8] 유사 제품 3의 분리컵 설명도

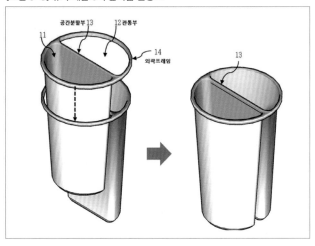

는 컵에 대한 다른 발명은 여럿 있었다.[35] 그중 한 발명([도면 3-8])은 음료 수납부(11)와 관통부(12)를 공간분할부(13)로 나누고, 상단에 테두리 모양의 외곽프레임(14)을 두어 한 컵의 음료 수납부를 다른 컵의 관통부에 끼워 포갬으로써 결합되는 구조가 특징이다.

지금까지 살펴본 다양한 형태의 반반컵에 대해 다시 한번 짚어 보자. 사후적인 고찰이긴 하지만, 반반컵을 발명할 때 두 컵을 결합시키는 방식이 다양하게 존재할 수 있다는 점에 주의해야 한다. 그 가운데 하나라도 청구범위를 회피해 갈 수 있는 발명이 있다면 특허권으로서 기대했던 역할을 다하지 못할 수 있다. 따라서 특허를 출원할 때 예상되는 모든 형태의 결합 방법을 명세서에 실시 예로 기재하고 청구범

---

35) 실용신안 출원 제2014-0004529호(출원일: 2014.6.16., 포개어서 복수 개의 음료를 담을 수 있는 컵)

위에도 포함할 수 있도록 작성하는 것이 중요하다.

반대로, 침해자는 선행특허가 있다고 해서 특허출원을 무조건 포기할 필요는 없다. 먼저 기술적 과제와 해결 수단이 유사한 특허들을 모두 찾아봐야 한다. [도면 3-8]의 공간 분할컵처럼 청구범위를 피할 방법이 있을 수 있다. 선행특허의 청구범위를 꼼꼼히 분석해보고, 그 권리를 침해하지 않고 피하거나 다른 발명으로 대체할 수 없는지 검토해 봐야 한다.

MP3 플레이어 이야기

우리나라는 MP3 플레이어를 세계 최초로 발명한 MP3 플레이어 종주국이다. 1998년에 디지털캐스트가 '엠피맨'이라는 이름으로 제품을 출시하고 최초로 특허도 받았다. 같은 해 독일 하노버에서 열린 세빗(CeBit) 박람회에서 새로운 디지털 음원 재생기로서 엠피맨이 관람객들의 큰 관심을 받았다. 그 이전에는 인터넷을 통해 음원을 내려받아 음악을 컴퓨터에서만 들을 수 있었다.

그러나 휴대용으로 만든 MP3 플레이어가 나오면서 인터넷으로 음원을 다운받아 저장하고, 이동하면서 들을 수 있게 된 것이다. 이 방식은 엠피맨이 처음이다. 당시에는 인터넷에 접속해야만 음악을 들을 수 있었다. 누군가가 MP3 음원을 어디서나 자유롭게 들을 수 있으면 좋겠다고 생각할 수 있다. 그러나 실제로 장치를 고안하고 상품으로 개

디지털캐스트의 엠피맨

소니의 워크맨

애플의 아이팟

발하여 시장에 내놓는 일은 결코 누구나 할 수 있는 일이 아니다.

오랜 기간 세계 시장을 장악하고 있던 휴대용 음원 재생장치는 소니의 '워크맨'이었다. 당시 워크맨은 음원을 자기테이프에 저장하고 모터로 자기테이프를 회전시켜야 음악을 들을 수 있었다. 소니는 복잡한 기계적 장치를 정교한 기술력으로 극복했다. 그러던 중 엠피맨이 워크맨을 빠르게 대체해갔던 것이다. MP3 플레이어가 한창 성장할 때 삼성전자, LG전자는 물론 100여 개가 넘는 국내 중소 벤처기업이 이 시장에 뛰어들며 우리나라는 세계 1위의 MP3 플레이어 생산국이 되었다. 당시 MP3 플레이어의 제조에 들어가는 플래시 메모리, LCD 디스플레이, 배터리, 오디오 칩셋 등 핵심 부품까지도 대부분 국산화할 수 있게 되었다.

그러나 애플의 스티브 잡스가 '아이팟'을 내놓은 후, 우리 기업들은 아이팟에 밀리며 시장에서 경쟁력을 잃게 되었다. 잡스는 도넛 모양의 유저 인터페이스(UI)[36]을 개발하고, 콘텐츠를 사고팔 수 있는 아이튠 즈(iTunes)를 개설하여 운영하면서 시장에서 돌풍을 일으켰다. 특히 아 이팟은 선곡을 위해 손가락으로 도넛 모양의 다이얼을 돌리듯이 문지 르면 스크롤이 이동하는 디자인으로 소비자의 이목을 끌었다.

그러는 사이 국내 기업들은 MP3 플레이어의 특허를 놓고 소송이 붙 었다. 특허기업의 침해 소송에 대응해 침해 기업들이 무효심판을 청구 한 것이다. 결국 특허가 무효가 될 것을 우려한 권리자가 청구범위를 대폭 축소하면서 치열했던 소송전은 마무리되어 갔다. 특허소송으로 만족할 성과를 얻지 못한 디지털캐스트는 국내 시장조차 지키지 못하 고 내리막길을 걸었다.

반면 스티브 잡스는 아이팟을 휴대폰과 결합하고 모바일로 인터넷 에 접속할 수 있는 스마트폰인 아이폰을 발명해 시장에 내놓으며 더 욱더 승승장구하게 된다. 그러는 동안 10여 년을 풍미했던 MP3 플레 이어는 아이폰과 스마트폰에 자리를 내주고 역사의 뒤안길로 사라지 게 된 것이다. 결국 스티브 잡스는 아이팟과 아이폰으로 세계적인 혁 신의 아이콘이 되었지만, 우리의 발명기업은 MP3 플레이어에 대한 원 천특허를 가졌음에도 불구하고 세계 시장에서 잊히고 말았다.

MP3 플레이어 이야기는 우리나라에서 발명과 혁신의 대표적인 사 례이지만, 동시에 우리나라의 특허보호 수준을 높여야 할 필요성을 부

---

36) 사용자 인터페이스(UI)란 사용자가 컴퓨터나 휴대폰과 상호 작용하는 것을 의미하고, 사 용자가 IT 기기를 편리하게 사용할 수 있는 환경을 제공하기 위한 것으로, 아이콘이 대표적 사례다.

각시킨 역사적인 사건이기도 하다. 처음에 MP3 플레이어는 디지털캐스트 황정하 대표의 주도로 개발되었고, 시장 진출을 위해 세한정보통신과 제휴한 후, 엠피맨을 출시했다고 한다. 이후 두 회사는 경영상의 이유로 결별의 수순을 밟았고, MP3 플레이어에 관한 특허권[37]은 양분되어 관리되다가 최종적으로 미국의 변호사들이 설립한 특허관리회사인 TMT[38]로 넘어가게 된다.

TMT는 미국에서 삼성전자는 물론 애플, 샌디스크를 상대로 특허소송을 제기하였으나, 최종적으로 라이선스 계약에 합의하며 소송을 마무리했다고 전해진다. 그들이 합의한 내용은 비공개로 알 수 없지만, 아이팟과 아이폰을 만드는 애플조차 국내 기업의 특허에 실시료를 냈다는 점에서 시사하는 바가 크다.

현대 특허제도의 중요한 목표는 투자자 보호다. 그러나 MP3 플레이어는 국내에서는 그렇다 할 특허보호를 받지 못했다. 결국 우리가 세계 최초로 제품을 개발하고도 시장에서 성공을 이어 나가지 못한 사례로서 SNS,[39] Wibro[40]와 함께 MP3 플레이어도 한 자리를 차지하게 되었다. MP3 플레이어에 대한 이야기는 우리나라의 특허보호 수준이 미국에 비해 떨어진다는 것을 알려주는 대표적인 사례다.

---

37) 특허등록 제10-0287366호(공고일: 2001.4.18, 출원일: 1997.11.24.)

38) TMT(Texas MP3 Technologies)는 수명의 변호사가 설립했고, 생산에는 참여하지 않은 특허관리회사다.

39) SNS는 한국에서 최초로 싸이월드, 클래스메이트닷컴 등으로 시작하여 페이스북이나 인스타그램으로 발전했다.

40) 와이브로(Wibro: Wireless Broadband Internet의 줄임말)는 '무선 광대역 인터넷 서비스', '무선 광대역 인터넷'을 의미하고, 우리나라가 최초로 개발하였다. 휴대폰을 통해 이동하면서 인터넷에 접속할 수 있게 해주는 서비스다.

새로운 제품을 발명하면 그 기업은 시장을 차지하기 위해 기존의 경쟁사와 특허소송을 벌이는 것이 자연스러운 일이다. 엠피맨닷컴의 경우도 시장이 크게 성장하자 경쟁기업들이 가만히 있지 않았다. 그리고 그들은 MP3 플레이어의 시장을 나눠 먹기 위해 특허를 무효시켜야 했다. 당시 특허가 무효라고 주장한 측의 주요 근거는 다음과 같다. 첫째 일단 권리범위가 너무 넓게 청구되어 있었고, 둘째 MP3 플레이어에 핵심 부품인 디코더칩이 이미 시장에 나와 있어서 MP3 플레이어의 등장은 예정된 것이나 다름없었다. 마지막으로 엠피맨닷컴이 제품을 최초로 출시한 사실을 인정한다고 하더라도, MP3 음원을 재생하는 기술은 널리 알려진 것이다.

무효심판에서 뚜렷한 선행기술은 없었다. 그러나 권리자는 특허가 무효가 될 것에 불안을 느낀 나머지 청구범위를 대폭 축소하였다. 그

[청구항 1]

휴대용 음향 재생장치에 있어서, 2차전지로 이루어지며 부하에 필요한 동작전원을 공급하는 전원공급수단(100)과; 상기 전원 공급수단의 전원을 안정적인 전압, 전류로 정류하는 전원처리수단(200)과; 동작상태에 따라 메시지를 숫자 및 문자로 표시하는 표시수단(400)과; MPEG방식의 음원 데이터의 저장과 복원 재생에 대한 전반적인 동작을 제어하는 제어수단(500)과; 상기 제어수단에서 인가되는 신호에 따라 MPEG방식의 음원 데이터 정보를 지정되는 어드레스 번지에 저장하는 저장수단(600)과; 상기 저장수단에서 저장된 임의의 음원 데이터 재생과 저장 및 각종 동작제어에 대한 전반적인 동작을 지시하는 정보선택수단(300)과; 상기 제어수단에서 인가되는 신호에 따라 저장수단에 저장되어 있는 음원 데이터를 사람이 청취 가능하도록 변환하는 음향재생수단(700)과; 외부기기와 연결되어 음원 데이터 및 프로그램 데이터를 송수신하는 송수신수단(800)을 포함하는 것을 특징으로 하는 엠피이지 방식을 이용한 휴대용 음향 재생장치

[도면 3-9] 이 특허의 [청구항 1] 대표 구성도

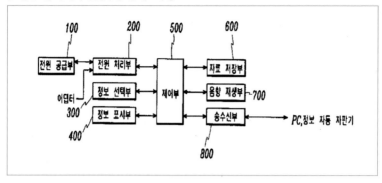

결과 무효심판에서 권리자가 청구범위를 대폭 줄여서 그 특허의 무효를 막을 수 있었지만, 대신 특허의 보호범위가 경쟁사들이 쉽게 회피할 수 있게 될 정도로 축소되었다.

우리 특허법에서는 권리범위가 한번 축소되면 다시 원래 상태로 되돌아가기 어렵다. 청구범위를 수정할 때 확대하거나 변경하는 것은 불가능하게 규정하고 있기 때문이다. 따라서 청구범위를 수정할 때는 신중해야 한다. 그렇다고 청구범위를 축소하지 않고 고수하다가, 청구항 일부가 무효이더라도 특허 전체가 무효가 될 수 있는 최악의 상황에 직면하게 된다. 그렇다면 이 사건에서 청구범위가 어떻게 바뀌었는지 살펴보자.

[청구항 1]은 권리범위가 가장 넓은 기본항으로, 전원공급수단(100)에서 송수신수단(800)까지 반드시 구비해야 하는 8가지 구성을 포함하는 휴대용 음향 재생장치를 청구하고 있다. 여기서 MPEG 방식의 디지털 음원 데이터를 송수신하여 저장하는 부분은 휴대형 장치에 필

> **[청구항 1] 삭제**
>
> **[청구항 3]** 청구항 1에 있어서, 상기 제어수단은 MPEG 방식으로 저장된 디지털 음원 데이터를 사람이 청취 가능한 음향으로 변환하기 위한 동작을 제어하는 CPU(501)와; 입출력 조작의 종료나 입출력 오류 시 상기 CPU의 동작을 제어하기 위한 제어신호를 출력하는 인터럽트제어기(503)와; 상기 CPU를 통하지 않고 직접 데이터를 입출력하기 위한 제어신호를 출력하는 DMA 제어기(521)와; 송수신 되는 데이터의 입출력을 제어하는 직렬/병렬 제어기(523)와; 상기 CPU에서 인가되는 인터럽트 제어신호에 따라 상기 저장수단에 저장된 프로그램 데이터를 억세스하는 램제어기(525)와; 상기 CPU에서 인가되는 인터럽트 제어신호에 따라 상기 저장수단의 플래시 롬을 활성화시키는 플래시 롬 제어기(527)를 포함하는 것

수적인 구성이고, 나머지는 MP3 음원 재생장치에서 빠질 수 없는 필수적 구성이다. 따라서 [청구항 1]이 그대로 유지되었더라면, 휴대용 MP3 플레이어는 대부분 침해를 구성할 수 있었다.

그러나 [청구항 1]이 삭제되고 [청구항 3]이 기본항이 되면서 권리범위는 대폭 축소되었다. 즉 [청구항 1]에서는 구성(100 내지 800)의 하나인 제어수단(500)을 세부적으로 한정하고 있는데, CPU(501), 인터럽트제어기(503), DMA 제어기(521), 직렬/병렬 제어기(523), 램제어기(525), 플래시 롬 제어기(527) 등 6개의 제어기를 포함하는 것으로 수정된 것이다.

따라서 최초 제어수단(500)이 '음원 데이터의 저장과 복원 재생에 대한 전반적인 동작을 제어'하기만 하면 모두 권리범위에 속하게 되어 있었지만 제어수단을 세부적으로 한정함으로써, 휴대형 음향 재생장치에서 8개의 기본 구성과 6가지 제어기의 세부구성을 포함하여 총 14개의 구성 중 어느 하나라도 빠지게 되면 권리범위에 속하지 않게

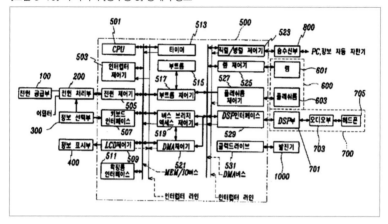

된다. 정리하면, 최초 8개의 구성만 실시하면 침해를 구성하지만, 수정 후 14개의 구성을 실시해야 침해를 구성하게 된다. 침해자의 관점으로 보면, 회피 설계가 훨씬 쉬워진 것이다.

그러나 미국에서는 계속출원(CA)과 일부계속출원(CIP)을 통해 청구범위를 바꿔가며 8건 이상의 특허로 등록을 받았다.[41] 따라서 1건의 특허가 무효가 되더라도 나머지 7건의 특허는 여전히 남게 된다. 미국은 청구범위를 여러 번 작성할 수 있게 제도적으로 허용함으로써, 무효소송에 대응할 때 청구범위의 수정으로 떠안게 될 위험을 줄일 수 있게 보장한다. 따라서 해당 기술이 원천기술이라고 생각하면 계속출원과 일부계속출원을 통해 다양한 형태의 청구범위를 계속 확보할 수 있는 것이다.

---

41) US08615315, UP06629000, US08116890, US08214064, US08843225, US08175727, US07055417, US08170700 등

계속출원 (CA, continuation application)	일부계속출원 (CIP, continuation in part application)
명세서에 새로운 내용을 추가할 수 없지만, 출원일을 최초 출원일로 소급하여 인정해주면서 청구범위를 변경하거나 심지어 넓힐 수 있게 허용한다.	명세서에 새로운 내용을 추가할 수도 있지만, 새로운 사항에 대해서는 최초 출원한 날로 출원일을 소급하여 인정받을 수 없다.

여기서 특허보호가 강력하다는 것이 무엇을 의미하는지 생각해볼 필요가 있다. 기본적으로 발명이 우수하다면, 어떠한 상황에서도 특허로 보호받을 수 있어야 한다는 뜻이 아닐까? 만약 우수한 기술이 절차적 문제로 인하여 보호받을 수 없게 된다면, 결국 특허제도가 목적을 달성하지 못하게 되는 것이다. 나아가 특허보호가 강력하다는 것은 궁극적으로 좋은 발명이라면 빠뜨리지 않고 보호할 수 있어야 한다는 의미도 있다. 만약 에디슨의 발명이 특허로 보호받을 수 없었다면, 특허제도는 무슨 의미가 있을까?

또한 애플은 사용자 인터페이스(UI) 특허와 디자인, 트레이드 드레싱 등 다양한 지식재산권을 받아서 장차 닥쳐올 소송에 철저히 대비하였다. 그러나 당시 우리 특허기업은 MP3 플레이어의 경우처럼 단순하게 1건의 특허와 불리한 심판 절차로 많은 경쟁기업과 싸워야 했으니, 기울어진 운동장에서 불공평하게 싸워야 했던 셈이다.

그동안 우리나라도 계속출원의 장단점을 연구해왔다. 우리 기업도 특허침해에 대비하여 강한 포트폴리오를 구축할 수 있도록 지원하기 위하여 분할출원과 함께 분리출원제도[42]도 새로 도입했다. 미국의 계속출원과 유사하게 심사 단계에서 분할출원을 활용하면, 다양한 형태의 청구범위로 특허 건수를 늘려가며 등록받을 수 있다. 또한 심판 과정에서 등록 가능한 청구항이 있다면 분리하여 등록받을 수 있게 되었다. 그리고 우수한 발명이 소송에서도 이길 수 있도록 강한 포트폴리오를 구축하도록 디자인과 상표 등 산업재산권은 물론 영업비밀로 보호 영역을 넓혀가며 다양한 형태의 권리를 확보할 수 있게 제도를 정비해오고 있다.

---

42) 과거에 거절결정불복심판에서 일부 청구항이라도 등록받기 어려울 경우, 나머지 청구항이 등록받을 수 있더라도 그 발명은 전체가 등록이 거절된다. 그러나 2022년부터 심판에서 일부 청구항이 거절을 유지하는 심결을 받더라도, 등록받을 수 있는 나머지 청구항은 분리출원을 통해 등록받을 수 있게 하였다.

3. 특허소송의 또 다른 의미

권리자에게는 산 넘어 산, 침해자에게는 걱정거리

어떤 신제품이 시장에서 관심을 받기 시작하면 경쟁사들은 짝퉁의 유혹에 빠지기 쉽다. 그러나 짝퉁을 방치하면 기술개발에 막대한 자금을 투자한 기업은 설 땅을 잃는다. 앞에서 본 바와 같이, 특허제도로 투자자를 보호하여 기업들의 기술개발 경쟁을 유도할 수 있다. 따라서 우리가 특허만 잘 보호해주면, 국내외 기업이 기술개발을 통해 창의적이고 혁신하는 경제를 만들어갈 수 있을 것이다.

우리 경제가 지속적으로 성장하기 위해서는 창의와 혁신의 길을 걷는 것이 살 길임이 분명하다. 이제는 과거처럼 남들보다 빨리 만드는 따라쟁이(fast follower)로 경쟁사를 따돌리기 힘들어졌다. 기술을 혁신하고 남다른 신제품을 내놓아 부가가치를 높이는 선두주자(first mover)만이 살아남을 수 있는 시대가 온 것이다.

그러나 우리 기업들은 특허보호에 큰 기대를 할 수 없다며 고충을 토로한다. 왜냐하면 특허를 가지고 있더라도 현실적으로 짝퉁을 막아내기 힘들기 때문이다. 막상 특허권을 행사하려고 하면, 50% 이상의 특허가 등록 무효가 되고, 소송에서 승리하더라도 배상액이 1억 원도 안 된다는 것이다. 실제로 특허가 있더라도 짝퉁을 막아내는 역할을 제대로 하려면 넘어야 할 산이 많다.

가장 중요한 것은 '선행기술'이다. 대다수 발명가는 자신의 특허가 세계 최초라고 믿지만, 어딘가에 그 특허의 선행기술이 있게 마련이다. 일반적으로 발명은 종래 기술에서 발생하는 문제를 인식하는 데서 출발해(problem) 그 문제를 해결하기 위해 고안해낸 구체적인 장치와 방법이다(solution). 그런데 종래 기술의 문제를 알고 있는 다른 누군가는 해결 방안을 찾으려 했거나 이미 비슷한 해결 방안을 찾았을 수도 있다.

일단 특허가 제출되면 심사관은 가장 먼저 선행기술이 있는지 찾아본다. 이후 특허소송이 벌어지면 이번에는 당사자들이 또다시 선행기술을 찾는다. 그런데 소송은 차원이 다르다. 선행기술을 찾는 것이 당사자에게 사활이 달린 문제이기 때문이다. 따라서 무엇보다 특허를 낼 당시에 선행기술의 존재를 파악하는 것이 무엇보다 중요하다. 선행기술은 특허를 거절하거나 무효로 만들 수 있는 증거로, 세계 어디에서 찾았더라도 증거로 인정받을 수 있다.

발명자가 넘어야 할 다음 산은 '청구범위'를 적절히 작성하는 것이다. 청구범위에 따라 보호받을 수 있는 권리범위가 결정되기 때문이다. 만약 청구범위에 문제가 있으면, 발명이 잘 기재되어 있더라도 보호받을 권리가 무용지물이 될 수 있다. 특히 주목할 점은 심사나 심판 절차가 진행될 때까지도 청구범위를 고칠 수 있지만, 이 시기가 지나면 수정하기가 무척 어려워진다.

특허는 전에 없었던 기술에 관한 법적 효력을 가진 권리로 문자로 기록한 계약서와 같다. 즉 특허를 받으면 새로운 기술을 발명한 노고에 대한 법적 권리가 보장된 셈이다. 이때 발명은 사진과 영상이 아닌 문자로만 표현해야 한다. 필요에 따라 도면을 첨부할 수 있지만, 참고할 사항일 뿐이다. 사람들이 같은 장면을 보더라도 각자 다른 글로 쓰는 것과 같이, 동일한 발명이라도 청구범위는 다양하게 작성할 수 있다. 나아가 특허를 낼 때 청구범위를 아무리 잘 작성하더라도, 미래에 발생할 분쟁까지 예측하여 적절하게 작성한다는 것은 매우 어려운 일이다.

발명자가 넘어야 세 번째 복병은 '사후적 고찰(hindsight)'이다. 이를 두고 '콜럼버스의 달걀'에 비유한다. 세계적인 발명도 사후적 고찰로 보면 누구나 할 수 있을 만큼 쉬워 보인다. 처음 심사관이 되면, 발명이 시작될 당시로 돌아가서 통상의 기술자가 쉽게 착안할 수 있는 발명인지를 판단할 것을 교육받는다. 그러나 발명하고 한참이 지난 후라면 누구라도 사후적 고찰을 피하기 어려운 상태에 놓인다. 특히 이해관계를 가진 사람들에게는 더욱더 쉽지 않다.

위와 같이 여러 가지 점에서 특허로 보호받는 일은 절대 쉽지 않다. 그러나 침해자에게 특허소송은 두려운 존재이다. 어느 중소기업 사장의 말이 떠오른다. 그는 제품을 판매하고 난 후, 혹시 예기치 못한 특허소송이라도 생길까 봐 한동안 잠을 못 잤다고 했다. 권리자가 특허로 보호받기 위해 넘어야 할 산이 많다고 하소연할 때, 침해자는 혹시 모를 특허소송을 걱정하고 있다. 특허소송에서 이기더라도 침해자가 얻을 수 있는 이득은 없다. 그러나 지기라도 하면, 그동안 투자한 설비와 생산된 제품을 폐기해야 한다. 그것뿐이 아니다. 그동안 힘들게 번 수익조차 손해배상금으로 날릴 수 있다.

소송을 통해 진정한 발명가로 인정받자

특허소송이 갖는 또 다른 의미를 살펴보자. 역사적으로 특허소송은 발명의 위대함을 입증하는 기회이기도 했다. 발명자에게 소송은 시련의 길이 될 수도 있지만, 잘 대응하면 '세계 최초의 발명'이라는 영애를 인정받을 수 있는 기회이기도 하다. 소송를 통해 자신의 발명이 그 어떤 선행기술과도 다르다는 것을 공식적으로 확인받을 수 있기 때문이다. 즉 특허소송에서 이겼다는 것은 발명자가 이해관계를 가진 당사자와 사활을 걸고 싸워서 승리했다는 의미이다. 따라서 특허소송에서 살아남았다면 진정한 발명자이자 특허권자로 인정할 수 있는 것이다.

에디슨의 전구를 예로 들어보자. 진정 그가 전구를 최초로 발명한 것일까? 당시 전구는 존재하고 있었다. 다만 기존 전구가 빛을 발하는 시간이 길지 못하다는 문제가 있어서 두루 사용되지 못했다. 그런데 왜 사람들은 전구를 최초로 발명한 사람이 에디슨이라고 생각하게 되

에디슨의 전구   그레이엄 벨의 전화기

었을까? 아마도 6년이나 걸린 특허소송에서 승리한 것이 크게 영향을 미쳤을 것이다.

전화를 발명한 그레이엄 벨도 마찬가지다. 그 역시 특허소송을 통해 전화기를 발명한 사람으로 인정받았다. 또 다른 발명가 엘리샤 그레이도 전화기를 발명했지만, 벨보다 2시간 늦게 발명했다는 사실이 소송을 통해 밝혀졌다. 스티브 잡스도 삼성전자와의 세기의 소송을 통해, 아이폰에 적용된 특허 중 사용자 인터페이스를 최초로 발명한 것으로 인정받을 수 있었다. 바운스 백(bounce back), 밀어서 잠금해제(slide to unlick), 아이콘을 길게 접촉하여 위치를 변경시키는 특허, 휴리스틱스(hewristics)[43] 특허와 아이콘 디자인 및 그 배열, 아이폰의 포장 등도 소송을 통해 최초로 발명한 것임을 확인받을 수 있었다.

---

43) 휴리틱스는 터치 스크린상에서 감지된 사용자 손가락의 움직임이 나타내는 명령을 판단하기 위한 알고리즘이다.

여러 번의 고비를 넘고 막대한 시간과 비용을 들여야 특허소송에서 승리할 수 있다. 발명자에게 특허소송은 위기이다. 그러나 위기를 기회로 바꿀 필요가 있다. 특허소송은 발명자뿐만 아니라 그 기업도 피하기가 쉽지 않다. 소송을 피할 수 없다면, 오히려 발명을 제대로 인정받을 기회로 삼자. 특허를 보유한 기업들이 소송에 사활을 걸고 대응한다면, 분명히 진정한 발명자로 인정받을 기회가 될 수 있다.

만약 특허소송에서 여러 고비를 넘기고 승리한 발명자가 있다면, 우리는 그를 진정한 발명자로 인정하고 존중해야 하지 않을까? 어떤 발명품이 특허 심사와 심판, 소송이라는 어려운 관문을 통과했다면, 그 제품은 세계 최초로 발명한 제품으로서 당당히 인정받을 수 있어야 한다. 이러한 이유로 특허소송을 발판으로 이름도 없었던 기업이 단숨에 세계적 기업으로 도약한 이야기를 우리는 종종 접하게 된다.

예를 들면, 1976년, 코닥이 폴라로이드의 즉석카메라와 비슷한 제품을 출시하면서 소송이 시작되었다. 다윗과 골리앗의 싸움이었다. 폴라로이드가 이 소송에서 코닥을 쓰러뜨리고 승리하면서 혜성처럼 세계 카메라 시장에 등장했다. 1880년대부터 60년 넘게 세계 카메라 시장을 장악하고 있었던 골리앗 코닥이 폴라로이드 발명의 위대함을 보장한 셈이 되었다.

애플이 삼성과 특허 전쟁을 벌이고 난 후, 스티브 잡스는 아이폰의 특허와 디자인의 발명자로, 애플은 컴퓨터 회사에서 세계적인 통신기업으로 우뚝 설 수 있었다. 특허소송을 통해 애플은 컴퓨터 기업에서 이동통신 기업으로 변신하는 데 성공하게 된 것이다. 나아가 세계적인 통신기업으로 인정받을 수 있었다. 또한 서울반도체는 청색 엘이디에 대한 원천특허를 가진 기업과 소송을 벌여 당당히 교차 사용 계약(크로스 라이선스)을 맺고 마무리했다. 그 결과 서울반도체는 엘이디 시장에서 강한 특허를 보유한 기업으로 인정받으며 지금까지 세계 시장을 주름잡을 수 있었다.

그러나 우리 사회에서 특허소송을 통해 역사적인 발명가로 인정받은 사례는 많지 않다. 세계 시장에서 1등 하는 제품을 많이 가지고 있는 것에 비하면, 발명과 특허로 이름을 떨친 발명가와 기업은 상대적으로 많지 않다. 아마도 우리나라 기업들이 특허소송을 피하거나 소극적으로 대응하는 것도 하나의 이유가 아닐까? 특허소송을 피할 수 없으면 적극적으로 대응하는 것이 낫다. 다만 미래에 닥칠 소송에 대비해 청구범위를 적절히 작성하는 것이 먼저다. 그리고 특허소송이 벌어졌을 때, 최초의 발명으로 인정받고, 진정한 발명가 기업으로서 세계 무대에 당당히 오를 수 있어야 한다.

4. 특허와 기업의 주가

기업은 영리 추구를 목적으로 하는 조직이다. 어떤 기업이 주식시장에 상장되었다면, 그 기업의 주인은 주주이고 경영자는 주주의 이익을 우선해야 한다. 따라서 경영자는 주주를 대신해서 최소의 비용으로 최대의 이익을 추구하는 방향으로 모든 의사 결정을 해야 할 것이다. 만약 기업이 특허를 취득하기 위해 비용을 쓰기로 했다면, 미래에 그 기업의 수익은 증가해야 하고 주가도 오르는 것이 마땅하다.

2003년 KDI의 연구[44]에 따르면, 우리 주식시장에서 기업이 특허를 취득했다는 공시가 주가에 미치는 영향을 조사했다. 당시 1997년부터 2001년까지 4년간 증권거래소에 상장한 기업 중 특허취득 공시를 한 126개 기업을 대상으로 주가 변동을 분석한 결과, 특허취득 공시 전일과 당일에 해당 기업의 주가가 각각 1.35%와 2.67% 상승했다는 조사 결과가 나왔다.

---

44) 한국개발연구원(KDI), '지식재산이 경제발전에 미치는 영향'에 관한 연구, 2003; 특허청 보도자료, 특허출원 1% 증가, 경제성장률 0.11%를 상승시켜, 2003.7.21.

특허취득 공시일 전후 평균 비정상 수익률 및 누적 평균 비정상 수익률

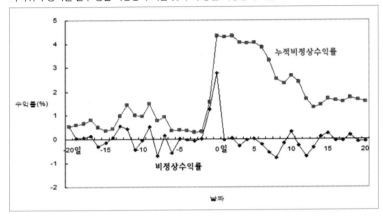

물론 이 조사는 다수의 상장기업에 대한 주가 변동값을 평균한 것으로 모든 공시기업이 다 같이 오르는 것을 의미하지는 않는다. 어떤 기업은 주가가 크게 상승했지만, 다른 기업의 주가는 오히려 하락하기도 했다는 의미다. 다만 20여 년 전에도 우리 주식시장에 상장한 기업의 특허 활동이 주가에 긍정적인 영향을 미치고 있음을 확인하는 데 의미를 둘 수 있다.

사실 기업의 주가에 더 큰 영향을 미치는 것은 특허 취득이 아니라 특허소송이다. 당연히 국내 소송보다 해외 소송의 파장이 더 크다. 예를 들어 2009년 3월경 서울반도체와 니치아 간의 소송이 이를 명백히 증명한다. 두 기업은 한국을 비롯해 일본, 미국, 영국, 독일 5개국에서 30건 안팎의 소송을 진행하고 있었다. 그러다 두 기업이 교차 사용계약을 맺고 소송을 모두 취하하기로 했다는 기사가 나왔다.

얼핏 보면 소송이 화해로 잘 마무리된 것 같지만, 사실상 서울반도

[도면 3-11] 아크리치 특허의 기본 개념도

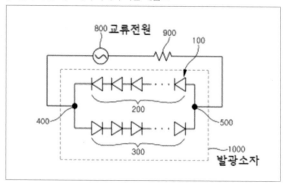

체가 승리한 것이나 다름없었다. 당시 니치아는 노벨 물리학상을 안 겨준 청색 다이오드의 원천 특허를 보유하고 있는 세계적인 기업이었 다.[45] 반면 서울반도체는 다이오드 업계에서 잘 알려지지 않은 중견 기업이었다. 따라서 두 기업이 합의했다는 것은 서울반도체가 맞소송 한 아크리치 특허[46]가 니치아의 청색 다이오드만큼 가치를 높게 인정 받은 것이 된다. 원래 발광다이오드는 직류전원에서만 구동된다. 당시 서울반도체는 교류전원에서도 별도의 정류기 없이 구동되는 다이오 드 기술을 개발하고 여러 국가에서 특허를 등록받았다.

　소송 결과가 시중에 발표되고 난 후, 서울반도체의 주가는 1만 원에 서 반년 만에 5만 원까지 올랐다. 이를 시가총액으로 환산하면 2조 원 넘게 증가한 것이다. 서울반도체가 가진 아크리치 특허는 세계 조명

---

45) 전자신문, 청색 LED 개발로 노벨물리학상 수상한 나카무라 교수, "중소기업에서 꿈을 펼쳐 라", 2014.10.22.
46) 직류(DC)에서 구동되는 발광다이오드(LED)를 정류기 없이 교류(AC)에서 구동할 수 있게 한 기술

서울반도체의 주가 흐름 차트(주봉)

자료 : http://finance.naver.com/item/fchart.nhn?code=046890

과 디스플레이 업계가 오랜 기간 해결되기를 바라던 숙원과제의 하나였음이 입증되는 순간이다. 이 주가 흐름은 앞으로 서울반도체가 교차 사용계약을 맺은 니치아의 특허로 세계 시장에서 누리게 될 파급력을 반영한 결과라 할 수 있다.

기업의 전체 자산 중 특허와 같은 무형자산의 비율은 기업의 가치에 어떤 영향을 미칠까? 미국의 무형자산 가치평가 전문업체인 오션토모(Ocean Tomo)에 따르면, S&P 500[47] 기업은 무형자산이 기업의 가치를 결정하고 성장을 주도하는 핵심 요소라고 발표했다. 또한 지난 45년 동안 무형자산의 비중은 17%에서 90%까지 급격히 증가했다. 말하자면, 미국 상장기업에서 전체 자산 중 산업재산권, 영업권, 저작권

---

47) 뉴욕증권거래소와 나스닥에 상장된 기업의 시가총액 80% 이상을 차지하고 있는 500대 대기업의 시가총액 기준 주가지수

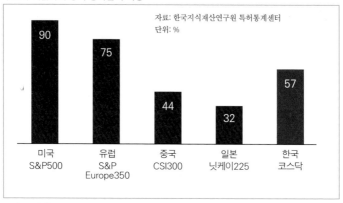

주요국 기업가치 중 무형자산의 비중

자료: 한국지식재산연구원 특허통계센터
단위: %

미국 S&P500: 90
유럽 S&P Europe350: 75
중국 CSI300: 44
일본 닛케이225: 32
한국 코스닥: 57

출처: 중기이코노미, 2023.9.19.
https://www.junggi.co.kr/article/articleView.html?no=31073

등 무형자산의 가치가 90%나 차지한다는 의미다.[48]

또한 한국지식재산연구원에 따르면, 코스닥 기업도 무형자산이 전체 자산의 57%에 이르고, 이는 일본 32%, 중국 44%에 비해 더 높은 비중을 차지하는 것으로 조사되었다. 미국의 90%에 비하면 아직 낮기는 하지만, 한국 코스닥 기업도 특허 같은 무형자산이 전체 자산의 절반 이상을 차지하고 있다는 사실은 주목할 만하다.

통상 R&D에 집중하여 투자하고 특허와 지식재산을 많이 확보한 기업일수록 무형자산의 비중이 높다. 즉 무형자산의 비중은 기업의 R&D 투자와 그 성과를 평가하는 지표라 할 수 있다. 따라서 무형자산의 대표격인 특허가 상장기업의 주가에 큰 영향을 미치는 것은 당연한 결과로 보인다.

---

48) 지식재산연구원, "산업재산권 보유 많을수록 산업매출 높아", 특허뉴스, 2023.9.19.

최근 발생한 사례를 통해 특허가 주가에 어떻게 영향을 미치는지 살펴보자. 국내 연구소인 퀀텀에너지연구소에서 '상온 초전도 물질'을 개발했다는 소식이 알려져 세계의 이목이 집중되었다.[49] 그동안 초전도 물질은 극히 낮은 온도인 극저온에서만 사용할 수 있다는 이유로 상용화되지 못했었다. 따라서 상온에서 온도를 크게 낮추지 않고도 초전도 특성을 띠는 물질을 발명했다는 것은 산업계가 오랜 기간 실패를 거듭해 온 숙원 과제를 해결한 것으로 볼 수 있다.

초전도 물질에 관한 연구는 1911년으로 거슬러 올라간다. 당시 매우 낮은 온도인 $4.2K$[50](헬륨의 액화온도인 영하 233℃)에서 전기저항이 사라지는 현상, 즉 초전도 현상을 발견했다. 그런데 구리 같은 도체는 저항이 낮지만 전류가 흐르면 열이 나고 에너지 효율이 떨어지는 문제가 있었다.

그 후 수많은 연구가 초전도 현상을 보이는 온도를 높이려고 했지만, 30K(영하 243℃), 97K(영하 176℃) 등에 머물고 있었다. 97K, 즉 영하 176℃는 여전히 매우 낮은 온도. 그러나 이번에 퀀텀에너지연구소에서 발표한 LK-99라는 물질은 그보다 대략 200℃를 높인 영상 20℃ 정도의 상온[51]에서 초전도 특성이 나타난다고 한다. 만약 이 정도의 온도에서 가능하다면, 머지않아 우리 주변에서 초전도 특성을 내는 물

---

49) 연합뉴스, LK-99 만든 이석배 "개발물질 초전도체 맞다…검증받을 것", 2024.1.9.
50) 절대온도(Kelvin)는 온도의 SI 단위이고, 켈빈(K)은 절대온도를 나타내는데, 0K는 절대영도 (이상 기체의 부피가 0이 되는 온도)이며, 섭씨 0도는 273.15K에 해당한다.(0K=-273.15℃)
51) 상온(常溫)은 일정한 온도를 뜻하며, 대개 20±5℃를 의미한다. 실온과 같은 뜻으로 쓰이기도 한다.

223

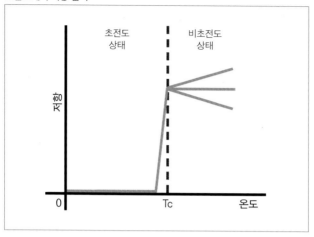

초전도체의 저항 전이

초전도
상태

비초전도
상태

저항

0 Tc 온도

질을 다양한 용도로 사용할 수 있게 된다.

2020년 7월에 퀀텀에너지연구소는 이 물질에 대한 발명으로 최초로 특허를 내고 등록도 받았다. 그러나 유명 학술지 〈네이처〉[52]는 검증되지 않았다는 이유로 그들의 논문을 게재해주지 않았다. 그리고 1년 후인 2021년 8월에 두 번째 특허가 제출되었고, 현재 심사 대기 중으로 확인된다.

특허권자인 퀀텀에너지연구소는 아직 주식시장에 등록되지 않은 비상장 연구 기업이므로 그 기업의 가치를 주가로 추정해볼 수 없다. 그런데 이 연구소에 자금을 투자했던 벤처투자사는 향후 수익을 기대할 수 있게 되었다. 또한 이 투자사 지분을 보유한 기업들도 유리한 상

---

52) 〈네이처(Nature)〉는 세계에서 가장 오래되고 저명하다고 평가되는 영국의 학술지로서, 자연과학, 공학 등 다양한 분야에서 동료평가를 거쳐 논문들을 게재한다.

황이 전개될 것으로 예측된다. 특허권자인 연구소는 기업활동을 하지 않지만, 벤처투자사의 지분을 가진 기업들은 통상실시권 허락을 쉽게 받을 수 있기 때문이다.

그 대표적인 기업이 신성델타테크다. 신성델타테크는 해당 벤처투자사에 가장 많은 지분을 보유하고 있는 상장기업이다. 최근 주식시장에서 상온 초전도 물질에 대한 수혜주로 큰 주목을 받았다. 홈가전과 전기자동차용 배터리에 부품을 공급하는 기업으로 이 초전도 물질을 직접 제품에 적용할 수 있을 것으로 기대된다. 2023년 7월 21일, 1만 3,110원 하던 주가가 한 달만에 4만 8,550원까지 올랐다. 단지 상온 초전도 물질을 발명한 연구소에 투자한 벤처사의 지분을 가지고 있다는 이유로 짧은 기간에 기업 가치가 4배 가까이 상승한 것이다.

초전도 물질은 전기저항이 없는 소재로 에너지 손실을 없앨 수 있다. 오랜 기간 국내외 산학연은 상온에서 구현되는 초전도 물질을 연구해왔지만 이렇다 할 성과를 내지 못했었다. 만약 상온 초전도 물질

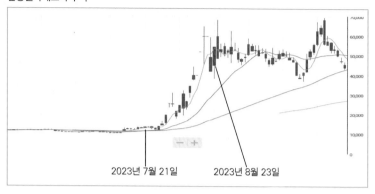

신성델타테크의 주식

2023년 7월 21일   2023년 8월 23일

을 사용할 수 있게 된다면, 동력을 발생시키고(모터), 전력을 전달하고 (송전), 에너지를 저장하는(ESS) 등 현대 생활에 필수적인 전력 시스템에 혁명을 불러올 것으로 예상된다. 나아가 에너지 문제로 큰 위기에 처한 현대 인류 사회를 구할 만큼의 위대한 힘을 보일 것이다.

상온 초전도 기술은 그 자체만으로 수많은 분야에 어마어마한 파급 효과를 가져올 것이다. 신성델타테크는 특허권을 실시하고자 할 때, 유리한 조건으로 라이선스를 받을 수 있을 것이다. 또한 벤처투자사로서 그 지분에 따라 수익도 배당받을 수 있다. 그 결과 기업의 성장 가능성이 크게 높아질 것이고, 주가 상승으로 이어질 수 있다.

다만 아직도 학계에서 검증을 요구하고 있고, 후속 특허에 대한 심사도 불투명하다. 위험 요소는 여전히 많다. 더구나 기업활동을 위한 연구가 더 필요한 상황으로 실제 매출을 올릴 때까지 상당한 시간이 소요될 것이다.

Galileo
Galilei

Leonardo da
Vinci

do du
inci

제4장

누가
발명가가 되는가

1. 누가 발명가가 되는가?

앞에서 살펴본 바와 같이, 김세직 교수는 우리나라가 계속 성장하기 위해 창조형 인적자본을 키우는 것이 중요하다고 강조했다. 과거에는 지식을 암기하고 습득하는 교육에 집중했다면, 지금부터는 새로운 문제에 부딪혔을 때 창의적인 해결 방안을 찾아낼 수 있는 능력을 키우는 교육이 필요하다는 것이다. 그렇다면 누가 발명가가 될까? 미국의 한 연구에 따르면, 어릴 때부터 발명과 혁신에 노출된 사람이 발명가가 될 가능성이 크다고 한다.

우리의 발명 교육도 변해야 한다. 지금까지는 학생들에게 특허와 지식재산에 관한 지식을 가르치는 것에 치중해왔다면 앞으로는 우리 삶 주변에서 어떤 문제점을 찾아내고 그것을 해결하기 위해 스스로 아이디어를 찾아내고 실험해보면서 문제와 그 해결 방안(problem & solution) 위주로 발명 교육을 전환할 필요가 있다.

이와 관련해 미국에서 시작된 주목할 만한 발명 교육이 있다. MIT 대학이 레멜슨 재단과 손잡고 아이들에게 다양한 과제와 해결 방안을

찾아 경험할 수 있는 발명 프로그램을 20년간 운영하고 있다.[1]

이 프로그램에 참여하기 위해 학생들은 발명팀(inventeam)을 구성한다. 그들은 팀으로 활동하면서 창의적인 문제해결 능력과 직장에서 성공할 수 있는 신기술을 습득할 수 있다. 이 프로그램에 참여하는 학생들은 1년 동안 7만 5,000달러(약 1,000만 원)의 보조금을 받을 수 있다. 또한 대학에서 펠로우를 지정해주고 실습을 위한 시설물도 이용할 수 있도록 지원한다. 학생들은 실생활에서 접하는 문제를 직접 기술적으로 해결해보면서 발명과 혁신을 체험할 수 있게 된다. 다음 글은 이 프로그램에 참가한 캘리포니아의 한 발명팀에 관한 내용이다.

2023년부터 1년간 활동한 캘리포니아 주 중고교의 '인벤팀'

캘리스토가(Calistoga) 중고등학교는 소방관들이 화재 속에서 시원함을 유지하는 방법을 다루고 있다. 이 팀은 학교가 위치한 나파 밸리에 4건의 엄청난 화재가 발생하면서 이 문제를 해결하고자 하는 마음을 먹게 되었다. 이 화재는 모두 캘리포니아 화재의 가장 파괴적인 산불 20대 목록에 올랐다. 학생들은 소방관, 경찰, 가족 센터 담당자와 직장에서 시원함을 유지하는 방법에 대하여 인터뷰했고, 장시간 최대 40파운드의 개인 보호 장비를 착용하는 산불 소방관에 초점을 맞추기로 했다. 소방관의 직무 중 사망사건의 42%는 과로와 열 스트레스와 직접 관련이 있으므로 이 팀은 소방관의 건강과 안전을 보호하는 데 도움을 줄 것이다. InvenTeam은 이번 학년 동안 유용하고 독특한 냉각 장치를 발명할 예정이다. 그들은 소방대원들에게 깊은 관심을 두고 연구하고 있다.

---

[1] https://lemelson.mit.edu/forging-pathway-invention-education (2024.7.10. 접속)

캘리스토가 중고교 발명팀

맹모삼천지교(孟母三遷之教)라는 고사성어가 있다. 맹모가 자식을 잘 가르치기 위해 세 곳이나 이사한 이야기는 너무도 익숙하다. 원전에 따르면, 처음 맹자의 집은 공동묘지 근처였는데 어린 맹자가 상여 옮기는 흉내와 곡하는 시늉을 하면서 놀았다고 한다. 맹모가 이를 걱정하여 시장통으로 이사를 하니 이번에는 상인들의 장사 흉내만 내며 놀았다. 마지막으로 공자를 모시는 문묘로 이사를 했더니 맹자가 예절을 따라 하고 글월을 익히는 데 관심을 가지게 되었고, 마침내 대학자로 성장했다는 것이다. 정리하면, 맹자가 대학자로서 성공하게 된 이유는 공자를 모신 문묘 근처로 이사한 후, 학자를 섬기며 학문을 가까이하는 이웃 사람들의 영향을 받았기 때문이라 해석된다. 맹모 이야기는 우리나라 같은 동양 문화권에서 자식을 키우는 부모들이 교육 환경에 지나칠 정도로 신경을 쓰게 된 배경이 되었을 것이다.

미국에서도 맹모삼천의 일화가 떠오르는 연구가 있었다. 2017년 말, 하버드 대학이 중심이 되어 수행한 "미국에서 누가 발명가가 되는가? 혁신에 노출되는 것의 중요성"[2]이 큰 관심을 끌었다. 그들은 1996년부터 2014년 사이 18년간 미국 특허공보에 기록된 발명가 120만 명을 추적해 그들의 생애를 분석해보았다.

그 결과 발명가가 되는 데 큰 영향을 미친 요인은 그들이 성장할 때 혁신에 노출된 환경이라는 것이다. 여기서 '혁신에 노출'이란 발명과 혁신 분야에 종사하는 가족이나 이웃 사람들과 생활하며 접촉한다는 의미이다. 결론적으로 성장기에 주변에서 접하는 사람들과 그 주변의 환경이 청소년의 미래에 큰 영향을 미친다는 것이다. 맹모삼천지교와 같은 맥락이다. 예를 들면, 보스턴에 사는 사람 중에서 어릴 적 실리콘밸리에서 성장한 사람들이 컴퓨터 분야의 발명가가 될 가능성이 컸다. 또한 매년 의료기기 박람회가 열리는 미니애폴리스에서 자란 청소년들이 의료기기 분야에서 특허를 낼 가능성이 컸다.

소득수준도 영향을 미친다. 소득수준 상위 1%의 가정에서 자란 자녀들이 중위소득 이하의 가정에서 자란 아이들보다 발명가가 될 확률이 10배나 높았다고 한다. 다음 그래프와 같이, 부모가 특허를 가질 경우 가정소득이 높았고, 부유한 가정에서 자란 아이들이 또다시 특허를 보유할 가능성도 커지는 것으로 이해된다. 반대로 저소득 가정의 자녀

2) "Who Becomes an Inventor in America? The Importance of Exposure to Innovation", Alex Bell(Harvard University), Raj Chetty(Harvard University and NBER, Xavier Jaravel(London School of Economics), Neviana Petkova(Office of Tax Analysis, US Treasury), John Van Reenen(MIT and Centre for Economic Performance), November 2018.

부모의 소득과 자녀의 발명가 수

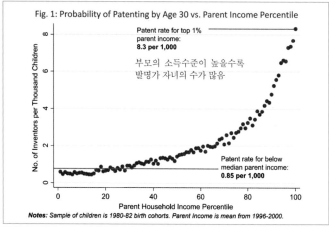

출처: Alex Bell, Harvard 외, The Lifecycle of Inventors, MIT
https://www.nationalacademies.org/documents/embed/link/LF2255DA3DD
1C41C0A42D3BEF0989ACAECE3053A6A9B/file/D50D8D889F56CCB58F716
1A5EDD78AEC89C1ECBFF0D0?noSaveAs=1

들은 발명가로 성장하기 어렵고, 그 결과 혁신에 따른 경제적 혜택도 보지 못한다고 볼 수 있다.

이 연구는 혁신에서 소외된 가정의 자녀들이 고소득층의 자녀들과 동일한 비율로 발명가가 된다면, 미국의 혁신도 4배 정도 높아질 것으로 전망했다. 따라서 저소득층 자녀들에게 혁신에 대한 노출의 기회를 늘릴 수 있다면, 그들의 소득도 높이고 국가의 혁신 경제도 크게 성장시킬 수 있는 것으로 기대된다고 분석했다.

그렇다면 부모나 이웃 사람들이 혁신 분야에 종사하지 않더라도 청소년들을 혁신 환경에 노출시킬 방법이 있을까? 이 연구에서는 그들에게 멀리 떨어진 혁신가와 다양하게 접촉하도록 하면 혁신 환경에 노출시킬 수 있다고 생각했다. 예를 들어, 발명가를 청소년들의 멘토로서 혹은 펠로우로서 직간접적으로 만날 수 있도록 장을 만들어준다든지, 혁신가의 도전 이야기를 책이나 디지털 콘텐츠로 볼 수 있게 한다든지 등의 방법을 제안한다.

미국의 주요 언론과 싱크탱크는 이들의 연구에 큰 관심을 가지고 앞다투어 보도했다. 의회 또한 이듬해인 2018년 '이공계의 성공을 추구하는 소수집단 연구에 관한 법(success 법)'을 제정하고[3] 더 많은 소외계층의 청소년들이 혁신에 노출될 수 있도록 지원하는 정책을 폈다. 미국 특허청도 매달 1명씩 성공한 발명가를 발굴하여 그들의 이야기를 공유하고 있다.[4]

미국과 마찬가지로 우리 학생들도 사는 지역과 가정의 소득수준에 따라 혁신 환경에서 노출되는 정도가 차이 난다. 실제로 수도권에 비해 지방이, 대도시에 비해 농어촌 지역이 상대적으로 혁신에 노출시킬 수 있는 환경이 뒤떨어져 있다. 이런 이유로 우리 정부와 언론도 오랫동안 지역의 균형발전과 농어촌에 대한 특별지원에 관심을 기울여왔다.

이 연구는 부모의 소득수준이 발명과 특허를 매개로 자녀에게 대물림될 수 있음을 밝혔다. 맹모와 같이 교육 환경을 중시하는 학부모들에게 전혀 낯설지 않은 결과이다. 우리 자녀들도 혁신 환경에 노출될 수 있도록, 즉 내 가족과 이웃이 혁신 분야에 종사하지 않더라도 발명

---

3) Study of Underrepresented Classes Chasing Engineering and Science Success(SUCCESS) Act of 2018.

4) https://www.uspto.gov/learning-and-resources/journeys-innovation, 2024.7.11.

혁신가들과 직간접적으로 접촉하고 관련 경험을 쌓을 수 있게 기회를 만들어주어야 한다.

우리 정부는 2017년에 발명교육법을 새로 제정하여, 전국의 지자체와 초중고교를 대상으로 200여 개가 넘는 발명교육센터를 운영하고 있다. 특히 지방과 농어촌 등 취약계층에 대해 발명 체험 교육을 지원할 수 있도록 규정하여 더 많은 학생이 골고루 혁신 환경에 노출될 기회를 부여하려고 힘쓰고 있다.

비록 가족과 이웃들이 혁신 분야에 종사하고 있지 않더라도 가난을 대물림하지 않기 위해서 그 자녀들이 혁신 환경에 노출될 수 있어야 한다. 그런데 우리 청소년들을 지금보다 더 효과적으로 혁신 환경에 노출시킬 방법은 없을까?

우리나라도 성공모델이 있다. 2009년부터 카이스트와 포스텍은 중학생 160명을 대상으로 영재 기업인을 키우기 위한 프로그램을 운영하고 있다. 이 과정은 발명과 특허를 기반으로 혁신 기업가를 키우기 위한 것이다. 학교는 학생들이 스스로 문제를 찾고 다양한 분야의 전문가와 협업할 수 있게 하여, 문제해결 방안을 찾아 특허를 내고 사업계획도 수립할 수 있도록 교육한다. 특히 이 프로그램은 발명 기업가와의 만남을 통해 혁신에 노출될 환경을 만드는 데 주목하고 있다. 지난 15년 동안 교육과정을 마친 학생들은 특허 등 5,000건을 출원하고, 스타트업 기업 78개를 창업했으며, 대한민국 인재상을 43명이나 수상

했다고 한다.[5] 대단한 성공으로 평가할 수 있다.

　소득수준과 거주 환경에 큰 차이가 있더라도, 우리 청소년들이 혁신 환경에 노출될 기회를 늘려 발명가로서 미래를 이끌어갈 주역이 될 수 있게 사회가 도와야 한다. 우리도 미국처럼 혁신으로 성공한 국내외 발명가를 발굴하여 그들의 삶의 이야기를 보여줌으로써, 청소년들이 그들의 삶을 이해하고 느끼며 공감할 수 있게 하는 것이 필요하다. 교훈이 될 만한 발명가를 멘토나 펠로우로 발굴하여 그들과 직간접적으로 만나거나 콘텐츠로 접할 수 있게 해야 한다.

---

5) 특허청, 지식재산 기반 차세대 영재기업인 교육원 신입생 모집, 2023.8.27.

2. 에디슨의 실패 이야기

토머스 에디슨이 사망한 지 90여 년이 지났다. 그러나 그를 향한 미국인들의 사랑은 여전하다. 지난 2017년, 전류 방식을 두고 테슬라(웨스팅하우스)와의 경쟁을 그린 영화 〈전류전쟁(current war)〉이 개봉돼 뜨거운 화제가 되기도 했다. 또한 몇 년 전에도 전기 작가로 유명한 에드먼드 모리스의 유작 〈에디슨〉이 책으로 출판되었을 때도 많은 주목을 받았다. 최근 미중 무역분쟁과 AI, 반도체 등으로 대표되는 기술패권 전쟁이 에디슨 같은 발명 영웅에 대한 향수를 자극한 것은 아닐까?

그러나 위대한 발명가 에디슨도 시련을 피할 수는 없었다. 그의 첫 번째 도전은 실패였다. 에디슨은 7년간 철도회사에서 전신[6] 기사로 일하면서 배운 전기통신 기술을 바탕으로 '전기식 투표기록장치'를 발명하고 특허도 받았다.[7] 이 발명은 의회에서 안건을 표결할 때, 의원들

---

6) 전신(電信, electrical telegraph)은 전기 신호를 이용하여 메시지를 송신하는 통신 방법 중의 하나다.

7) 이 장치는 전류의 흐름을 스위치로 제어하여 투표용지에 기록한다. 각 의원이 스위치를 찬성(Yes)과 반대(No)로 움직여 전류를 흘리면, 화학적으로 처리된 종이에 전류가 흘러 화학물질이 녹음으로써 투표한 결과를 알 수 있게 된다.

이 투표함까지 나가야 하는 불편을 해결하기 위한 것이다. 그는 의원들이 제자리에서 버튼만 누르면 투표 결과가 자동으로 집계되는 장치를 발명했다. 그 장치는 전류가 흐르면 녹는 특성을 가진 화학물질을 이용했다.

그러나 당시 의회는 에디슨의 전기식 투표기록장치를 도입하지 않았다. 왜냐하면 의원들은 표를 개표하는 시간을 크게 단축하는 효과를 인정하기는 했으나, 이 장치로 인해 다른 의원들 간 의견 소통과 토론 기회가 줄어들고 소수의 의견이 무시될 수 있다고 우려했기 때문이다. 아마도 의원들은 투표가 불편하더라도 기존의 투표 문화를 바꾸고 싶지 않았던 것 같다. 이후 이 장치는 거의 백 년 동안 잠들어 있다가 근래에 미 의회는 물론 우리나라 국회에서도 도입하기 시작했다. 결과적으로 에디슨이 시대를 앞서가는 발명을 한 것이다.

이 사건은 그의 인생에 큰 교훈을 주었다. 필요는 발명의 어머니라 했다(Necessity is the mother of invention). 시장과 소비자가 필요로 하지 않는 발명은 성공하기 어렵다는 것이다. 그렇다면 시장과 소비자에게 필요한 발명을 하려면 어떤 요인이 있을까? 제레드 다이아몬드의 〈총균쇠〉라는 책에서는 그 요인으로 발명할 당시 사회적 가치관, 기존 기술보다 나은 경제적 효과, 기득권과 양립 가능성, 소비자가 얼마나 쉽게 발명을 이해할 수 있느냐 등을 열거하고 있다.[8] 여기서 눈에 띄는 요인으로, 당시 소비자들의 사회 문화적 성향이 있다. 아마도 그의 투표기록장치는 당시의 사회적 가치관, 기득권과 양립 가능성 등에서 맞지 않았던 듯하다.

에디슨의 두 번째 발명은 주식시세 표시기(universal stock ticker)였다.[9] 그는 시중에 나와 있는 표시기를 개량하고 그것으로 특허를 받아서 고객들에게 주식 정보를 제공하기 시작했다. 그러나 이 사업은 고객에게 주식 정보를 송신하기 위해 별도로 전신 선로를 가설해야 했고, 기계장치를 유지하기 위해 다양한 소모품도 생산해서 교체해야 했다. 결국 그의 첫 사업도 막대한 비용만 들이고 실패로 끝났다. 이후로 그는 전신 수요가 증가할 것이라는 예측에 따라 이중전신기[10]도 발명

---

8) 제레드 다이아몬드, 〈총균쇠〉, 2023, "13. 발명은 필요의 어머니" 참조.

9) 정성창 외, 〈스타트업 CEO, 에디슨〉, 2020, "보스턴에서 고난의 행군" 참조.

10) 전신기(電信器, telegraph)는 전신을 보내는 통신장비로 처음에는 유선이었으나 나중에는 무선으로 바뀌었다. 손잡이처럼 생긴 부분을 눌러서 신호를 발생시킨다. 이런 신호를 모스 부호라고 했고 모스 부호는 규칙을 모르는 사람은 바로 알아들을 수 없었기 때문에 교육과 숙련이 필요했다. 그 탓에 숙련도가 중요했고 모스 부호 전신기사의 능력은 1분에 몇 단어를 송수신할 수 있느냐로 판단되었다.

에디슨의 주식시세 표시기

에디슨의 전신기

했으나, 실패하고 말았다.

　연이은 실패로 힘들었던 시기에 에디슨의 재능을 알아보았던 전 직장의 동료가 사업을 같이 하자고 제안한다. 이번에 에디슨은 기술 컨설팅을 주로 하는 사업을 시작해 전신기 설계, 전신회선 공사, 전신 관련 특허의 신청 대리 등의 업무를 맡았다. 그러던 중 철도회사에서 전신 기사로 일하던 시절의 경험을 바탕으로 인쇄전신기[11]를 개량하여 특허를 받았다. 그리고 그 특허를 팔아서 5,000달러의 거금을 벌게 되었다. 이 돈은 에디슨이 다른 발명에 도전할 수 있게 한 종자돈이 되었다. 특허제도가 또다른 혁신을 위한 밑거름이 된 것이다.

　전구의 발명도 성공했다고 보기는 어렵다. 에디슨이 처음 전구를

---

11) 인쇄전신기(印刷電信機, teleprinter)란 인쇄 전신부호를 사용하여 통신하는 전신기. 흔히 쓰는 텔레타이프는 미국 Teletype Corporation에서 제작한 인쇄전신기의 상품명에서 온 속칭이다.(TTA 정보통신용어사전 참조)

켰을 때 모든 이가 인류를 어둠으로부터 탈출시켰다고 그를 칭송했다. 그러나 경쟁사의 전구가 시장을 잠식하자 에디슨은 1885년에 특허소송을 냈다. 그리고 1891년 승소 판결을 얻어낼 때까지 6년이라는 세월이 걸렸고, 200만 달러가 넘는 비용을 치르고 나서야 비로소 승리할 수 있었다. 그러나 그의 웃음은 오래 가지 못했다. 비록 소송에서 승자가 되었지만, 그의 특허를 피할 새로운 전구가 시장에 나왔기 때문이다. 결국 에디슨의 전기회사는 실적 부진으로 위기에 빠졌고, 다른 회사와 합병되면서 그는 대표 자리에서 물러나야 했다. 이때 만들어진 회사가 바로 오늘날의 제너럴 일렉트릭(GE)이다.

그의 시련은 이후에도 계속되었다. 그는 전구를 발명한 이후, 전기를 생산하고 먼 거리를 거쳐 가정까지 송배전하여 집안의 전구를 밝히는 전력공급시스템도 설계했다. 뉴욕시에 집집마다 전력을 공급할 수 있도록 대규모 선로를 가설하고, 전구 이외에 스위치, 소켓 등 필요한 부품도 발명해야 했다. 그리고 나서야 집안 곳곳을 환하게 밝힐 수 있었다.

전력공급시스템은 그가 최초로 설계하고 시공했음에도 테슬라에게 시장을 내어주어야 했다. 에디슨이 개발한 직류(DC) 방식은 처음에는 성공하는 듯했으나, 테슬라의 교류(AC)가 나오면서 상황이 역전된 것이다. 흔히 이를 두고 AC-DC의 '전류전쟁(war of currents)'이라 부른다.

직류는 장거리로 송전할 때 문제가 있었다. 에디슨의 직류는 발전소와 가정 사이의 선로가 긴 거리로 인하여 전압이 떨어지는 문제가 있었지만, 이 문제를 쉽게 해결하지 못했다. 그가 제시한 해법은 집 근

1885년 웨스팅하우스의 변압기

Edison Tech Center

처에 소형 발전소를 세우는 것이었다고 하니 난감했을 것이다. 그러나 웨스팅하우스에서 테슬라는 'AC 변압기'라는 장치를 발명하며 간단히 전압을 올릴 수 있었다. 결과적으로 변압기는 에디슨에게 큰 시련을 안겨준 결정타가 되었다.

에디슨은 교류가 확산하는 것을 막기 위해 사형집행용 전기의자까지 만들어 보여주며 교류가 더 위험하다는 것을 널리 알리려 했지만, 시장과 소비자의 선택을 막을 수 없었다. 현재까지도 교류가 세계적 표준으로 굳건히 자리를 차지하고 있다. 에디슨이 직류로 전력산업의 문을 연 공로가 있다면, 테슬라는 교류로 전력산업을 꽃 피우게 하는 데 역할을 했다.

그런데 130여 년이 지난 지금, 에디슨의 직류전기가 다시 주목받고 있다. 태양광과 풍력을 이용해 발전하면 바로 DC가 생산된다. 또한

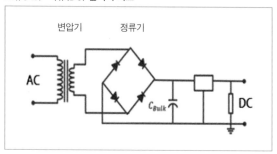

교류(AC)-직류(DC) 인버터 회로

변압기   정류기

AC

C_{Bulk}

DC

DC 전원으로 동작하는 전기자동차와 스마트 기기의 보급이 크게 늘었다. 우리 주변의 전기를 생산하고 소비하는 과정이 점차 AC에서 DC 중심으로 바뀌게 된 것이다.

그 변화의 중심에 에디슨 시대에는 없었던 기술혁신이 있다. 에디슨에게 난제였던 전압을 높이는 기술이 혁신을 이루었기 때문이다. 바로 전력반도체 기술의 발전이다. 이 기술로 인하여 AC와 DC 전압을 자유자재로 변환할 수 있게 되었다. 우리에게는 다양한 제품을 통해 인버터(AC↔DC 변환)와 컨버터(DC→DC 변환)로 알려진 기술이다.

오랜 기간 교류전기에 밀려왔던 에디슨의 직류전기는 이제 다시 장밋빛 희망을 품을 수 있게 되었다. 집집마다 태양광 패널과 풍력발전기로부터 직류전기를 생산하여 그대로 소비하거나, DC 전력망을 통해 전기를 사고팔며, 에너지저장장치(ESS)에 직류전기를 보관하고 있다가 필요할 때마다 다시 꺼내 쓰는 시대도 머지않았다.

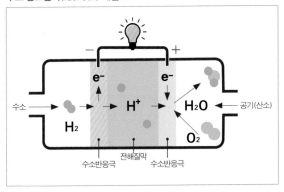

수소 연료전지(fuel sell) 개념도

최근 수소를 이용한 연료전지[12]에도 관심이 높아지고 있다. 강한 태양에너지를 얻을 수 있는 사막에서 발전한 후, 그 전기에너지로 수소를 생산하고, 원유처럼 수소 운반선을 통해 세계 각 지역으로 보내질 것으로 전망된다. 물론 수소 연료전지도 DC를 이용한다. 어느새 우리 생활 곳곳에 에디슨의 DC가 깊숙이 파고들어 있는 것이다.

발명가의 성공을 가로막는 복병들이 여기저기 많다. 대다수 발명가와 마찬가지로 에디슨도 위대한 발명을 하기까지 숱한 실패와 시련을 겪었다. 에디슨이 살던 당시 미국의 발명가들도 무수한 기술적 난제들과 막강한 시장의 경쟁자들을 극복해야 했다. 예나 지금이나, 미국이나 우리나라나 마찬가지일 것이다.

성공 뒤에 숨어 있는 실패한 발명의 의미를 되새겨봐야 한다. 앞에

---

12) 연료전지(fuel cell)란 연료가 가진 화학에너지를 화학반응을 통해 전기에너지로 바꾸는 에너지 변환장치로, 배터리와는 달리 연료가 공급되는 한 재충전 없이 계속해서 전기를 생산할 수 있고, 반응 도중 발생된 열은 온수 생산에 이용되어 급탕 및 난방도 가능하다.

서 살펴본 바와 같이, 에디슨은 전기식 투표기록장치, 주식시세 표시기, 이중전신기, 전구, 직류 전력공급시스템 등을 발명했지만, 예상치 못한 여러 이유로 사업은 실패를 거듭했다. 그때마다 그는 굴하지 않고 계속 도전하면서 마침내 성공에 이르게 된 것이다. 그것이 그가 위대한 발명가로 존경받는 이유다. 또한 직류를 기반으로 한 전력공급시스템은 그 사후에 기술적 진보를 통해 실패가 아닌 또 하나의 발명으로 거듭나고 있다.

3. 다이슨과 서울반도체 이야기

특허제도의 목적은 궁극적으로 발명과 혁신에 대한 투자를 보호해 발명이 또 다른 발명을, 혁신이 또 다른 혁신을 낳게 하는 선순환 환경을 만드는 것이다. 이런 면에서 보면 와트와 에디슨은 18세기 산업혁명을 일으킨 영국과 19세기 이후 산업혁신을 주도하고 있는 미국의 대표적인 인물일 것이다. 그런데 '영국의 에디슨'이라는 별명을 가진 제임스 다이슨이 혜성처럼 등장했다. 두 발명가[13]는 흥미롭게도 딱 100년 간격으로 태어났고, 발명과 특허로 번 돈을 더 큰 혁신을 위한 밑천으로 사용하며 성공 가도를 달려간다는 공통점도 있다.

다이슨은 영국의 왕립예술학교에서 산업디자인을 전공하고 발명가로서 활동했다. 그의 첫 발명은 공 모양 바퀴를 가진 정원용 수레인 '볼베로우'다. 기존의 정원용 수레바퀴가 폭이 좁아서 수레가 지나갈 때마다 정원에 홈이 깊게 패는 문제점을 그는 지나치지 않았다. 다이

---

13) 토머스 에디슨(1847~1931), 제임스 다이슨(1947~)

기존 정원용 수레

다이슨의 정원용 수레 볼베로우

슨은 이 문제를 해결하고자 연구한 끝에 바퀴를 볼 모양으로 디자인했다. 볼베로우는 시장에서 호평을 받으며 잘 팔렸만, 큰돈을 가져다주지 못했다. 이 발명을 통해 그는 크게 성공하기 위해서는 신기술을 가미한 고가의 제품을 만들어야 한다는 교훈을 얻었다.[14]

이후 그는 평소 집안을 청소하면서 느낀 문제점에 관심을 두기 시작했다. 당시 진공청소기는 먼지봉투가 가진 문제점을 해결하지 못한채 오랫동안 판매되고 있었다. 즉 기존 청소기는 사용할수록 먼지가 봉투에 쌓여서 흡입력이 떨어지고 곰팡이와 악취가 피어났다. 그는 청소기의 문제가 모두 먼지봉투에서 시작되고 있음을 알아냈다. 그러나 해결책을 찾아내기는 쉽지 않았다.

그러던 중 집 주변의 제재소 건물에 설치되어 있던 사이클론 집진기가 먼지봉투 없이 먼지를 걸러내고 있다는 데 주목하게 되었다. [도면 4-2]와 같이, 먼지를 흡입하여 회오리를 일으키면 원심력과 중력

---

14) 제임스 다이슨, 〈계속해서 실패하라〉, 미래사, 2012.

사이클론 집진기

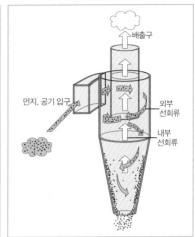

https://www.ggfiltration.cz/gb/reference/
wet-sawdust-extraction-from-a-modern-
sawmill

으로 인하여 먼지는 아래로 가라앉고 깨끗한 공기는 위로 배출된다.
그는 사이클론의 원리에 착안하여 집진기를 소형으로 만들 수만 있다
면, 가정용 진공청소기에도 적용할 수 있으리라 생각했다. 그러나 시
작이 반은 아니었다. 지금의 다이슨 청소기를 발명하기까지 15년간
5,127번의 실험을 반복해야 했다. 공장 건물에 설치된 사이클론의 크
기를 가정용 청소기에 맞게 조정해야 했던 것이다.

　이러한 과정을 거쳐서 지난 90여 년 동안 사용된 먼지봉투 방식
의 청소기를 대체할 사이클론 방식의 청소기가 탄생하게 된 것이다.
1986년, 다이슨은 먼지봉투를 없앤 청소기에 대하여 특허를 등록받았

[도면 4-3] 다이슨 청소기의 미국 특허 도면

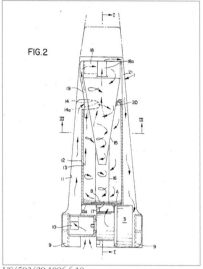

US4593429 1986.6.10

다.[15] 이후 그는 기존 청소기 시장을 장악하고 있는 후버(hoover)를 찾아갔다. 그러나 후버는 처음에는 다이슨에게 관심을 보이지 않다가 다이슨의 청소기가 시중에 나오자 유사품을 만들어 판매하기 시작했다.

1999년 다이슨은 영국에서 후버를 상대로 특허소송을 제기했고,[16] 다이슨이 1심과 항소심에서 승리하자, 후버는 다이슨에게 400만 파운드(약 70억 원)를 지불하기로 하고 4년간 끌었던 소송을 마무리했다. 비록 영국에서의 소송이지만, 이후 다이슨 청소기의 특허성에 대한 시비는 더 이상 없었다. 다이슨은 미국과 유럽의 고급 청소기 시장에서 후

---

15) 미국 특허등록 US4593429(등록일: 1986.6.10) "VACUUM CLEANING APPLIANCE"
16) https://www.theguardian.com/uk/2002/oct/04/claredyer "Hoover taken to cleaners in £4m Dyson case" 참조

버를 밀어내고 시장을 장악하게 된다. 만약 다이슨의 청소기가 특허로 보호받지 못했다면, 시장에서 후버의 침해품에 밀려 지금과 같이 성공하지 못했을 것이다.

당시 특허소송은 다이슨에게 큰 명성과 함께 목돈도 벌어다 주었다. 그는 이 돈을 밑천 삼아 날개 없는 선풍기(air multiplier), 소음 없앤 헤어드라이어, 핸드드라이어 등 혁신적 가전제품을 잇달아 개발하여 성공시키며 그의 회사를 크게 성장시켰다.[17]

다이슨은 진공청소기에서 전기모터, 헤어드라이어, 로봇청소기 등 여러 제품으로 확대해 갔다. 특허도 2001년 34건을 시작으로, 그 건수가 급격히 증가하여 2016년까지 특허 432건, 디자인 192건을 보유하게 되었다.[18]

2019년, 다이슨이 테슬라가 주도하고 있던 전기자동차 시장에 도전장을 내고 뛰어들겠다고 발표해 또다시 세상을 깜짝 놀라게 했다. 그는 배터리 기술의 개발과 자동차 생산라인 건설 등을 위해 싱가포르에 총 20억 파운드(약 3.5조 원)를 투자할 계획을 밝혔다.[19] 그 계획은 친환경 자동차 산업을 육성하려는 싱가포르 정부의 도움으로 조급하게 추진되는 듯했다. 그러나 다이슨도 전기자동차로 성공하기에는 여전히 부족한 기술이 많다고 판단하고 투자계획을 재검토하기로 했다.

2023년 그는 다시 싱가포르에 차세대 배터리 공장을 설립한다고 밝

---

17) https://blog.naver.com/happybookpub/221504426462 참조
18) 정부용 외, 〈특허 빅데이터 DNA〉, '다이슨, 연도별 주요제품라인 출원 추이', 2022, p.147.
19) http://view.asiae.co.kr/news/view.htm?idxno=2019050111380054350 참조

였다. 또한 배터리 기술이 다이슨 제품의 혁신에 크게 도움이 될 것이라고 내다보았다. 시장 전문가들은 머지않아 다이슨이 전기차 사업에 다시 뛰어들 것이라는 분석을 내놓기도 했다. 아마도 발명기업가 다이슨에게 전기차 사업은 매력적인 도전일 것이다. 그가 전기자동차 사업에 도전하는 것을 목표로 잡게 된 것도 진공청소기, 선풍기, 헤어드라이어 등 가전제품을 혁신하면서 쌓은 전기 모터와 배터리 기술이 있었기에 가능했을 것이다.

서울반도체의 성공과 고충 스토리

특허로 혁신을 꽃 피운 사례는 우리나라에도 있다. 바로 엘이디(LED)를 만드는 서울반도체다. 그들은 세계적인 기업들과 특허소송을 벌여 승리의 역사를 써가고 있는 자랑스러운 우리나라 기업이다. 서울반도체는 세계 시장을 누비며 연 매출 1조 원을 올리는 유니콘 기업이 된 지 오래되었고, 최근에는 LED 분야 최강자인 일본의 니치아를 제치고 시장점유율 1위를 차지했다고 한다.[20]

그동안 그들은 100여 건이 넘는 해외 소송에서 단 한 번도 지지 않았다고 한다. 놀라지 않을 수 없다. 이 기업이 성공할 수 있는 비결은 매출의 10%를 연구개발에 투자한다는 원칙을 지키며 1만 8,000건이

---

20) 조선비즈, 서울반도체, 日 니치아 제치고 디스플레이 LED 시장서 세계 1위 '금자탑' "매년 R&D에만 매출 10% 투자, 18000개 특허 확보", 2024.8.8.

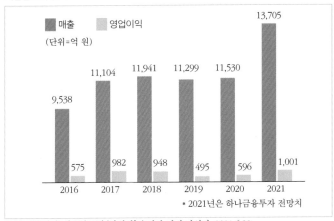

서울반도체 실적

■ 매출　■ 영업이익
(단위=억 원)

연도	매출	영업이익
2016	9,538	575
2017	11,104	982
2018	11,941	948
2019	11,299	495
2020	11,530	596
2021	13,705	1,001

* 2021년은 하나금융투자 전망치

출처: 매일경제, 서울반도체 '와이캅' 車시장 평정 나선다, 2021.6.28.

넘는 특허를 확보한 것에서 찾을 수 있다. 그 덕택에 서울반도체는 세계적 기업들로부터 당당히 기술력을 인정받을 수 있었다.

　그러나 서울반도체가 국내에서는 소송을 벌이지 못했다고 고충을 토로한 적이 있다. 우리나라의 특허보호에 문제점이 있다고 지적한 것이다. 우리 특허제도가 기업들의 든든한 버팀목이 되어주지 못한 경우도 많다고 보아야 한다. 우리 사회가 특허의 가치를 인정하는 데 인색할 뿐만 아니라, 침해에 대한 손해배상금도 턱없이 낮은 것이 사실이다. 그 결과 국내에서 기업들의 특허는 또 다른 혁신을 위한 밑천 노릇을 하지 못하고 있다. 앞으로는 우리 사회가 특허를 존중하는 더 나은 환경으로 나아가 발명기업가들이 마음 놓고 혁신을 꿈꿀 수 있길 바라본다.

4. 해외의 주요 발명가

　여기서 소개하는 스토리는 미국 특허청 홈페이지에 올라온 〈혁신의
여정(journey of innovation)〉이라는 시리즈의 사례들이다.[21] 미국 특허청
은 이 시리즈를 통해 세상에 긍정적인 변화를 가져온 발명가 또는 기
업가의 이야기를 소개하고 있다.

(1) 어둠의 끝, 스티브 카사로스

　이 이야기는 발명가 스티브 카사로스(Steve Katsaros)에 관한 것이다.
그의 발명은 처음에 예상하지 못한 방향으로 전개되었고, 전기를 공급
받지 못한 후진국에서 뜻밖의 성과를 거두었다. 여기서 주목할 만한
점은 발명가가 어떻게 기업가로 변신하는가이다.

---

21) https://www.uspto.gov/learning-and-resources/journeys-innovation

특허증과 노케로 태양광 조명을 들고 있는 스티브 카사로스

 스티브 카사로스가 '노케로(노 등유)'[22]라는 태양 전구를 발명할 당시 그는 인류의 문제 중 하나를 해결할 계획을 갖고 있었던 것은 아니었다. 예상치 못한 순간, 그의 전구가 다수의 미국 특허, 새로운 신생기업, 그리고 개발도상국을 위한 더 밝은 미래로 이어졌다. 이 이야기는 국제 사회와 UN이 관심을 가진 '적정기술'에 관한 것이다. 적정기술이란 주로 개발도상국이나 후진국 사람들에게 필요한 기술을 말한다. 안전한 식수를 공급하여 질병을 예방하고, 최소한의 단백질을 섭취하게 하여 영양실조를 막고, 재생 에너지 사용으로 환경문제를 해결하는 등의 분야가 주목받고 있다.

 스티브의 특허에 대하여 알아보자. [도면 4-4], [도면 4-5]와 같이, 낮에 하우징(102)에 설치된 복수의 태양광 모듈에서 생산한 전기에너지를 배터리(124)에 저장하고 있다가, 밤에 스위치를 켜면 다수의 발

---

22) no kerosene의 줄임말이고 kerosene는 등유를 의미한다.

[도면 4-4]

FIG. 1

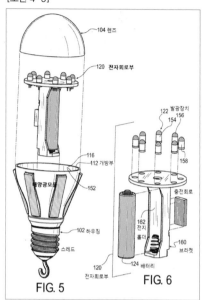

[도면 4-5]

FIG. 5   FIG. 6

광장치(122, 154, 156, 158)가 빛을 내고 렌즈(104)를 통해 빛을 발산하게 했다.[23] 다시 말하면, 전력이 공급되는 지역에 있으면, 평상시 그 전력을 이용하여 빛을 밝히지만, 전력 공급이 없거나 끊어진 경우에는 태양광으로 발전하고 충전기에 저장하고 있다가 밤에 전등을 밝힐 수 있는 장치이다. 이 특허는 PCT 출원으로 한국을 포함해 여러 국가를 지정하고 있다.

다음은 특허청의 심사관 린다가 스티브 카사로스와 나눈 대화이다.

---

23) PCT/US2011/022772, 출원일: 2011.1.27, 발명의 명칭: solar charged light bulb, 발명자: Katsaros, S.

린다: 전 세계 12억 명이 전등 없이 살고 있습니다. 매일 밤 많은 사람이 등유 등불을 켜서 집을 밝힙니다. 그러나 화염과 매연 등 많은 위험이 있습니다. 우발적인 화재와 화상 문제 외에도 등유는 비싸고, 연기는 건강에 해롭습니다. 더 좋은 방법이 있어야겠죠? 2010년, 스티브는 등유를 대체할 저렴한 태양광 조명을 발명하여 후진국과 개발도상국의 수백만 가족이 연기와 화재로 인한 질병과 부상을 예방할 수 있도록 하였습니다. 그의 신생 기업인 노케로는 전 세계에 저렴한 친환경 재생 에너지를 제공하는 데 기여한 공로를 인정받아 미국 특허청의 인류 특허상을 수상했습니다.

린다: 우리는 혁신이란 해결해야 할 문제를 찾아내는 것이라고 생각합니다. 당신은 해결하고 싶은 문제를 어떻게 찾았고 어떻게 해결했습니까?

스티브: 노케로의 시작은 2010년 1월 24일입니다. 저는 미국에서 볼 수 있는 건설 조명에 대해 생각하며 잠을 잤습니다. 연장 코드와 관련한 아이디어가 떠올랐습니다. 디젤 발전기? 저 위에 태양광이 있다면 어떨까요? 그리고 아침에 일어나서 노케로의 첫 번째 모델을 스케치했습니다. 당시 저는 우리가 해결해야 할 문제에 대해 미처 생각하지 않았지만, 해결책은 가지고 있었습니다. 그런데 3일 만에 12억 명의 사람들이 전등 없이 살고 있다는 사실을 알게 되었습니다. 그리고 이 사실이 제 아이디어가 앞으로 나아가도록 동기를 부여한 셈이 되었습니다. 그것은 인류에 대한 거대한 선물이자 발명가의 탐험이었으며, 정말로 해결해야 할 문제를 해결하는 것이었습니다.

린다: 놀랍네요. 네, 저는 당신이 먼저 아이디어를 내고 나서 그것을 위한 시장을 찾았다는 것을 몰랐습니다. 그렇게 시작했다니 재미있는 방법입니다.

스티브: 창의적인 아이디어가 떠오르도록 동기를 부여하는 것이 무엇인지, 아이디어가 어디서 오는지 알지 못하지만, 진정한 혁신은 비선형입니다. 문제를 찾고 이를 해결하기 위한 프로세스를 돌리면서 아이디어와 혁신 제품을 얻을 수 있습니다. 그러나 이번에는 정말 뜬금없었습니다.

린다: 일종의 초기 프로세스에 대해 말씀하셨는데, 그 과정에서 누가 당신을 도왔는지 말씀해주시겠습니까? 그리고 어떻게 아이디어를 프로토타입으로 해서

특허로 발전시켰는지, 그리고 앞으로 어떻게 할 것인지?

스티브: 가장 먼저 말씀드리고 싶은 것은 기한을 정했다는 것입니다. 발명을 착상한 날이 1월 24일이고, 6월 10일에 사업계획 공모전이 있다고 해서 그 기한을 활용했어요. 자, 6월 10일 이벤트에서 이 제품을 출시할 예정입니다. 그런 다음 프로토타입 제작부터 생산도구 준비, 시제품의 사용에 이르기까지 필요로 하는 모든 단계를 거꾸로 작업하기 시작했습니다. 시험 생산, 웹사이트 및 전자 상거래 웹사이트 구축, 참가자 등록까지. 우리는 그 모든 과정을 거쳐왔습니다. 그리고 약간의 행운이 찾아왔습니다. 당시 누군가가 우리가 무엇을 하고 있는지 CNN에 알렸고 CNN의 알리 벨쉬(Ali Velshi)가 저를 인터뷰했습니다. 그리고 그것은 세계로 퍼져나갔고, 그 시점부터 잠재적인 고객이 넘쳐났습니다.

린다: 놀랍네요.

스티브: 그것이 지식재산을 아는 것의 가치입니다. 우리는 첫 제품을 구상하고 3일 만에 특허를 출원했고, 5개월 만에 모든 과정을 마쳤습니다. 그리고 행사에서 나눠줄 샘플도 받았습니다. 알다시피, 우리는 누군가가 '이봐, 뉴스거리가 있어 CNN에 올리자'라고 말하는 것을 방관하지 않았을 것입니다. 사람들이 아이디어를 훔치는 것을 걱정해야 합니다. 그래서 우리는 모든 단계를 알고 있었습니다.

린다: 흠.

스티브: 지식재산권, 특히 특허를 오해하고 있습니다. 사람들은 특허를 받으면 모두 돈을 벌게 되리라 생각합니다. 하지만 실제로 그렇지 않습니다. 그 특허를 취득하고 기술을 사업화하려면 정당한 라이선스를 가진 자에게 이를 판매하기 위한 영업전략이 필요합니다. 하지만 지금 업계가 너무 빠르게 움직이고 있어서, 제품 아이디어가 떠올랐을 때 발명가가 고안했던 최선의 실시안을 가지고 공동으로 작업을 하는 것이 더 낫다고 느끼기 때문에 이렇게 말하는 것입니다. 즉, 제품 아이디어를 생각해 낸 다음, 올바른 마케팅, 대중에게 선보이기 위해 제조기업과 물류기업들과 파트너 관계를 맺는 것입니다.

린다: 흠. "지식재산권, 특히 특허에 오해가 있다."

노케로 태양광 조명을 사용하여 밤에 공부하는 어린이

스티브: 자신의 발명품을 통해 더 나은 세상을 만든다는 꿈을 실현하는 데 도움을 주는 사람들과 팀플레이를 하고 파트너가 되어야 한다는 것을 기억해야 합니다. 전 세계 800만 명의 삶이 단 하나의 아이디어로 인해 개선되었습니다. 하지만 그것은 세상의 필요에 비하면 바다의 물 한 방울에 불과합니다.

린다: 당신의 발명이 미친 영향을 생각할 때 가장 자랑스러운 것은 무엇입니까?

스티브: 저는 우리가 받은 사진과 이야기를 좋아합니다. 누군가가 그 이전에 갖지 못했던 교육의 기회를 얻었습니다. 케냐 출신의 조셉이라는 소년이 요청하지도 않았는데 나에게 이메일을 보내왔습니다.

"…당신은 나를 모릅니다. 우리는 만난 적이 없습니다. 그러나 어떤 분이 저와 우리 형제자매들을 위해 당신의 태양광 조명 두 개를 구매해주셨습니다. 저는 예전에는 공부할 수 없던 밤에 몇 시간씩 공부할 수 있게 되었고 대학에 들어갔습니다."

이제 그가 대학에 다니기 때문에 그 가족들의 행보는 달라질 것입니다. 내 생각엔 그의 졸업이 가까워지고 있는 것 같습니다. 저는 "잘 됐네, 그런데 조명은 어떻게 됐어?"라고 물었습니다. "아, 내 여동생이 지금 사용하고 있는데, 매일 효과가 있고 그녀의 인생을 바꾸고 있어요"라는 답이 돌아왔습니다.

린다: 하나의 좋은 아이디어가 전 세계에 영향을 미치는 놀라운 이야기입니다.

(2) 눈썰매 발명가 사무엘 앨런

이번 이야기의 주인공은 썰매의 역사를 바꿔놓은 발명가인 사무엘 앨런(Samuel L. Allen)이다.

1880년대에 그는 손이나 발로 방향을 조종할 수 있는 강철 날로 만든 눈썰매를 발명하여 미국의 겨울을 재창조했다. 그가 발명한 '플렉스 플라이어(flexible flyer)'는 1800년대 후반의 미국 겨울을 바꾼 눈썰매이다. 그 이전에는 내리막길에서 썰매의 방향을 조종하는 방법이 사람이 직접 자신의 발뒤꿈치를 눈에 처박는 것밖에 없었다. 앨런은 자신의 모든 경험과 에너지를 쏟아부어 방향을 조종할 수 있는 눈썰매를 최초로 발명했다.

앨런은 1841년 필라델피아에서 약사인 아버지 존과 어머니 레베카 사이에서 태어났다. 앨런은 필라델피아의 주 의사당(현재 독립기념관)의 짧은 썰매 거리에서 살았다. 겨울 스포츠, 특히 속도와 관련된 스포츠에 대한 앨런의 사랑은 나중에 플렉스 플라이어의 발명가로서 명성을 얻게 될 운명을 예고했다. 그는 겨울에는 강변에서 아이스 스케이트를 타고, 밤에는 정원 뒤에서 아이들과 함께 다음날 썰매 경주에 사용할 눈 언덕을 만들었다. 봅슬레이 경주처럼 당시에는 도로나 언덕에 썰매가 내려가는 레인을 만들었는데, 앨런이 밤에 물을 뿌려 얼음 레인을 만든 것이다.

1840년대와 1850년대에 미국에서는 썰매를 사지 않고 직접 만들어 타는 것이 일반적이었다. 시중에서 구매할 수 있는 썰매 중에 철제 날

Flexible Flyer의 컬러 광고

이 있는 썰매 중 '토보건(toboggans)'이 시장의 표준이었다. 토보건 썰매는 방향을 바꿀 수 있는 조향 장치가 없었다.

그런데 앨런 같은 필라델피아 어린이들은 도시 썰매의 황금시대를 만들어갔다. 당시는 도로에 자동차가 없었고, 제설 장비도 딱히 없는 시절이었기 때문에 한 번 눈보라가 치고 나면 도시의 거리와 골목을 자유분방한 놀이공간으로 탈바꿈시킬 수 있었다. 특히 도시 밖의 아이들은 눈과 얼음으로 덮인 내리막길을 따라 썰매를 탈 기회가 훨씬 더 많았다.

앨런이 열한 살 때부터 하숙생으로 살았던 펜실베이니아 주의 웨스트타운 학교 주변에는 얼어붙은 언덕이 많았다. 그는 모범생이 아니었고, 사촌에게 이렇게 불평했다고 한다. "나는 다른 학생들과 같은 방식으로 공부할 수 없고, 선생님은 내가 게으르다고 한다." 그러나 앨런은

토보건은 캐나다 북부의 누족과 크리족이 사용하는 전통적인 교통수단으로, 밑면에 날이나 스키가 없이 썰매의 바닥이 눈 위로 직접 올라가는 것이 특징이다.(wikipedia 참조)

실제 게으르지 않았고, 오히려 강한 탐구심과 학습열을 보였다. 그는 여가 시간에도 발명하고 실험하는 데 많은 시간을 쏟아부었기 때문에 다른 학생들이 그를 실험실에 상주하는 과학자라고 불렀다.

퀘이커[24] 교도인 앨런은 시골의 단순함과 고요함을 중시했으며 산업화 여명기에 더욱 그런 것을 좋아했다. 젊은 시절 앨런에게 농업은 혁신의 기회를 제공했다. 그는 1861년 이후 뉴저지 웨스트필드 근처에서 아버지 소유의 농장을 인수하고, 퀘이커 공동체의 일원인 사라 로버츠(Sarah H. Roberts)와 결혼했다. 여섯 명의 자녀가 태어나는 동안, 앨런의 아내는 남편이 아마추어에서 발명 전문가로 변화하는 것을 지켜보았다고 했다.

---

24) 퀘이커(Quaker)는 17세기 조지 폭스가 창시한 기독교 교파로서, 퀘이커는 하나님 앞에서 떤다는 조지 폭스(George Fox)의 말에서 유래했다. 1650년대 영국의 조지 폭스가 제창한 명상 운동에서 시작하였다. 퀘이커는 올리버 크롬웰의 종교적 관용 정책으로 크게 확산하였으나, 이후 찰스 2세가 국가교회 정책을 펴면서 정부로부터 탄압받았다. 퀘이커교는 윌리엄 펜이 불하받은 북아메리카 식민지 영토에 도시(현 펜실베이니아)를 세움으로써 종교의 자유를 얻었다.

그녀는 1866년 9월에 앨런에게 돌파구가 열렸다고 회상했다. "사무엘이 나를 집으로 데려다주면서 그가 비료를 살포하기 위한 드릴을 발명했다"고 말했다. 그녀는 그 발명품이 고리 모양의 행성인 토성을 닮았다고 해서 "플래닛 드릴"이라고 불렀다. 그 후 얼마 지나지 않아 그는 파종기를 발명하고 "플래닛 주니어(Planet Jr.)"라고 이름을 붙였다. 이 두 가지 장치는 앨런을 경운기 산업의 최전선으로 올려놓았다.

처음 20년 동안 필라델피아에 본사를 둔 앨런의 회사는 농기구와 기계만 생산했다. 경영자로서 앨런은 광고와 마케팅 능력을 완벽하게 갖추었다. 그는 대서양 연안의 중부 지역을 여행하며 박람회와 농민협회에 자신의 제품을 홍보했다. 그는 설득력 있는 인쇄 광고를 통해 더 넓은 시장을 개척했다. 농업 출판물에 정기적으로 광고를 게재하는 가운데 앨런은 원본 팸플릿, 책, 기념품 및 정기 간행물을 인쇄하여 미국 전역과 해외에까지 배포했다. 그중 하나인 〈농장과 정원〉이라는 간행물은 5만 부가 발행되었다.

그의 한 직원은 "앨런은 항상 광고에 대한 믿음이 있었다"라고 회상했다. 그리고 "정원 파종기, 휠 괭이, 쟁기, 써레, 옥수수 껍질 제거기, 사료 분쇄기, 살포기, 경작기 및 잔디 깎는 기계 같은 회사의 제품 라인을 마케팅할 때, 앨런은 매력적인 문장력으로 자신의 이야기를 전할 수 있었고, 초기 광고는 우리가 본 것 중 최고였다"라고 말했다. 1880년대에 이르러 광고에 대한 엄청난 지출이 성과로 돌아왔다.

회사의 또 다른 성공 요인은 지식재산권의 보호였다. '경운기 프레임'에 대한 수익성 있는 특허들[25]은 1889년부터 회사의 주요 자산이자 광고의 주제가 되었다. 이것들도 회사의 리더인 앨런 자신의 창의적인 발명 활동을 반영했다.

앨런은 회사를 위한 발명뿐만 아니라 가족의 일상생활을 개선하고 풍요롭게 하려고 아내와 아이들을 위한 장치도 발명했다. 그리고 그중 하나가 프렉스 플라이어로 발전했다. 앨런은 어른이 되어서도 겨울이 오면 항상 눈썰매 타기를 했다. 슬로프와 코스, 때로는 1/4마일의 봅슬레이 같은 코스를 만들고 자녀들과 함께 내리막길에서 썰매를 탔다. 앨런과 그의 자녀들이 기존 썰매를 개선하기 위해 본격적으로 실험을 시작한 곳은 뉴저지에 있는 시골 가정집의 얼어붙은 땅이었다.

게임으로 시작된 것이 점차 체계적이고 과학적인 탐구로 바뀌었다. 하루 눈썰매를 탄 후에 앨런은 코스를 수정하고 다시 얼음길을 만들어 다음 날 딸들이 실험할 수 있도록 준비해주곤 했다. 저녁에 앨런이 직장에서 돌아왔을 때, 그녀들은 앨런에게 자신들이 실험한 결과를 보고했다. 앨런의 수석 연구원에 따르면, 앨런은 플렉스 플라이어를 포함하여 이전의 모든 썰매를 이러한 방식으로 실험했다.

앨런이 썰매 타기를 즐기는 것은 동시에 썰매를 개량하여 판매하려는 사업상의 이유도 있었다. 당시 농기구에 대한 수요는 예측할 수 없었고 농부들은 그 해 농작물이 다 팔릴 때까지 농기구와 장비를 새로 주문하지 않고 기다리는 경향이 있었다. 따라서 앨런과 직원들은 적

---

25) 미국 디자인 특허번호 제19367호, 제19449호, 제19713호, 제30069호

시에 주문을 처리하기 위해 가을, 겨울, 봄에 바쁘게 지냈지만, 여름에는 할 일이 거의 없었다. 어떤 여름에 앨런의 공장은 완전히 문을 닫았고, 다시 주문이 들어올 때가 되어서야 직원을 서둘러 재고용해야 했다. 그러나 직원이 모두 돌아오는 것도 아니므로, 새롭게 뽑은 직원들을 교육하기 위하여 회사가 비용을 부담해야 했다.

여름철 회사 경영의 부담을 줄이기 위해 앨런은 농기구 이외에 새로운 라인의 상품이 필요했다. 앨런은 여름철에 장난감, 스케이트, 스키, 썰매 등을 파는 도매시장이 성수기임을 알게 되었고, 이들 제품 중 하나를 개선하는 작업에 창의적인 에너지를 집중하기로 했다.

썰매, 특히 금속 날이 달린 조종 가능한 눈썰매가 그에게 가장 적합한 품목이었다. 썰매의 구성 부품인 목재 시트, 스티어링 레버, 금속 트러스 등도 플레닛 주니어 경운기 라인에서 가져왔다. 앨런이 플렉스 플라이어를 발명하기 전부터 회사 직원들은 이미 그것을 만들 수 있는 기술과 기계를 갖추고 있었다. 그 계획이 어느 정도 성공하면서 앨런의 회사는 모든 숙련된 직원의 고용을 유지하며 공장을 1년 내내 가동할 수 있게 되었다.

[도면 4-6]은 조향 장치와 금속 날을 보여주는 눈썰매의 특허 도면이다. 앨런의 첫 번째 썰매인 '페어리 코스터(Fairy Coaster, 미국 특허번호 제381665호)'는 1887년에 완성되었다. 이 썰매는 전면에 복잡한 시스템과 금속 날을 두어 방향을 조종할 수 있게 했고 좌석에 최소 3명이 탑승할 수 있었다. 또한 제동 시스템은 레버로 작동되었다. 그러나 불행히도 페어리 코스터는 생산 비용과 구매 비용이 많이 들었다. 50달러

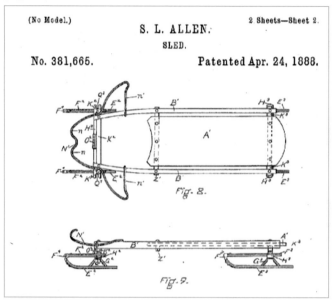

는 필라델피아의 숙련 노동자의 3~4주 임금에 해당하는 금액으로 미국인들이 감당할 수 없는 수준이었다. 미국 중산층 가정에서 눈썰매 같은 장난감에 기꺼이 지출할 수 있는 가격보다 비쌌다.

앨런이 페어리 코스터를 단순화하여 제품 가격을 줄이려고 노력하면서 플렉시 플라이어가 개발되기 시작했다. 페어리 코스터의 실내 장식과 제동 시스템을 생략했고, 프레임을 작게 하여 탑승 인원이 4인에서 2인으로 줄었다. 그러나 이 수정된 페어리 코스터도 실패였다. 앨런의 동료는 "새로운 썰매는 좋은 제품처럼 보였지만, 눈 위에서 시험해보니 너무 작고 탑승자가 충분하지 않아서 제대로 조종할 수 없을 것으로 판명되었다"고 말했다.

1880년대 후반 앨런이 아이들이 썰매를 테스트해볼 수 있도록 워스트타운에 있는 그의 모교에 시제품을 보냈을 때, 그들도 동일한 문제점을 보고했다. 앨런은 다시 원점으로 돌아왔다. 앨런은 기술 도면을 작성하는 방법을 스스로 배웠고, 대부분의 제조 공정을 직접 설계하며 수년에 걸쳐 필요한 기술도 연마했다. 그는 연필과 종이를 항상 가까이에 두었고 즉석에서 스케치한 그림을 가지고 아이디어나 개념을 공유했다. 앨런의 직원에 따르면, 앨런의 가장 큰 자산은 실험적이고 독창적인 작업에 대한 끊임없는 열정이었다. 앨런은 새로운 기계나 개선된 장치가 이전에 만들어진 어떤 것보다 훨씬 앞서는 역대 최고 체품이 될 것이라는 무한한 확신을 가지는 것 같았다.

썰매를 재발명하려는 앨런의 세 번째 시도도 실패나 마찬가지였다. 1888년, 그는 마침내 시제품에 가까이 도달했다. 그것은 한 쌍의 강철 날과 슬레이트 좌석으로 구성되어 있으며, 각각의 강철 날은 경첩을 통해 두 개로 나뉘었다. 강철 날의 뒷부분은 위의 좌석에 고정되어 있지만, 앞부분은 스티어링 바에 부착되어 평행 사변형의 경사진 측면과 같이 왼쪽 또는 오른쪽으로 향할 수 있었다. 이러한 방식으로 강철 날의 앞부분은 유연하여 안정성을 떨어뜨리지 않고 뒷부분의 강철 날이 따라갈 눈 위의 트랙을 가르며 달릴 수 있었다.

앨런은 또다시 새로운 시제품을 아이들과 교사가 시험해볼 수 있도록 워스트타운의 학교로 보냈다. 그들은 이번 모델을 "완벽한 창조물", "더 이상 개선의 여지가 없는 기계적 단순함의 경이로움 중 하나", "그의 모든 발명품 중 가장 놀라운 것"이라고 평했다. 당시 플렉스 플라이어는 동종 최초로 기동성, 속도 및 내구성을 모두 만족시킬 수 있는 가볍고 저렴한 썰매였다.

그는 곧바로 특허를 냈다(미국 특허번호 제408681호). 1889년 8월 13일, 미국 특허청은 앨런에게 플렉스 플라이어에 대한 특허를 등록했다는 통지를 보냈다. 그러나 플렉스 플라이어는 바로 최고의 썰매가 되지는 못했다.

웨스트타운의 아이들은 그 썰매의 장점을 분명히 알고 있었지만, 철물점이나 백화점 같은 곳의 큰 고객이 아니었다. 반면 소매상에게 플렉스 플라이어는 어린 시절의 친숙한 썰매나 토보건과는 너무 달라 보였다. 1890년대 초, 판매가 너무 저조해서 앨런 회사의 직원들은 다른 기업으로 특허를 양도하여 그들의 썰매도 일반 상품 라인에서 판매될 수 있도록 할 것을 건의했다. 그러나 앨런은 버텼다.

다행히도 1900년경, 문화가 변화하면서 플렉스 플라이어의 시장이 열렸다. 1890년대는 스포츠 문화의 전환기였다. 예를 들어, 테니스가 대중화되었다. 골프도 대중의 스포츠로 인식되었다. 스케이팅과 토보건의 구매가 증가했다. 이러한 변화는 여러 복합적인 요인들이 작용하여 가능했다.

중산층의 성장, 노동시간 단축, 아동 노동의 감소 등으로 여가 시간을 가진 사람들의 수가 늘었다. 또한 썰매 같은 시장도 성장했다. 저명한 사회 개혁가들은 사람들, 특히 어린이들을 야외로 데리고 가야 한다고 주장하였고, 스포츠는 활력을 떨어뜨리는 도시 생활에 대한 우려를 해소할 수 있는 수단이 되었다. 사람들은 이러한 대중의 요구에 주의를 기울였고, 공, 라켓, 클럽, 스케이트, 썰매 같은 장비들을 요구하게 되었다.

앨런은 기회를 감지하고 적극적으로 대응했다. 1890년대 중반부터 그는 플렉스 플라이어를 광고하는 데 엄청난 돈을 투입하기 시작했다. 그의 전략은 진가를 발휘했다. 그의 직원은 "매출은 비약적으로 증가했다"고 말했다. 또한 회사 부사장에 따르면, 플렉스 플라이어 특허는 앨런을 제외한 대다수 사람이 별로 가치 없다고 생각했지만, 결국 그들에게 소중한 자산이 되었다.

앨런은 1904년, 1905년 및 1913년에 플렉스 플라이어와 관련된 더 많은 특허(미국 특허번호 제797165호, 제797338호 및 제1066173호)와 함께 "Flexible Flyer" 마크 및 "the sled that steers(운전하는 썰매)" 슬로건에 대한 상표권도 획득했다.

1910년대까지 플렉스 플라이어는 백화점, 철물점, 장난감 가게, 그리고 미국 북부 전역의 눈 덮인 슬로프에서 즉시 알아볼 수 있는 가장 유명한 썰매 브랜드였다. 웨스트타운에 사는 앨런의 한 친구는 이렇게 말했다. "나는 오랫동안 그것을 특권으로 여겼다. 내 친구는 우리나라의 젊은이들에게 가장 신나고 건강한 썰매를 즐길 수 있는 수단을 제공했다."

앨런의 회사와 자산은 20세기에 다른 회사에 매각되었다. 농업이 계속 기계화되면서 앨런의 농기구는 결국 시장에서 밀려났다. 현재는 플렉스 플라이어만 남아 있으며, 2개의 상표(미국 상표번호 제42650호와 제55077호)가 여전히 살아 있고, 메인 주에 위치한 Paricon LLC로 등 앨런의 눈썰매 특허통지서(1889.5.1.)

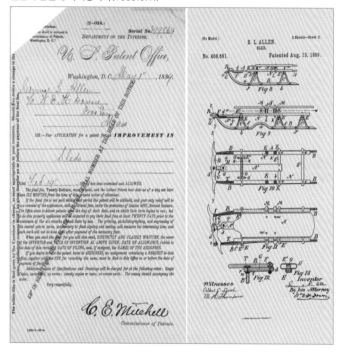

록되어 있다. 이 기업은 매년 앨런의 오리지널 눈썰매를 "the sled that steers"로 부르며 활발하게 판매하고 있다.

5. 국내의 주요 발명가

(1) 스팀청소기로 청소 끝! 한경희 대표

우리나라의 대표적인 발명기업가로 스팀청소기를 개발한 한경희 대표를 빼놓을 수 없을 것이다. 이 책에서 소개하는 그의 성공 스토리는 언론을 통해 잘 알려진 사항을 토대로 작성했음을 밝혀둔다. 대부분의 발명가 이야기가 그렇듯 발명가의 성장기 환경, 발명가로 도전하게 된 계기, 발명과 창업의 힘든 과정, 소비자들의 반응, 마지막으로 주인공의 인생철학 등을 포함하여 구성하였다.

여기서는 특히 그가 성공할 수 있었던 핵심 아이디어에 관심을 두고 서술했다. 그의 대표적인 특허를 골라서 아이디어를 분석하고 성공요인을 찾아보려 했다. 다만, 일반인이 기술과 특허를 이해하기 쉽지 않다는 점을 고려하여 스팀청소기처럼 우리 생활에서 쉽게 볼 수 있는 발명을 선택했다. 또한 구체적인 기술에 관해 설명하기보다는 해결하고자 한 과제와 그 원리를 중심으로 다소나마 쉽게 전달하고자 한다.

■ 성장기 주변 환경

한경희 대표는 국제올림픽위원회 IOC 사무국 직원으로 사회에 첫 발을 내디뎠다. 이후 미국에서 경영학 석사과정(MBA)을 수료한 후, 교육부 사무관으로 채용되었다. 그러나 주변의 만류에도 불구하고 그녀는 좋은 직장을 그만두고 발명기업가로서 중소기업을 창업한다.

그녀는 교사인 아버지 슬하의 2남 1녀의 막내로 태어났다. 여유 있는 환경에서 든든한 지원을 받으며 기업가로 성장했을 것 같지만, 오히려 집안의 분위기는 매우 엄격했다. "여자가 공부해봐야 쓸데없다. 시집 잘 가서 현모양처로 살면 족하다"는 아버지의 뜻을 따라야 했다. 아버지를 존경했지만, 그녀의 마음 한편에는 아버지가 일방적으로 정해놓은 삶에서 벗어나고 싶은 반발심이 자리 잡고 있었다. 심지어 아버지의 영향에서 벗어나겠다는 것을 인생의 목표로 삼기도 했다. 아버지로부터 독립하고 싶다는 욕구가 너무 큰 나머지 그녀는 대학생 때 남태평양의 작은 섬 타히티의 공장에 취업하려 한 적도 있었다.

그녀에게는 아버지의 관심을 독차지하는 오빠가 둘 있었고, 오빠들과 경쟁에서 밀리지 않기 위해 공부도 억척같이 했다. 국내 모 대학교 불문과에 합격하여 영어와 불어를 공부하면서도 자립 자금을 모으기 위해 대학 생활 내내 통번역 아르바이트를 병행했다. 그 결과 그는 졸업과 동시에 국제올림픽위원회(IOC)에 취업하게 된 것이다.

■ 발명기업가로 도전하게 된 계기

어릴 때부터 영어를 좋아했고, 해외 생활에 대한 기대도 컸지만, 그 당시 흔치 않았던 해외 취업을 선택한 이유는 오로지 부모에게서 독립하기 위한 것이었다. 그러나 유럽에서의 생활은 기대와 달리 차이가 컸다. 외국인과 함께 일하며 생산적이고 도전적인 업무를 맡을 것으로 기대했으나, 막상 주어진 업무는 신문 스크랩 같은 허드렛일이 많았다.

크게 실망한 그녀는 IOC를 그만두고, 다시 경영학을 공부하기 위해 미국으로 갔다. 그곳에서도 호텔, 부동산 투자회사, 무역회사 등에서 일하며 학비와 생활비를 벌었다. MBA 과정을 마친 후에 한국으로 돌아왔을 때, 아버지의 권유로 교육부 공무원 특채에 응시했다. 가족과 주변 사람들은 그녀가 교육부에서 근무하면 안정적인 사회생활을 할 것으로 생각했다. 그러나 그녀는 3년 만에 공무원을 그만두고 창업하겠다고 선언한 후 퇴사를 감행한다.

아무런 준비도 없이 다니던 직장을 그만둔 그녀는 사업을 위해 여러 가지 아이템을 생각해야 했다. 평소 직장인이자 동시에 주부이기도 했던 그녀는 퇴근 후 자주 집안일을 했었다. 집 안을 꼼꼼히 청소해야만 직성이 풀리던 성격 탓에 물걸레로 바닥을 박박 문질렀었다. 바닥 청소를 위해 무릎을 꿇고 걸레를 문지르자니 무릎이 아프고, 서서 밀걸레로 청소하자니 바닥이 깨끗하게 닦이지 않는 것 같았다. 그녀는 이러한 청소 문제에 주목했다.

뜨거운 스팀이 나오는 밀걸레라면 무릎을 꿇거나 박박 문질러야 하는 불편함을 없애면서 마룻바닥의 묵은 때까지 깨끗하게 벗길 수 있을 것으로 생각했다. 당시에도 뜨거운 증기가 나오는 스팀청소기가 시중에 나와 있었으나, 크게 관심을 끌지 못했다. 서양에서도 카펫을 청소하는 데 스팀청소기가 사용되고 있었다. 한 대표는 일반 가정집의 마룻바닥, 장판, 욕실 타일 등도 닦을 수 있는 스팀청소기를 개발하겠다는 목표를 세우고 도전하기로 한다.

■ 발명과 창업 과정

시장조사를 통해 그녀는 스팀청소기가 성공할 것이라는 확신을 가질 수 있었다. 1999년, 외환위기로 인한 경기침체가 우리 사회를 휩쓸고 있던 시절, 자신의 꿈을 실현하기 위해 집을 담보로 과감하게 창업자금을 대출받았다. 그리고 아이디어 수준에 머물러 있던 스팀청소기를 실현해줄 전문가를 찾아다녔다. 당시 그녀는 과학기술에 대한 이해가 깊지 못하였기 때문에 공과대학 교수와 박사, 여러 전문가를 만나 조언을 구했다. 동시에 전자공학을 독학으로 공부한 덕에 스스로 어느덧 이 분야의 전문가가 되어 있었다.

그러나 예상과 달리 사업은 시련의 연속이었다. 애초에 6개월이면 완성된다고 생각했던 제품은 개발이 늦어졌고, 자금도 처음 예상했던 예산 5,000만 원을 훌쩍 뛰어넘어 8억 원이나 투입되고 있었다. 그러

당시 한경희 스팀청소기

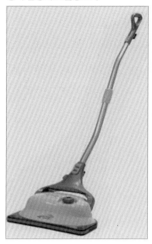

고도 사정은 나아질 조짐이 안 보였다. 사업자 등록을 마치고 최초 제품이 완성된 2001년까지 2년간 불어나는 비용을 충당할 수 없어 사업은 차츰 수렁에 빠져갔다. 빚은 쌓여만 갔고, 은행 대출마저도 어려워질 무렵, 그녀에게 도움의 손길을 내민 건 바로 엄하기만 하던 아버지였다. 딸이 사업에 뛰어드는 것을 만류했지만, 막상 딸의 회사가 위기에 처하게 되자 그의 유일한 재산인 집문서를 내놓은 것이다.

여기서 시련이 끝나지 않았다. 초기에 생산한 스팀청소기에 하자가 발생하여 제품을 전량 폐기해야 했다. 그리고 2년이 지난 2003년, 드디어 꿈에 그리던 스팀청소기 개발에 성공한다. 총 10여억 원의 연구비, 4년간의 힘든 개발 여정 끝에 자신의 이름을 내건 '한경희 스팀청소기'를 당당히 출시하게 된 것이다.

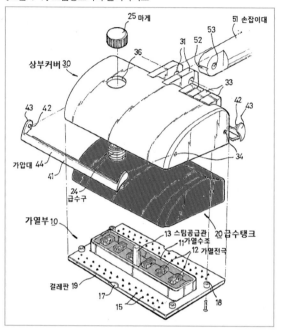

[도면 4-7] 스팀청소기의 분리사시도

■ 특허와 주요 아이디어

한 대표가 발명자와 출원인으로 되어 있는 최초의 스팀청소기는

1999년에 출원되었고, 제10-0303875호(등록일 2001.7.17.)로 등록[26]되

26) (청구항 1) 다수 개의 가열전극(12)이 등간격으로 설치되어 물(w)의 공급으로 발열되는 스팀(s)을 배출하도록 스팀공급관(13)이 상부로 돌출시켜 걸레판(19)에 공급되는 가열수조(11)를 형성하여 스팀(s)이 고르게 걸레에 공급되도록 한 가열부(10)와; 상기 가열수조(11)에 결합하는 급수탱크(20)에 급기구(21)와 공급구(22)를 가지며 물(w)의 증발에 따라 공급구(22)를 통해 물(w)이 연속적으로 가열수조(11)에 공급되도록 한 급수탱크(20)와; 상기 급수탱크(20)를 수용하며 급수탱크(20)와 가열부(10)를 결합하여 고정시키도록 한 상부커버(30)와; 상기 상부커버(30)에 고정대(47)를 결합하여 걸레부재(54)와 함께 걸레판(19)을 감싸 전후 양측의 체결홈(49)에 체결되도록 한 걸레체결부(40)와; 상기 가열부(10)와 급수탱크(20)를 상부커버(30)에 결합하여 스팀(s)으로 청소하도록 구성한 스팀청소기

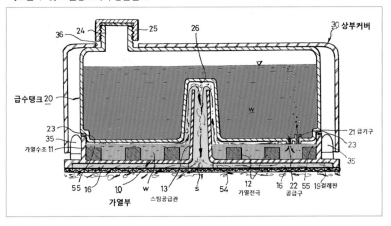

었다. 본 발명은 다음 5가지 아이디어를 실현한 스팀청소기에 관한 것이다. 첫째, 가열수조(11)에 잠긴 상태로 형성된 가열전극(12)을 이용하여 전원을 연결하면 곧바로 뜨거운 스팀을 발생시킬 수 있다. 통상 가열전극을 가열수조 밖에 두어 전원을 연결하더라도 물이 끓어 스팀이 발생하는 데 상당한 시간이 소요되는 문제가 있었다(대기시간 단축).

둘째, 가열수조(11)에 잠긴 가열전극(12)은 전원만 연결되면 연속적으로 스팀을 발생시킬 수 있는 구조다(스팀 연속 발생).

셋째, 가열수조(11)의 물이 스팀으로 증발되면 급수탱크(20)의 물이 자동으로 급수된다. 즉 급수탱크에 설치된 급기구(21)와 공급구(22)만으로 자동으로 급수 문제를 해결했다(자동 급수 기능).

넷째, 대용량의 급수탱크(20)에 물을 따로 저장해 장시간 청소를 할 수 있게 했다. 따라서 물을 자주 보충할 필요가 없다(장시간 사용 가능).

다섯째, 가열전극(12)이 물에 잠긴 상태로 가열되므로 과열에 의한 화재 발생을 줄일 수 있다. 만약 가열전극이 물 밖에 위치하면 먼지 등 이물질에 의한 화재 발생 위험이 증가하게 된다(화재 등 사고위험 감소).

■ 스팀청소기에 대한 소비자들의 반응

그녀의 고난은 스팀청소기를 출시한 이후에도 계속되었다. 우리 사회에서 여자가 사업을 한다는 것에 대한 부정적인 편견을 시작으로, 기업활동을 하면서 만난 사람 대부분이 남자였기에 집안일과 스팀청소기에 대한 호응을 얻기가 쉽지 않았다. 그녀에게 제품의 판로를 개척하는 일은 스팀청소기를 새로 개발하는 것만큼이나 힘겨운 과정이었다.

한 대표는 판로 확보를 위해 기존 유통망 대신에 홈쇼핑 방송을 선택했다. 결과적으로 그 선택은 대성공이었다. 당시 홈쇼핑 방송이 주부들 사이에 새로운 쇼핑 채널로 떠오르고 있었는데, 스팀청소기는 홈쇼핑의 주 고객인 주부들에게 큰 호응을 얻었다. 주부들의 입소문은 홈쇼핑 방송을 타고 빠르게 전국으로 퍼져나갔다. 스팀청소기가 쇼핑 방송에 나올 때마다 전화주문이 폭주하고 거래시스템이 다운되는 초유의 사태가 벌어지기도 했다. 주부들의 폭발적인 인기에 힘을 얻어 2004년에는 매출 140억 원을 기록하더니 2005년에는 국내 홈쇼핑 판매 1위를 차지하며, 창업 6년 만에 연매출 1,000억 원을 돌파했다.

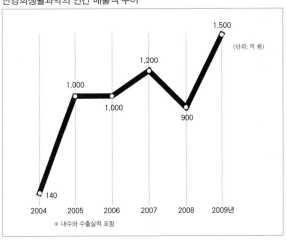

한경희생활과학의 연간 매출액 추이

1,500

(단위: 억 원)

1,200

1,000

1,000

900

140

2004 2005 2006 2007 2008 2009년

※ 내수와 수출실적 포함

　　한 대표의 스팀청소기는 국내에서의 성공을 바탕으로 'HAAN'이라
는 브랜드를 붙여 미국 시장으로 진출한다. 미국은 우리나라보다 시장
의 규모가 훨씬 크다. 당시 미국의 가정집 바닥이 기존의 카펫에서 나
무 마루로 유행이 바뀌고 있어서 스팀청소기의 수요가 늘어나리라 예
측했다. 미국에서도 홈쇼핑 방송을 통해 시장을 공략했고 결과는 대성
공이었다. 미국의 홈쇼핑에서도 연속해서 매진이라는 경이로는 기록
을 세웠다. 또한 그녀는 2008년 미국 월스트리트 저널이 선정한 주목
할 만한 여성 CEO 50[27]인에 선정되며 세계 시장에도 이름을 알렸다.

27) 전자신문, '한경희 대표, 월스트리트 선정 주목할 만한 여성기업인 50인', 2008.11.11.; WSJ
　　Top 50 Women to Watch 2008.

■ 한경희 대표의 기업가 정신은 '초심' 유지

여성 벤처기업인의 신화라고 불리는 한경희 대표의 성공 비결은 초심을 지키는 것이다. 그녀가 말하는 초심(初心)은 주부들이 집안 생활 속에서 흔히 느끼는 불편함을 주부로서 이해하고 해결하겠다는 것이다. 그녀에게 모든 발명은 생활 속에서 얻는 아이디어에서 출발한다.

한 대표는 일상 속에서 떠오르는 아이디어를 지나치지 않고 창의적으로 사고하는 훈련을 한다. 주변의 다양한 모습을 꼼꼼히 관찰하는 것이 그 출발점이다. 예를 들어 스탠드형 스팀다리미는 허리를 굽히고 다림질을 한 후 허리에 발생한 통증을 어떻게 해소할지 고민하면서 시작되었다. 아침 출근길에 직장인들이 음식물 쓰레기 봉투를 들고 승강기에 타는 모습을 보고 생각해낸 제품이 음식물 처리기이다. 이처럼 발명의 시작은 소비자의 불편을 해결하기 위한 일상 속의 아이디어이고, 발명의 완성은 아이디어에 기술을 더해 제품으로 개발하려는 도전적인 기업가 정신이다. 다시 말해, 한경희 대표를 성공에 이르게 한 비결은 그녀가 지금까지도 고수하고 있는 초심 유지와 이에 깃든 도전하는 기업가 정신이다.

(2) 야외에서 삼겹살 구이도 간편하게, 홍길몽 대표

홍길몽 대표의 이야기는 처음 기사를 보고 알게 되었다.[28] 이후 일회용 구이기에 대한 그의 발명이 무효를 다투는 심판과 소송을 거치면서 대법원까지 가서 특허성을 인정받았다는 사실도 알게 되었다. 앞에서 살펴본 바와 같이, 일반 생활용품으로 열두 고비를 넘어 소송에서 최종적으로 살아남기는 쉽지 않기에 여기서 그의 특별한 이야기를 소개하고자 한다.

홍 대표에 대해서는 알려진 것이 많지 않다. 몇 년 전에 직접 그에게 연락하여 원고를 받아서 이야기를 구성할 수 있었다. 우리 생활에서 삼겹살을 구워 먹는 데 사용되는 제품은 쉽게 볼 수 있기에, 누구나 이 특허를 쉽게 이해할 수 있지 않을까 하고 생각한다. 홍 대표의 발명 이야기를 통해 그가 성공할 수 있었던 비결에 한발 가까이 갈 수 있길 기대해본다.

■ 성장기 주변 환경

홍길몽 대표는 어렸을 적에 아버지를 여의고, 홀로 5남매를 키우는 어머니 밑에서 자랐다. 가정 형편이 어려웠기에 그는 중학교도 마치지

---

28) 서울경제, "특허 침해로 파산…보증지원으로 다시 일어섰죠", 2017.7.30.

못하고 어린 나이에 공장에서 사회생활을 시작했다. 너무 어린 나이였기에 첫 직장생활은 감당하기 힘들었다. 몇몇 업체를 전전하며 힘들게 하루하루를 지내던 중, 드디어 친구의 소개로 한 중소기업에 취직하게 되었고, 그곳에서 자신의 재능을 발견하게 된다. 그는 발명과 기술개발 분야에서 남다른 재능을 보였고, 그것으로 주변 사람들에게도 인정받을 수 있게 된 것이다. 한편 가정 형편 때문에 중단해야만 했던 배움에 대한 갈망을 버릴 수 없었던 그는 직장생활을 하면서 틈틈이 공부하여 중단했던 중학교 과정을 검정고시로 패스하였고, 고등학교 과정도 한 달에 두 번 출석하여 공부하는 방송통신고등학교를 수료하였으며, 이후 방송통신대학교도 다녔다.

■ 발명가로 도전하게 된 계기

홍길몽 대표의 남다른 재능을 찾게 해준 중소기업은 LG전자에 부품을 납품하던 1차 납품업체이다. 당시 그가 다니던 회사에서는 분임조 활동이 유행하였는데 홍 대표도 매주 월요일 점심시간에 직장 동료들과 회의실에 모여 분임조 활동을 하게 되었다. 분임조 활동이란 주로 품질향상이나 생산성 증대를 목표로 공장 내에서 조별로 아이디어를 모아 개선하는 활동을 하는 모임을 말하는데, 여기서 우수한 성과를 올리는 직원에게는 해외 연수 등의 포상도 주어진다.

분임조 활동은 그의 적성에 맞았다. 그는 퇴근 후에도 생산성 증대와 품질향상을 이룰 수 있는 장치들을 직접 발명했고, 그것이 실질적인 성과로 이어졌다. 그는 회사로부터 공로를 인정받아 포상금을 받았을 뿐만 아니라 국내 대기업의 공장 투어와 일본 등 해외 기업들의 분임조 활동의 현장까지 견학할 수 있었다. 또한 공공기관에서 주관하는 품질개선, 생산성 향상 등에 관한 강연 프로그램에도 참여했다.

그러는 사이 생산 현장에서 발견한 문제를 해결하기 위한 다양한 아이디어 발상법도 배울 수 있었다. 그는 당시 국내에서 처음으로 개발 중이던 VCR 핵심 부품을 개발하는 팀의 책임자로 발탁되어 승진하였고, 제품의 개량과 생산라인의 안정화에 이르기까지 부여된 업무를 적극적으로 수행했다. 이를 계기로 회사도 그의 창의적인 문제해결 능력을 인정하게 되었다.

회사는 산학연 공동 연구과제를 대학과 계약할 때, 홍길몽 대표를 프로젝트를 담당하는 팀장으로 임명했다. 그 후 1년간 학교와 회사에서 연구개발에 매진한 결과 당시 일본이 기술과 특허를 가지고 세계 시장을 독점하고 있던 'VCR 조립자동조정장치', 'FPCB 자동 동심설정 및 타발장치' 등을 확보하는 데 성공할 수 있었다. 이후 그는 회사에서 생산기술팀을 맡아 품질과 생산성 향상, 신제품 개발 등을 수행하며 기술자이자 발명가로서 경력을 쌓았다.

■ 발명과 창업 과정

그는 오랫동안 다니던 회사를 그만두고 투자자들과 함께 법인회사를 차렸다. 그의 회사는 연기가 나지 않는 업소용 숯불구이기와 휴대용 숯불구이기를 만드는 데 힘을 쏟았다. 그 결과 그의 발명은 특허로 등록되었고, 회사의 매출도 날로 증가하고 있었다. 그러던 중 회사 임원과 일부 주주들이 결탁하여 그의 휴대용 숯불구이기와 유사한 제품을 만들어 홈쇼핑 방송으로 판매하는 부당한 일이 벌어졌다.[29]

그의 첫 번째 회사는 이렇게 끝났고, 그에게 재기할 아이템이 필요했다. 오랜 고심 끝에 떠올린 것이 일회용 숯불구이기다. 당시 중국에서 수입해 국내에 유통되는 제품이 있었는데 그 제품은 야외에서 사용할 수 있는 불판, 휴대용 가스, 숯과 기름종이([그림 4-1]의 파란색) 등이 작은 종이상자 안에 들어 있었다. 기름종이에 불을 붙이면 숯에 착화되어 고기를 구워 먹을 수 있고 사용한 후에 버리면 되는 제품이었다.

[그림 4-1]과 같이 시중에 판매되는 일회용 숯불구이기는 은박의 케이스를 사용하며, 점화용 기름종이를 바닥에 깔고 그 위에 숯을 가지런히 올린 뒤 숯의 이탈을 방지하기 위해 윗부분을 금속 불판으로 마감하였다. 고기를 굽기 위해 기름종이에 불을 붙이면 기름종이가 타면서 숯으로 불이 옮겨 붙는 방식이다.

그러나 인터넷 등을 통해 이 제품에 대한 소비자의 반응을 살펴본

---

29) 브레이크뉴스, "홍길몽, 특허받은 고기 불판으로 글로벌 강소기업 도약", 2010.2.3. https://www.breaknews.com/121026

[그림 4-1] 당시 시중에 팔리고 있던 일회용 숯불구이기

결과, 기름종이에 점화가 잘 안 되고, 점화되었더라도 숯에 불이 붙지 않아 소비자들의 불만이 많았다. 숯에 불이 붙어 고기를 굽다가도 숯의 열에 버티지 못한 은박 케이스가 오그라들어 고기를 구울 수 없게 되기도 했다. 또 고기 기름이 숯불에 떨어지면 인체에 해로운 연소가스가 발생하는 것도 소비자의 불만 사항이었다.

홍 대표는 회사를 처음 차렸을 때 만들었던 업소용 무연 숯불구이기에 대한 아이디어를 응용하면 기존 제품보다 더 좋은 일회용 구이기를 만들 수 있으리라고 확신했다. 당시는 국내에 아웃도어 문화가 본격적으로 성장할 무렵이어서 시장은 충분히 확보할 수 있을 것으로 생각하였다.

반복되는 실험 끝에 본체는 종이박스로 만들고, 불판은 알루미늄 박판을 접어서 만들며, 불판과 숯 등은 종이박스 안에 넣어 두었다가 고기를 구울 때 꺼내서 조립하여 사용할 수 있게 하면 될 것이라는 결론에 이르렀다. 그리고 샘플을 만들어 시험하기를 반복하다 보니 만족할 만한 형태로 완성되어 갔다.

고체연료

숯과 화덕 받침대

불판

고기 굽기 실험

구이기 구성품들

구이기와 종이박스

완성품의 사용 실험

홍 대표는 발명품을 양산하기 위해 여기저기 수소문하다가 알루미늄 은박지를 가공할 수 있는 기업을 찾아갔고, 그곳에서 은박지를 사용한 구이기의 구성품을 납품받기로 계약을 체결했다. 이 과정에서 그는 구이기에 대한 세부 치수를 포함한 설계 도면과 샘플을 보여주면서 수시로 업체를 찾아가 생산에 필요한 기술을 지원한 끝에 금형을 완성하고 만족할 만한 시제품도 만들어냈다.

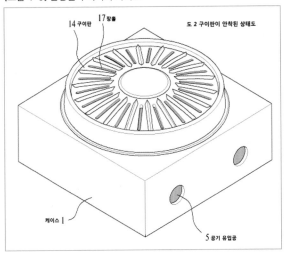
[도면 4-9] 완성된 구이기의 사시도

도 2 구이판이 안착된 상태도

|4 구이판
|7 장홀
케이스 |
5 공기 유입공

■ 특허분쟁과 극복 과정

그런데 홍 대표는 이 과정에서 특허분쟁 소송에 휘말리게 된다. 발
단은 은박지 구성품을 납품하기로 한 위탁생산 기업의 대표가 홍 대
표에게 자신을 공동출원인으로 넣어달라고 요구한 것이다. 위탁생산
기업의 대표(이하 'A 대표')는 수십 년 동안 은박지 사업을 해온 전문가
로, 홍 대표와 금형 작업을 하는 과정에서 구이기의 강도를 높이기 위
해 은박지를 둥글게 말아 컬링 처리한 부분에 대한 아이디어를 제안
한 사실을 들어 자신의 특허권을 주장하였다. 홍 대표가 이 요청을 거
절하자 A 대표는 바로 위탁생산 계약을 해지했다. 동시에 전국 대형마
트와 온라인 마켓을 통해 침해 제품을 판매하기 시작했다. 홍 대표도

그때까지 심사대기 중이던 특허에 대해 우선심사를 신청하고 신속하게 특허를 등록받았다. 그리고 곧바로 A 대표가 만든 제품을 판매하고 있는 유통업체들을 상대로 특허침해를 금지하는 내용의 경고장을 발송하였다.

이에 A 대표와 유통업체들은 A 대표도 정당한 발명자이고 홍 대표의 특허는 누구나 쉽게 발명할 수 있으므로 무효라고 주장하며 소송이 시작되었다. 이 사건은 특허심판원과 특허법원에서 패소와 승소로 엎치락뒤치락하다가 대법원까지 가서 최종적으로 홍 대표가 승리했다. 그러나 A 대표가 특허소송 도중에 생산한 침해품을 덤핑으로 처리하는 바람에 잘 마무리될 줄 알았던 소송은 홍 대표에게 타격을 주었다. 비록 소송에서 이겼지만, A 대표가 침해품을 절반 이하의 가격으로 헐값에 판매하면서 특허품에 대한 이미지가 훼손되었고 소송이 끝난 후에도 제값을 받기가 어려운 상황이 계속되었다.

■ 특허와 주요 아이디어

홍길몽 대표의 구이기 특허[30]는 2013년 출원되고 심사를 거쳐 제

---

30) [청구항 1] 내부 중앙부에 상부로 돌출된 제1 돌출부를 가지며, 상기 제1 돌출부의 상단에 화덕(11)의 하단이 안착되고, 상기 제1 돌출부의 중앙부에 화덕 삽입공(10)이 형성되는 화덕받침대(9); 상기 화덕 받침대(9)에 형성된 화덕 삽입공(10)에 삽입되어 고정되며, 내부 하단에 상측으로 절곡되어 제2돌출부가 형성되고, 상기 제2 돌출부에 상면 전체에 일정한 간격으로 공기가 이동될 수 있도록 관통공이 형성된 받침판(12)이 안착되고, 받침판(12)의 상부에는 숯(13)이 내장되는 화덕(11); 상기 화덕(11)이 내장된 화덕 받침대(9)의 상부에 올려져 조립되는 구이판(14)으로 이루어지고, 상면에 절취선(2)이 형성되어 절취할 수

[도면 4-10] 구이기가 케이스 내부에 수납되어 있는 상태도

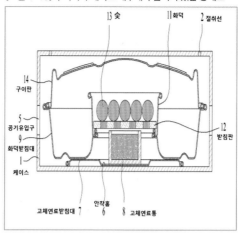

10-1378612호(등록일: 2014. 3. 20.)로 등록되었다.

본 발명은 종이로 만든 케이스 내부에 숯과 구이판, 고체연료 등을 보관하고 있다가 고기를 구워 먹을 때 꺼내어 사용할 수 있도록 한 일회용 구이기이다. 케이스는 내부가 단열 코팅된 종이로, 화덕 받침판은 금속으로 이루어지며, 화덕과 구이판은 알루미늄 박판으로 제조하였다. 또한 일회용 구이기를 사용한 후에 금속으로 제조된 부속품은 분리수거하여 재활용할 수 있게 하였고, 화덕의 하단부에 고체연료를 내장하여 숯에 간편하게 불을 붙일 수 있게 하였다.

있도록 된 안착부(15)와 양측면 전후에 공기 유입공(5)이 형성되고, 내부에 보관부(4)가 형성되며, 전면에 절첩하여 조립하도록 개폐부(3)가 형성된 종이로 된 케이스(1); 상기 케이스(1)의 내부에 삽입되며 중앙부에 안착홈(6)을 형성하여 고체연료를 보관하고 있는 고체연료 수납통(8)이 삽입되도록 된 고체연료 받침대(7)를 포함하며, 상기 구이판(14)은 상기 고체연료 받침대(7)와 화덕(11) 그리고 숯(13)과 고체연료 수납통(8) 및 화덕 받침대(9)와 같이 케이스(1)의 내부에 형성된 보관부(4)에 삽입 보관되었다가 인출되어 상기 케이스(1)의 상부에 형성된 절취선(2)을 절취하여서 된 안착부(15)에 안착하여 조립하는 것임을 특징으로 일회용 구이기 셋트

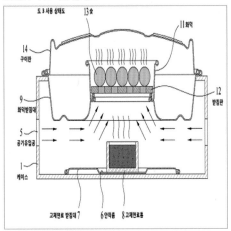

[도면 4-11] 사용 상태도

종래 구이기의 석쇠와 달리, 본 발명의 구이판은 알루미늄 박판으로 만들어 고기가 구워질 때 흘러나오는 기름이 숯불로 흘러 들어가는 것을 막을 수 있다. 따라서 기름이 타면서 발생하는 유해가스를 방지할 수 있게 된다. 또한 케이스 양 측면에 공기 흡입공을 형성하여 숯에 불이 붙으면, 대류현상에 의해 케이스 내부에 있는 뜨거운 공기가 구이판이 있는 상측으로 흐를 수 있게 되므로 효과적으로 열효율을 높일 수 있다.

■ **일회용 구이기에 대한 소비자들의 반응**

일회용 구이기에 대한 시장의 반응은 뜨거웠다. 대형 할인마트는

홍길몽 대표가 개발하여 판매되고 있는 일회용 구이기

물론 온라인 마켓에서 인기리에 팔렸고, 미국에서 수출 주문까지 들어왔다. 그러나 침해소송 중에 침해품의 헐값 판매로 인해 판매가격이 내려간 후 한참 동안 처음 가격을 회복하지 못했다. 홍 대표는 이 문제를 해결하기 위해 특허품을 업그레이드하고 새로운 기술을 접목하여 신제품을 출시하는 것을 목표로 후속 모델을 개발하였다. 이후 뜻을 같이하는 유통업체와 협력해 시장을 개척한 결과 매출이 꾸준히 증가했다.

■ 홍길몽 대표의 멈추지 않는 도전정신

인생을 살다 보면 뜻하지 않은 시련을 만날 수 있다. 홍길몽 대표는 힘들던 그때 포기했더라면 지금은 아무것도 이룰 수 없었을 것이라고 회고한다. 그는 "절대 포기하지 마시고 도전, 또 도전하길 바란다"고

힘주어 말했다. 그는 지금도 도전을 계속 이어가고 있다. 홍 대표는 일반 식당에서 테이블 밑에 간단히 부착하여 사용할 수 있는, 고기 구울 때 발생하는 연기를 흡입하여 깨끗한 공기로 바꾸어 주는 장치를 발명하고 있다.

현재 고깃집에서는 대부분 고기를 구울 때 발생하는 연기를 제거하기 위해 천장에 배기덕트를 매달아 사용하고 있는데, 이는 설치가 복잡하고 미관상 좋지 않다. 또 설치비용도 비싸고, 오래 사용한 후 배기덕트 내부에 쌓인 기름 찌꺼기를 제거하는 일도 쉽지 않다. 특히 배기덕트 관리가 소홀할 경우에는 배기덕트에 남은 기름에 불이 붙어 큰 화재로 이어지기도 한다. 홍길몽 대표는 지난 10여 년간 이 문제를 해결한 발명품을 개발해왔고 조만간 내놓을 예정이라고 한다.

에필로그

1970년대 말의 글로벌 산업 지형을 3극 체제(technology triad power)라 말해왔다. 세계 산업기술이 미국, 유럽 그리고 일본을 중심으로 돌아갔다는 뜻이다. 당시 UN 기구인 세계지식재산기구(WIPO)에 연수생으로 참여한 심사관을 가르치는 스승은 주로 위의 3개 국가에서 온 특허 전문가들이었고, 학생은 한국을 비롯하여 아시아와 아프리카 개발도상국 출신들이었다. 우리나라도 모방경제를 벗어나지 못한 시절인 까닭에 선진기술의 주변부에 존재했던 국가 중 하나였다.

그런데 놀랍게도, 2007년부터 우리나라는 특허 5대 강국으로 당당하게 올라섰다. IP-5라 불리는 새로운 체제의 일원이 된 것이다. 지식재산에 대한 세계질서가 3극 체제에서 논의되다가 한국과 중국이 참여하는 5극 체제로 바뀌게 되었다. 이후 우리나라가 개도국에서 선진국으로 올라서고 G20 회의도 주최하면서 우리 국민도 상당한 긍지를 느꼈던 기억이 새롭다. 특허 분야에서 우리나라가 지식재산 5대 강국이 된 것은 사실 꿈만 같은 일이다.

매년 9월에 WIPO 총회가 열리면 각국의 특허청장들이 우리나라 청장을 만나기 위해 줄을 선다고 한다. 1960년대, 건축 기술이 부족해서 필리핀의 도움을 받아 장충체육관을 간신히 건설했던 시절을 생각하면, 한국의 특허 책임자를 만나기 위해 선진국과 개도국이 가리지 않고 특별히 면담하자고 간청해오는 것은 상상하기도 어려운 광경이다.

1987년, 심사관을 교육시키기 위하여 국제특허연수원(現 국제지식재산연수원)을 설립했다. 당시 WIPO와 함께 아시아 지역의 개도국을 위한 교육기관으로 역할을 해보자고 하여 예비비로 어렵게 연수기관을 짓겠다고 결단했었다. 그리고 우리 연수원의 교육생 중에 나중에 동남아 국가의 특허청장이 되는 사례도 생겼다. 최근에는 우리나라와 전략적 동맹관계로 격상된 사우디아라비아, UAE 등 중동 국가들도 우리 연수 프로그램을 이용할 뿐만 아니라 한국 심사관까지 파견받아 자국의 특허 발전에 활용하고 있다고 한다. 우리나라가 특허 전문가를 수출하여 외화를 벌어들이고 있는 셈이다.

위와 같은 우리의 지식재산 역량은 최근 선풍적 인기를 끌고 있는 K-한류, K-방산과 함께 글로벌 중추 국가로 자리매김한 우리 외교를 한 단계 격상시키는 데 큰 역할을 하게 되었다. 사실 우리나라가 지식재산을 국가적 의제로 부각한 것은 그리 오래된 이야기가 아니다. 2011년도에 지식재산기본법이 제정되고 국가지식재산위원회가 대통령 직속으로 설치되었으며, 초대 민간위원장은 삼성전자의 최고경영자였던 윤종용 씨가 맡았다. 그리고 곧바로 삼성과 애플 간의 특허소송이 터졌을 때, 지식재산을 중심에 둔 경영전략이 우리 기업에 얼마나 중요한지를 깨달을 수 있는 계기가 되었다. 그 이후 지식경제에서 창조경제, 혁신경제 등으로 슬로건이 바뀌어가면서 지식재산에 대한 정책의 집중도는 다소 떨어지게 되었다.

반면 일본은 고이즈미 총리가 경제재건을 위해 2002년에 지재입국을 선언하고 지식재산전략본부의 본부장을 맡으면서 직접 정책을 진두지휘하였고, 이후 수많은 총리가 교체되었지만 20년간 변함없이 그 체제를 유지하고 있다.

저명한 경제사학자 데이비드 랜디스 교수는 〈국가의 부와 빈곤〉이라는 저서에서 한 국가의 경제발전의 요체는 지식에 있다고 강조하였다. 물론 사회제도와 문화, 그리고 자본 축적도 중요하지만, 경제가 발전할수록 중요도가 더 커지는 것은 지식의 역할이라고 했다. 그의 말에 따르면, 1962년 제1차 경제개발 5개년 계획이 유형자산 중심의 국가계획이었다면, 정확히 50년 후인 2012년에 발표된 제1차 국가지식재산 5개년 계획은 지식 중심의 국가계획으로서 시대적 흐름을 잘 반영한 변화라 할 수 있다. 이후 2017년에 제2차, 2022년의 제3차 국가지식재산 계획은 우리의 새로운 경제산업 정책이 어디에 와 있는지를 잘 말해준다.

우리나라는 차관급 정부 조직이 많다. 그중 특허청은 기술패권 경쟁의 시대에 조금 특별한 관청이다. 미국의 특허 심사관은 8,200여 명이고, 중국은 1만 4,000여 명이 일하고 있다. 미국과 중국은 특허출원의 증가 추세에 발맞추어 마치 G2 국가 간에 군비경쟁을 하듯이 심사관의 숫자를 늘려 왔다. 흥미로운 것은 우리와 독일의 특허 심사관이

1,000명으로 거의 같으나, 우리나라가 독일보다 특허출원 규모는 무려 4배나 많다는 것이다. 우리나라 심사관이 매우 뛰어나거나 아니면 심사 적체가 심각하다는 의미로 해석할 수 있다.

특허청은 국가의 다른 기관과 달리 각종 수수료 수입으로 예산이 책정되는 특별회계로 운영된다. 그런데 매년 심사관들은 인건비의 3~4배에 해당하는 수수료 수입을 올린다. 민간 회사로 본다면 수익성이 상당히 좋은 사업이다. 특허 심사관들의 숫자가 늘어날수록 특허청의 수입은 늘고 심사처리 기간도 단축되어서 산업계에 도움이 된다. 따라서 특허청 수입은 심사인력을 충원하여 심사 적체를 해소하는 방향으로 사용되는 것이 바람직해 보인다. 미국은 오바마 행정부 당시, IBM의 특허 책임자인 데이빗 카포스(David Kappos)가 특허청장으로 임명되면서 큰 변화가 있었다. 의회와 협의하여 특허청의 수입과 지출을 연동되게 개혁하면서 심사인력의 충원과 근로여건의 개선에서 민간 로펌과 유사하게 운영되도록 바뀌었다. 그 결과 특허 심사관의 만족도가 높아지며 연방정부 기관 중에서 최고를 기록했다.

반면 우리나라는 특허 심사관을 증원하려면 기획재정부와 협의해야 한다. 정부의 예산 사용에는 제약이 많고 공무원 증원은 연금과 관련되어 증원하기가 쉽지 않았다. 그런데 이번 정부는 심사관 채용과 관련하여 아주 창의적인 접근 방법을 찾았다. 민간의 퇴직 기술자를 중심으로 특허 심사관을 증원하되 10년 임기제로 채용함으로써 정부 예산과 공무원 증원의 부담을 덜면서 동시에 고경력 기술자가 해외로 유출되는 것도 방지할 수 있게 된 것이다. 이제 특허 심사관을 국가의 전략자산으로 인정해도 지나침이 없을 것 같다.

우리의 특허 역사에서 빼놓을 수 없는 사건이 바로 특허법원의 설립이다. 이 법원이 1998년 설립된 이후 우리나라의 지식재산 시스템을 본격적으로 선진적인 모습을 갖추게 되었다. 특히, 2016년에는 무효소송에 이어 침해소송 사건까지 특허법원으로 관할을 집중하면서 그 위상을 크게 높일 수 있게 되었다. 당시 국가지식재산위원회의 역할이 컸다.

우리 산업의 발전사를 보면, 지난 1962년 경제개발계획이 본격적으로 추진되면서 섬유산업처럼 낮은 임금에 의존한 시절을 거쳐, 중화학공업 중심의 투자 주도형 산업으로 성장했다. 그러던 중 IMF 위기를 거치면서 본격적으로 기술혁신과 지식의 축적에 의한 경제성장 체제로 급속하게 전환되었다. 2022년 기준으로 본다면, 국가 GDP 대비 R&D 투자는 세계 2위가 되었고, 인구 규모에 대비한 내국인의 특허출원 건수는 세계 1위다. 명실공히 우리는 혁신 주도형 국가가 된 것이다.

여러 산업 분야에서 빠른 추격자(fast follower)에서 시장 선도자(first mover)로 바뀌었는데, 반도체와 디스플레이 그리고 배터리 분야가 좋은 예이다. 특허보호를 통해 우리 기업의 R&D 투자가 시장에서 존중받아야 지속적인 성장을 담보할 수 있다. 따라서 특허를 새로운 시각에서 바라봐야 하고 우리나라도 시장 선도자에 부합하는 사회적 변화가 일어나야 한다. 산업계와 정부, 법조계, 학계 모두가 특허를 존중하는 사회로 나가야겠다.

과거 산업정책은 정부가 승자를 선택해서 집중적으로 지원하는 'picking the winner' 모델이었다고 한다면 이제부터는 IP 소송을 통해 혁신의 승자를 가려주어야 한다. 이것은 혁신 선도형 성장 정책이다. WTO 출범 이전, 산업부의 정책 담당자가 승자를 결정했던 방식에서 이제는 특허소송을 맡은 법관들이 결정하는 방식으로 바뀌었다고 봐야 한다. 우리가 원하는 '특허 존중 사회'는 발명자와 사회 일부에 의해 이루어지는 것이 아니라 산업계와 정부 그리고 법조계, 학계 등 모든 구성원의 참여를 통해서만 가능하다는 점을 다시 한번 강조하고 싶다.

공동저자 백만기

특허 존중 사회

초판 1쇄 인쇄 2024년 11월 22일
초판 1쇄 발행 2024년 12월 5일

지은이 백만기 전기억

발행인 양수빈
펴낸곳 타커스

등록번호 제313-2008-63호
주소 서울시 종로구 대학로 14길 21 (혜화동) 민재빌딩 4층
전화 02-3142-2887   팩스 02-3142-4006
이메일 yhtak@clema.co.kr

ISBN 978-89-98658-82-3 (93330)